**Korbblütler** S. 36
(Sonnenblume)

**Doldengewächse** S. 41-42
(Wilde Möhre)

**Kürbisgewächse** S. 43
(Kürbis)

üte
ubblatt
ucht

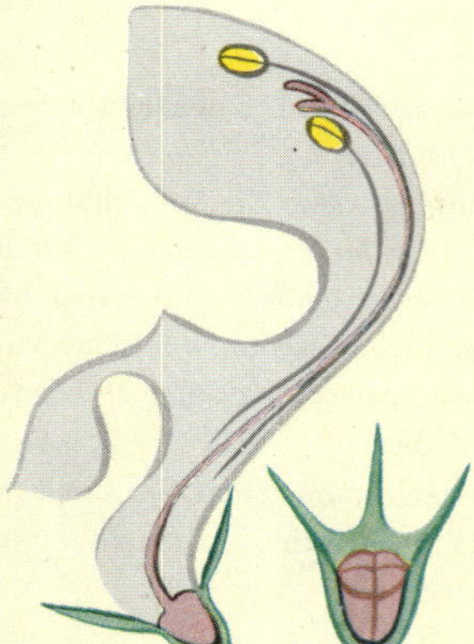


**Lippenblütler** S. 44
(Taubnessel)

**Das Unterrichtswerk umfaßt folgende Bände:**

Die Pflanze, Bd. 1, Klettbuch 791: Blütenpflanzen

Die Pflanze, Bd. 2, Klettbuch 792: Weitere Blütenpflanzen und Blütenlose Pflanzen

Die Pflanze, Gesamtband, Klettbuch 795 (Inhalt von Bd. 1 und Bd. 2)

Das Tier, Bd. 1, Klettbuch 793: Wirbeltiere

Das Tier, Bd. 2, Klettbuch 794: Wirbellose Tiere

Das Tier, Gesamtband, Klettbuch 796 (Inhalt von Bd. 1 und Bd. 2)

Herausgegeben und bearbeitet von Dr. Werner Heiligmann, Oberstudienrat; Dr. Horst Janus, Hauptkonservator am Staatl. Museum für Naturkunde in Stuttgart; Dr. Helmut Länge, Oberstudienrat. Entwurf und zeichnerische Gestaltung des Bildteils stammen von Theo Homolka, Oberstudienrat.

Der Mensch. Ausgabe AB. Klettbuch 797

Lehrsystem Menschenkunde – Elemente zur Unterrichtsplanung; Lehrerband in Loseblattform. Klettbuch 7979

Herausgeber: Dr. Gerhard Fels, Oberstudiendirektor, und die Fachredaktion Naturwissenschaften. Bearbeiter: Dieter Blume, Realschullehrer; Dr. Gerhard Fels; Theo Homolka, Oberstudienrat; Dr. Karl Kuhn, Professor an der Pädagogischen Hochschule Lörrach; Dr. Franz-Josef Liesenfeld, Oberstudienrat.

Der Organismus – Eine Einführung in die biologischen Grundprobleme. Klettbuch 798

Herausgeber: Dr. Gerhard Fels, Oberstudiendirektor. Bearbeiter: Dr. Gerhard Fels; Dr. Margot Grah, Oberstudienrätin; Hellmut Grah, Oberstudienrat; Dr. Franz-Josef Liesenfeld, Oberstudienrat.

---

Bildnachweis: Zeichnungen: Th. Homolka 70 / Fotos: H. Blana 40,7 / H. Janus 102 / A. Kemper 69,2/ 69,4–6 / H. Länge 286 / Müller 69,7 / H. Pfletschinger 7,8 / H. Scheerer 23,5 / 25,2 / 25,5 / 27,2 / 42,7 / 68,3–4 / 68,8 / 68,10 / 69,1 / 69,3 / 69,8 / W. R. Schmidt 4,1 / 4,7 / 5,3 / 5,7 / 10,2 / 11,9 / 17,7 / 18,4 / 18,7 / 21,7–9 / 21,12 / 23,4 / 25,3 / 30,5 / 35,7 / 36,1 / 36,6 / 37,7 / 38,9–10 / 41,8 / 42,5 / 43,3 / 46,2 / 52,1 / 65,3–4 / 66,1 / 66,4 / 66,9 / W. Schwäble 55. – Einband: S. und H. Lämmle.

2. Auflage. 2 10 9 | 1975 74

Alle Drucke dieser Auflage können im Unterricht nebeneinander benutzt werden. Die letzte Zahl bezeichnet das Jahr dieses Druckes.



Monophoto-Filmsatz: Oscar Brandstetter KG, Wiesbaden. Druck: Ernst Klett, 7000 Stuttgart, Rotebühlstraße 77. Printed in Germany.

ISBN 3-12-791000-2

# Die Pflanze

Band 1

von Werner Heiligmann, Horst Janus und Helmut Länge

ERNST KLETT STUTTGART

## Inhalt

Nach der Reihenfolge

# Inhalt

Nach Gruppen

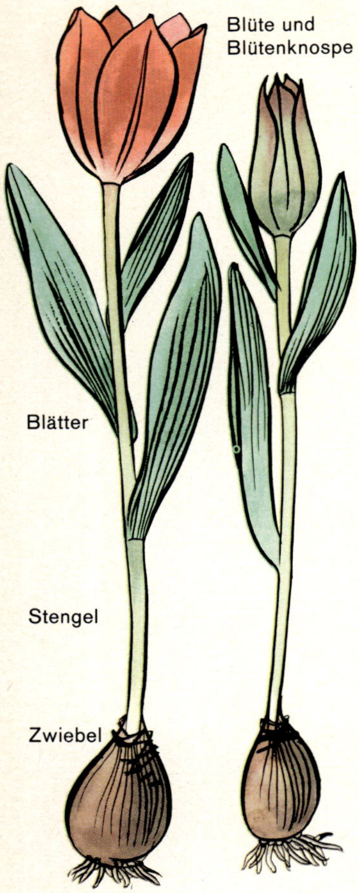


1,1

**1,1:** *Tulpe mit Blüte, Sproß, Zwiebel und Wurzeln. Rechts eine Blütenknospe.*

1,2

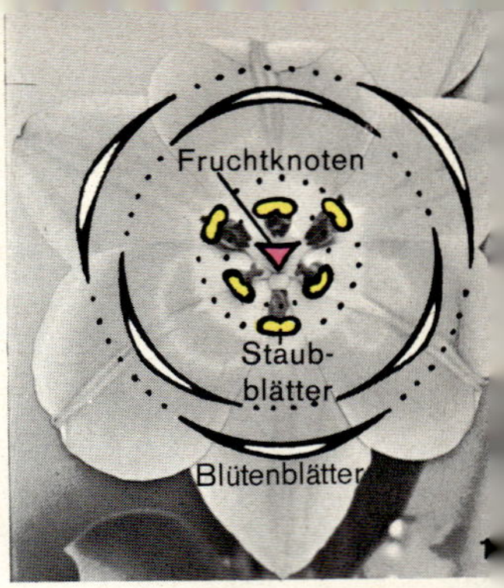


**1,2:** *Tulpenblüte von oben. Außen befinden sich 6 farbige Blütenblätter. Dann folgen 6 Staubblätter, die den Stempel in der Mitte umgeben.* **1,3:** *Gibt man diese Blütenteile durch einfache Strichzeichnungen wieder, dann erhält man einen Blütengrundriß oder ein Blütendiagramm, das den Aufbau der Blüte zeigt.*

## 1–2 Die Gartentulpe (Tulipa gesneriana)

**Der Sproß.** Damit wir die *Gartentulpe* beschreiben können, legen wir zuerst die Namen für ihre einzelnen Teile fest **(1,1).** Über die Erde ragen der *Stengel* mit den *Blättern,* die man zusammen als den *Sproß* bezeichnet, und die *Blüte.* 1
Die Blätter sind langgestreckt und laufen in eine Spitze aus; die Spitze des untersten Blattes ist hart. Der Blattrand ist glatt und nirgends eingeschnitten, daher *ganzrandig.* Vom Blattgrund bis zur Blattspitze verlaufen die Blattadern oder Blattnerven, und zwar unverzweigt und zueinander parallel. Solche Blätter nennt man *parallelnervig.* Da ein Blattstiel fehlt, sitzt die Blattfläche unmittelbar am Stengel; es ist ein *sitzendes Blatt.* Der Blattgrund bildet bei der Tulpe eine Scheide, die den Stengel umfaßt. Stengel und Blätter sind bläulich bereift von einer wasserabstoßenden Wachs-

**1,9–1,13: Die Tulpe als Gartenpflanze.** *Tulpen sind beliebte und prächtige Frühlingsboten in unseren Parks und Gärten. Überall können wir uns in dieser Zeit an großen Beeten der farbenprächtigen Blumen erfreuen. Vor rund 400 Jahren ist die Tulpe aus der Türkei nach Mitteleuropa eingeführt worden und fand schnell weite Verbreitung. Besondere „Tulpengärtner" widmeten sich, vor allem in Holland, dem Anbau von Gartentulpen im Großen und der Zucht auf verschiedene Farben und Formen. Ausgefallene Züchtungen erzielten im 17. Jahrhundert bisweilen unverhältnismäßig hohe Preise und brachten ihren*

1,9

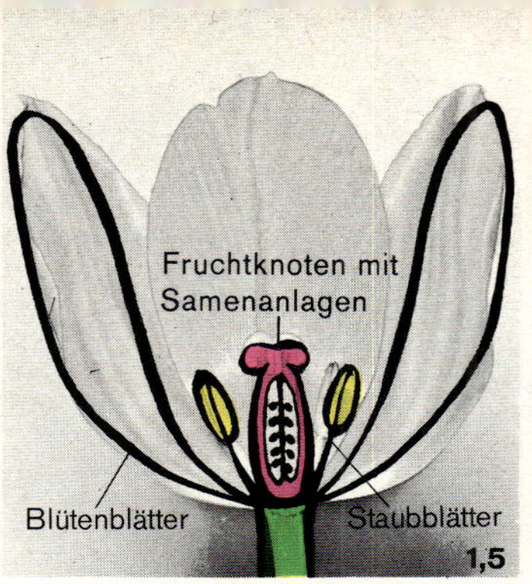


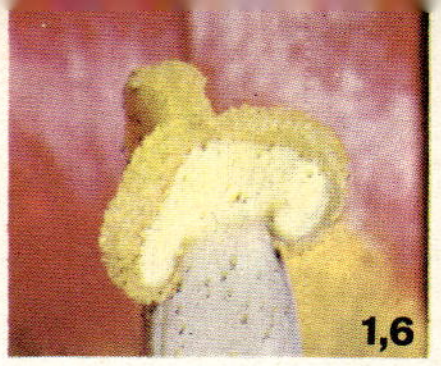


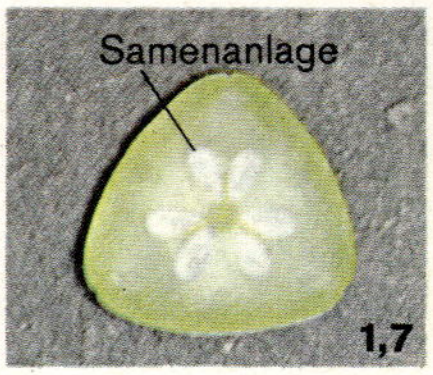

**1,4:** *Wenn man eine Blüte der Länge nach durchschneidet, bekommt man einen Blütenlängsschnitt.* **1,5:** *Auch diesen Längsschnitt kann man vereinfacht zeichnen. Während das Diagramm etwas über die Stellung der Blütenteile aussagt, erkennen wir hier ihren Bau, so etwa den des Stempels und der Staubblätter.* **1,6:** *Fruchtknoten mit dreilappiger Narbe.* **1,7:** *Querschnitt durch den dreifächerigen Fruchtknoten.* **1,8:** *Die Staubbeutel springen mit einem Längsriß auf.*

schicht. Daher kullern Regentropfen vom Blatt herunter, ohne es naß zu machen. Wischen wir das Wachs ab, dann wird das Blatt vom Wasser benetzt.



**Der Blütenbau.** Die Blüte schließt den Stengel nach oben ab. Die 6 auffällig gefärbten *Blütenblätter* sind in 2 Kreisen zu je 3 Blütenblättern angeordnet. Dabei stehen die Blütenblätter des inneren Kreises in den Blattlücken des äußeren **(1,2–1,5).** Wie sich bei genauerer Untersuchung zeigt, bilden auch die *Staubblätter* 2 dreigliedrige Kreise. Bei gefüllten Blüten fehlen die Staubblätter, sie sind zu Blütenblättern geworden. Der obere verdickte Teil des Staubblatts heißt *Staubbeutel*, da in ihm der Blütenstaub heranwächst, während der untere dünnere Teil als *Staubfaden* bezeichnet wird **(1,8).** Der *Stempel* besteht bei der Tulpe aus dem länglichen *Fruchtknoten*, der oben eine dreilappige *Narbe* trägt **(1,6).** Wenn man ihn mit einem scharfen Messer quer durchschneidet, zeigt sich die Schnittfläche als ein Dreieck **(1,7).** Im Innern des Fruchtknotens sind zahlreiche *Samenanlagen* in 3 Fächern nebeneinander und in vielen Lagen übereinander angeordnet. Da die Blütenteile in der Dreizahl vorkommen ($2 \times 3$ Blütenblätter, $2 \times 3$ Staubblätter, 3 Fruchtknotenfächer und dreiteilige Narbe), heißt die Blüte *dreizählig*.

*Besitzern Reichtum und Ansehen ein. Auch heute wird die Gartentulpe noch ständig weitergezüchtet, und fast in jedem Jahr kommen neue Farben und Formen auf den Markt. – Alle Gartentulpen sind aus Wildtulpen herausgezüchtet worden, die in den Steppen Asiens zu Hause sind. Auch bei uns ist eine Wildtulpe heimisch* **(1,10).** *Sie wurde ursprünglich in Europa nur in Gärten gehalten, hat sich aber von diesen aus ins Freiland verbreitet und findet sich seither wildwachsend an geeigneten Orten, vor allem an Weinberghängen. Sie steht unter Naturschutz.*

**2,1–2,4:** *Die Kapselfrucht der Tulpe bildet sich. Der Fruchtknoten einer soeben abgeblühten Tulpe* **(2,1)** *wächst in die Länge und Dicke* **(2,2** und **2,3)** *und öffnet sich bei der Reife* **(2,4).**

**Die Aufgabe der Blüte.** Die Blütenblätter schließen sich, wenn die Temperatur fällt, und öffnen sich wieder, sobald sie ansteigt. Sie stellen einen Schutz für die inneren Blütenteile dar. Dies gilt besonders für den Knospenzustand. Außerdem locken sie durch ihre Farbe Bienen an, die in der Blüte Blütenstaub sammeln, um ihn als Nahrung in den Stock zu tragen. Sobald nämlich die Staubbeutel reif sind, reißen sie der Länge nach auf und der Blütenstaub gelangt nach außen **(1,8).** Wenn Bienen in der Blüte herumkriechen, bleibt an ihrem behaarten Körper Blütenstaub hängen, der bei erneutem Blütenbesuch teilweise an der klebrigen Narbe haften bleibt. *Die Blüte ist damit bestäubt.*

Nach der Bestäubung welken Blüten- und Staubblätter, die jetzt ihre Aufgabe erfüllt **2**
haben, und fallen ab. Der Fruchtknoten aber wächst weiter, bis er eine gewisse Größe erreicht hat **(2,1–2,4).** Seine anfangs grünen Wände trocknen aus. Gleichzeitig entstehen aus den Samenanlagen scheibenförmige Samen: *die Frucht ist reif.* Sie springt mit 3 Klappen auf, und der Wind kann die Samen herausschütteln und verbreiten **(2,4).** Trockene Früchte, die zahlreiche Samen enthalten und bei der Reife aufspringen, heißen *Kapseln.* Falls die Samen auf guten Boden fallen, wachsen aus ihnen neue Pflanzen hervor. Die Samen dienen der Tulpe zur *Fortpflanzung, Vermehrung und Ausbreitung.* Die Vermehrung durch Samen spielt jedoch bei der Gartentulpe keine große Rolle. Wir wollen zusammenfassen, was wir über die Tulpenblüte erfahren haben:

*Aufgabe der Blüte ist die Erzeugung von Samen.*
*Die Blütenblätter dienen zum Schutz der Blütenteile und locken Bienen an.*
*Die Staubbeutel enthalten Blütenstaub, welcher von Bienen auf die Narben anderer Blüten übertragen wird. Dieser Vorgang heißt Bestäubung.*
*Nach der Bestäubung entsteht aus dem Fruchtknoten die Frucht. Aus den Samenanlagen im Fruchtknoten entstehen die Samen.*

**2,5** *und* **2,6:** *Foto und Zeichnung einer längsgeschnittenen Zwiebel im Herbst; Ersatzzwiebel blau und Brutzwiebel rot gezeichnet.* **2,7** *und* **2,8:** *Zwiebellängsschnitt während der Blüte und bei der Fruchtreife. Die Zwiebelschalen sind schlaff geworden und die Knospen der Ersatz- und der Brutzwiebel herangewachsen.* **2,9:** *Im Herbst des nächsten Jahres ist die Ersatzzwiebel zu der neuen Zwiebel ausgewachsen und um eine Brutzwiebel vermehrt. Die Reste der alten Zwiebel umgeben sie als äußere Zwiebelschalen.*

**Die Zwiebel.** Sobald im Sommer die Samen ausgestreut sind, sterben die oberirdischen Pflanzenteile ab. Trotzdem ist die Pflanze nicht völlig verschwunden, denn im Boden findet sich eine *Zwiebel*, aus der im nächsten Frühjahr eine neue Tulpe hervorwächst. Wir wollen uns diese Zwiebel näher ansehen. Außen umhüllen sie braune, *trockenhäutige Zwiebelschalen.* Am unteren Ende entspringen aus dem Rand einer rundlichen Scheibe, der *Zwiebelscheibe*, zahlreiche Wurzeln. Über den inneren Aufbau unterrichten uns Längsschnitte durch die Zwiebel **(2,5–2,9).** Die Zwiebelscheibe setzt sich nach oben in einem kurzen Stengel fort, an dem die weißen, *fleischigen Zwiebelschalen* sitzen. Diese sind umgebildete Blätter, die mit Nahrungsvorrat für die künftige Pflanze vollgestopft sind. Das obere Ende des kurzen Stengels schließt mit den Anlagen von Sproß und Blüte des kommenden Frühjahrs ab, die in der Zwiebel als Knospe vorgebildet sind. Die Blattanlagen bilden die Knospenhüllen, die die eigentliche Blütenknospe schützend umgeben. Die äußerste Hülle wird vom untersten Laubblatt gebildet. So vorbereitet, kann die Tulpe zeitig im Frühjahr erscheinen. Das unterste Laubblatt durchstößt dann mit seiner harten Spitze die Erde. Beim Austreiben werden die weißen Zwiebelschalen zunehmend schlaffer, da sie ihre Nährstoffe abgeben, und vertrocknen schließlich ganz. Die Zwiebel, die wir im Sommer im Boden finden, kann also nicht die gleiche sein, welche im Frühjahr den Sproß gebildet hat. Im Winkel der innersten Zwiebelschale ist inzwischen aus einer Knospe eine neue Zwiebel herangewachsen, die die alte ersetzt und deshalb *Ersatzzwiebel* heißt. Ihr dienen die vertrockneten Schalen der Vorgängerin als äußere Hülle. Aus Knos-
2 pen in den Winkeln anderer Schalen können sich weitere Zwiebeln bilden, die *Brutzwiebeln.* Die Tulpe vermehrt sich also auch mit Hilfe der Zwiebeln.

Dieser Jahresablauf wird uns verständlich, wenn wir uns daran erinnern, daß die Wildtulpen Steppenpflanzen sind. In der Steppe herrschen lange, strenge Winter. Aber auch der Sommer ist den Pflanzen mit Hitze und Trockenheit feindlich und läßt sie verdorren. Sie müssen daher die wenigen günstigen Frühjahrsmonate zum Treiben und Blühen ausnützen, wie es die Tulpe tut. Sie ist den Lebensbedingungen in der Steppe angepaßt.

**Merkstoff.** Die Gartentulpe ist eine Zierpflanze. Sie stammt von Wildtulpen ab. Diese sind Steppenpflanzen, die an die Lebensbedingungen in der Steppe angepaßt sind. Der Sproß der Tulpe besteht aus Stengel und Blättern. Die Blätter sind sitzend, ganzrandig und parallelnervig.
Die Blüte ist dreizählig. Sie wird von Insekten bestäubt. Die Frucht ist eine Kapsel, die mit 3 Klappen aufspringt. Sie enthält die Samen, welche vom Wind verbreitet werden. Die Zwiebel ist ein kurzer unterirdischer Sproß mit besonders gestalteten Blättern, den Zwiebelschuppen. Diese umschließen den jungen Trieb. Die Zwiebel dient als Vorratsspeicher, zum Überwintern und zur samenlosen Vermehrung.

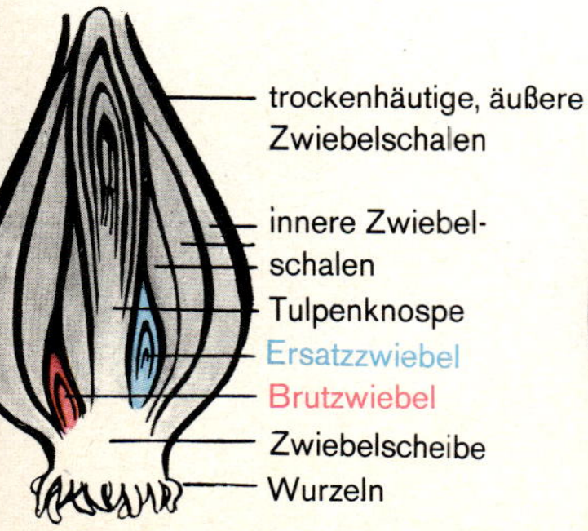

Vorfrühling
2,6

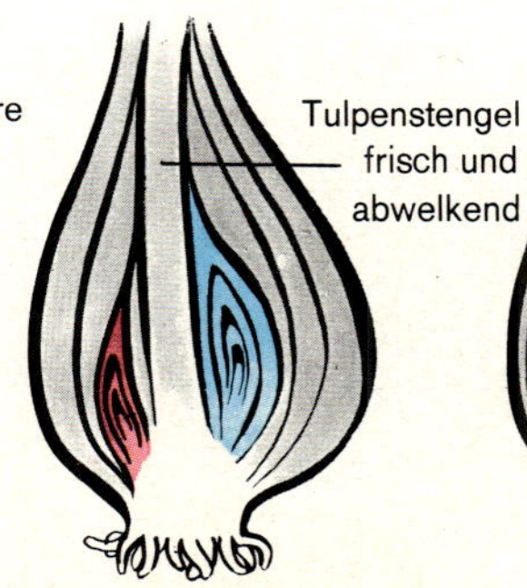

Frühjahr
2,7

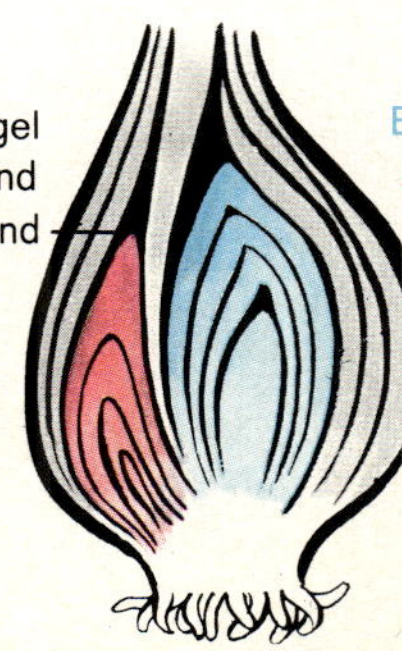
Sommer
2,8

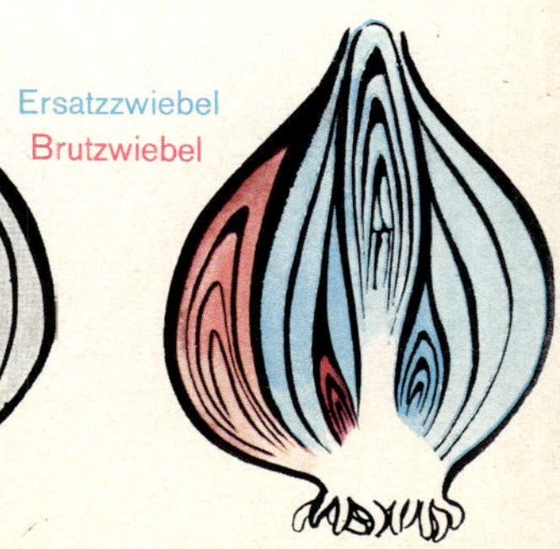

Herbst
2,9

## 3 Der Scharfe Hahnenfuß (Ranunculus acer)

**Standort.** Der *Scharfe Hahnenfuß* ist eine Wiesenpflanze. Zur Hauptblütezeit im Mai geben seine gelben Blüten manchen Wiesen die Farbe. Das Abmähen kann der Hahnenfuß ertragen, weil er einen kurzen, unterirdischen Stengel besitzt, der nach der Mahd wieder austreibt. Da an diesem Stengelstück Wurzeln entspringen, heißt er *Wurzelstock* **(3,9).** Mit dem Wurzelstock überdauert die Pflanze auch den Winter. Der Scharfe Hahnenfuß enthält ein *Gift*. An diesem kann das Vieh erkranken, wenn es die grünen Pflanzen frißt. Beim Lagern in Hahnenfußwiesen bekommen empfindliche Menschen unangenehme Hautausschläge. Das Gift zersetzt sich beim Trocknen der Pflanzen. Im Heu ist es also nicht enthalten.

**Sproß.** Der verzweigte Stengel trägt die grünen *Laubblätter*. Die Blätter, die am Grund des Stengels entspringen, heißen *grundständige Blätter*. Sie bestehen aus der *Blattspreite* und einem langen *Blattstiel*. Die Blattspreite ist durch tiefe Einschnitte in 5 Zipfel geteilt, die wie die Finger einer Hand angeordnet sind. Das Blatt ist *handförmig geteilt* **(3,4).** Blätter, 3
die weiter oben am Stengel sitzen, haben kleinere Blattspreiten, schmälere Zipfel und einen kurzen Blattstiel **(3,3).** Bei den obersten Blättern fehlt der Blattstiel ganz; es sind *sitzende Blätter*. Die Zahl der Zipfel ist bei diesen Blättern auf 3 vermindert. Sie ähneln dem Fuß eines Hahns, wovon die Pflanze ihren Namen bekommen hat **(3,2).** Da die oberen Blätter eine kleinere Spreite und einen kürzeren Blattstiel haben als die unteren, beschatten sie die unteren nicht.

**Blüte.** Alle Seitenzweige des Stengels schließen mit einer Blüte ab, so daß mehrere Blüten an einer Pflanze beisammenstehen. Eine solche Anhäufung von Blüten nennt man *Blütenstand* **(3,1).** Die Blüte besitzt außen *2 Blattkreise* **(3,6),** deren Blätter auf Lücke stehen. Die 5 grünlichen Blätter des äußeren Kreises sind verhältnismäßig klein. Sie heißen *Kelchblätter*. Alle Kelchblätter zusammen bilden den *Kelch*. Im Knospenzustand umhüllen und schützen sie die inneren Blütenteile. Die 5 gelben *Blütenblätter* des inneren Kreises glänzen fettig. Nach ihnen wird die Pflanze in manchen Ge-

**3,1:** *Blütenstand vom Scharfen Hahnenfuß. Der Stengel verzweigt sich. Die Nebenzweige schließen jeweils mit einer Blüte ab.* **3,2–3,4:** *Form und Größe der Laubblätter hängen von ihrer Stellung am Stengel ab; grundständiges Blatt* **(3,4);** *Blatt vom mittleren Teil des Stengels* **(3,3)** *und Blatt vom oberen Stengelteil* **(3,2).**

3,5

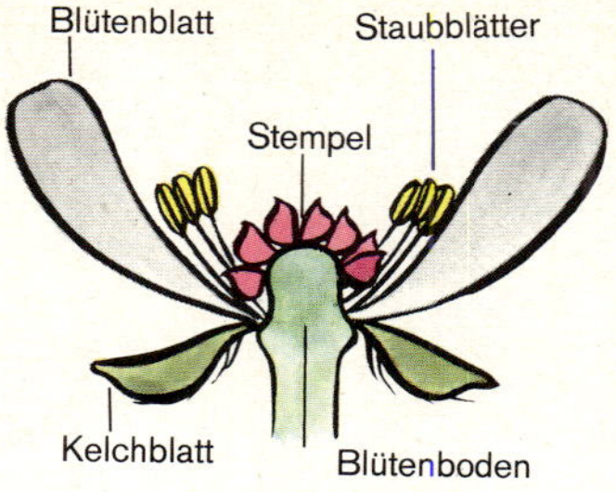

3,6

3,7

3,8

**3,5:** *Hahnenfußblüte von oben. Die grünen Fruchtknoten in der Mitte sind von zahlreichen Staubblättern umgeben. Nach außen folgen 5 gelbe Blütenblätter.* **3,6:** *Der Längsschnitt zeigt außerdem die Kelchblätter und den gewölbten Blütenboden, auf dem die Blütenteile sitzen.* **3,7:** *Die Fruchtknoten entwickeln sich nach der Bestäubung zu Früchten (Nüssen), die übrigen Blütenteile fallen ab.* **3,8:** *Einzelne Nüsse (einsamige Schließfrüchte, die bei der Reife nicht aufspringen).*

genden Schmalzblume genannt. Bei Dunkelheit und Regenwetter wenden sich Kelch- und Blütenblätter nach innen. Die Blüte schließt sich und die inneren Blütenteile sind dadurch geschützt. Feuchtigkeit ist besonders für den Blütenstaub nachteilig. Die Blüte enthält zahlreiche *Staubblätter*, die aus *Staubbeutel* und *Staubfaden* zusammengesetzt sind, und viele *Stempel* **(3,5).** Jeder *Fruchtknoten* trägt an seinem oberen Ende die gelbliche, gebogene *Narbe.* Bienen, die von den Blütenblättern angelockt werden, besuchen die Blüten. Sie
3 sammeln dort hauptsächlich Blütenstaub, der bei so vielen Staubblättern reichlich vorhanden ist. An ihrem Körper tragen sie den Blütenstaub von Blüte zu Blüte und streifen ihn teilweise auf den Narben ab. Auf diese Weise vollziehen sie unabsichtlich die *Bestäubung.* Am Grund der Blütenblätter befinden sich gelbe Schüppchen, die eine kleine Tasche bilden. Dort wird eine süße Flüssigkeit ausgeschieden, der *Nektar.* Er wird von den Bienen aufgesogen und zu Honig verwandelt. Auch Schwebfliegen suchen die Blüten wegen des Nektars auf und stehen dadurch ebenfalls im Dienst der Bestäubung. Die kleinen Glanzkäferchen, die sich oft in den Blüten aufhalten, sind in dieser Hinsicht bedeutungslos.

**Frucht.** Nach der Bestäubung entwickeln sich aus den Fruchtknoten die *Früchte* **(3,7).** Die einzige *Samenanlage* wird zum *Samen.* Die Frucht des Scharfen Hahnenfußes öffnet sich bei der Reife nicht. Frucht und Same werden daher zusammen verbreitet. Solche Früchte heißen *Schließfrüchte.* Enthält eine Schließfrucht nur einen Samen, dann ist es eine *Nuß* **(3,8).**

**Merkstoff.** Der Scharfe Hahnenfuß ist eine Wiesenpflanze. Er besitzt einen unterirdischen Stengel, den Wurzelstock, mit dem er im Boden ausdauert. Die Blätter (mit Ausnahme der oberen) bestehen aus Blattspreite und Blattstiel. Die Blattspreiten sind handförmig geteilt. Die Blüten besitzen 5 Kelchblätter, 5 Blütenblätter, zahlreiche Staubblätter und viele Stempel. Sie werden von Bienen und Schwebfliegen bestäubt. Die Frucht ist eine Nuß (einsamige Schließfrucht).

3,9

**3,9:** *Wurzelstock. Der Wurzelstock ist ein unterirdischer Stengel, an dem Wurzeln und oberirdische Pflanzenteile entspringen.*

4,1

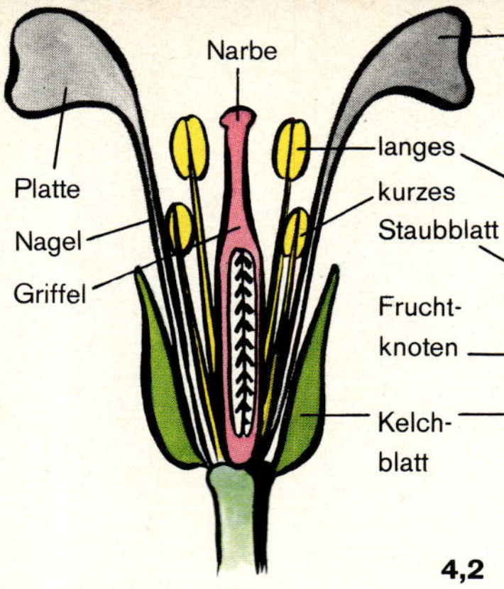

4,2

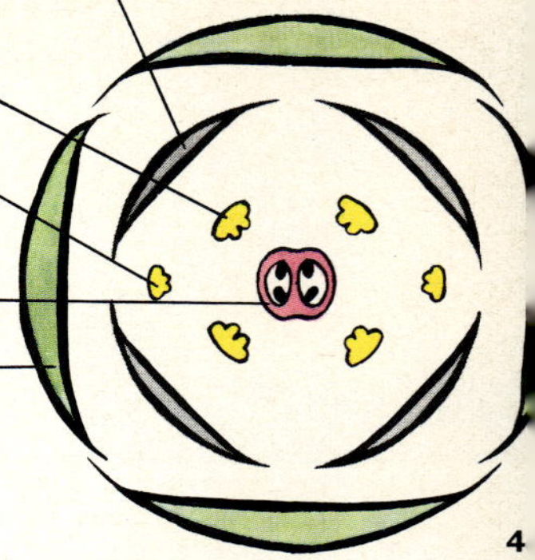
4

*4,1: Blütenstand des Rapses. Der Stengel trägt langgestielte Blüten, die von unten nach oben aufblühen.* **4,2:** *Längsschnitt durch eine Rapsblüte. In der von Kelch- und Blütenblättern gebildeten Röhre befinden sich Stempel und Staubblätter.* **4,3:** *Blütengrundriß. Kelch- und Blütenblätter stehen sich kreuzweise gegenüber.* **4,4:** *Blattrosette des Winterrapses. Die fiederspaltigen Blätter sind wie die Speichen eines Rades an dem gestauchten Sproß angeordnet. Sie sind jedoch nicht in gleicher Höhe festgewachsen. Wenn man die Blattansätze miteinander verbindet, erhält man eine Spirale.* **4,5:** *Im Frühjahr wächst der Stengel in die Länge. Auch die Stengelblätter sind spiralig angeordnet, sie sind wechselständig.* **4,6:** *Geschlossene und aufgesprungene Frucht.*

4

## 4 Der Raps (Brassica napus)

**Blüte.** Die Blüten des *Rapses* sitzen am oberen Ende des Stengels in einem *Blütenstand* **(4,1).** Dieser besteht aus der Hauptachse und den blütentragenden Nebenachsen. Einen solchen Blütenstand nennt man eine *Traube*. Die Anhäufung von Blüten in einem Blütenstand verstärkt die anlockende Wirkung auf die Insekten. Die einzelnen Blüten besitzen 4 gelbgrüne *Kelchblätter* und 4 goldgelbe *Blütenblätter*. Bei den Blütenblättern kann man einen breiten oberen Teil, die *Platte*, von einem schmalen unteren Teil, dem *Nagel*, unterscheiden. Die aufrecht stehenden Nägel bilden mit den Kelchblättern zusammen eine Röhre. Die Platten stehen waagrecht **(4,2).** Von den 4 Kelch- und Blütenblättern stehen sich je 2 gegenüber **(4,3).** Sie sind wie die Balken eines Kreuzes angeordnet: die Blüte des Rapses ist eine *Kreuzblüte*. In der Blüte stehen 6 *Staubblätter*; 4 haben lange und 2 haben kurze *Staubfäden* **(4,2; 4,3).** Der *Fruchtknoten* ist langgestreckt. Auf einem kurzen Griffel sitzt eine knopfförmige *Narbe*. Die *Samenanlagen* werden sichtbar, wenn man den Fruchtknoten gegen das Licht hält. Am Grunde der Staubblätter finden sich 4 grüne *Nektardrüsen*. Die Bienen werden vom Duft und von der Farbe der Blüten angelockt. Sie lassen sich auf der Platte nieder und senken den Rüssel in die Blütenröhre, um Nektar zu saugen. Da die Staubblätter im Wege stehen, werden diese zur Seite gedrängt. Dabei bleibt an dem Tier Blütenstaub hängen, den es auf den Narben anderer Rapsblüten abstreift.

**Frucht.** Aus dem Fruchtknoten geht nach der Bestäubung die *Frucht* hervor. Der Fruchtknoten wird von besonders gestalteten Blättern, den *Fruchtblättern*, gebildet. Bei der Rapsblüte besteht er aus zwei zusammengewachsenen Fruchtblättern. Eine von Verwachsungsnaht zu Verwachsungsnaht quer durch den Fruchtknoten sich erstreckende

4,4

4,5

4,6

*Scheidewand* teilt diesen in 2 Fächer **(4,3)**. Bei der Fruchtreife lösen sich die 2 Fruchtblätter an den Verwachsungsnähten voneinander, so daß die Frucht mit 2 Klappen aufspringt **(4,6)**. Der Wind kann nun die an den Rändern der Scheidewand sitzenden Samen herausschütteln und verbreiten. Früchte, die mit 2 Klappen aufspringen und eine Scheidewand besitzen, heißen *Schoten*. Wenn man Rapssamen auf Papier zerreibt, entsteht ein bleibender Fettfleck. Die Samen enthalten Öl, welches der neuen Pflanze als erste Nahrung dient.

**Lebensdauer und Sproß.** Der Raps wird in 2 Formen angebaut, dem *Winterraps* und dem *Sommerraps*. Der Winterraps wird im Herbst ausgesät. Noch vor dem Winter entwickelt
4 sich aus dem Samen eine Pflanze, deren Stengel jedoch kurz bleibt. Infolgedessen bilden die dicht beieinanderstehenden Blätter in Bodennähe eine *Blattrosette* **(4,4)**. Sie überwintern unter dem Schnee, der sie vor allzu strengem Frost und Austrocknen schützt. Erst im Frühjahr wächst der blättertragende Stengel in die Höhe **(4,5)**. Die Rosettenblätter fallen ab. Der Winterraps blüht im Frühjahr. Der Sommerraps, der erst im Frühjahr gesät wird, wächst gleich zur vollen Länge heran und blüht im Sommer. Die sitzenden und mit einer Wachsschicht überzogenen Blätter nehmen nach oben zu an Größe ab (Licht!). Die unteren Blätter besitzen tiefe Einschnitte, die sich vom Rand zur Mittelrippe erstrecken. Solche Blätter heißen *fiederspaltig*.

**Merkstoff.** Der Raps ist eine Kulturpflanze, die zur Ölgewinnung angepflanzt wird. Der Blütenstand ist eine Traube. Die Pflanze besitzt Kreuzblüten, die man an den je 4 übers Kreuz stehenden Kelch- und Blütenblättern, sowie an den 4 langen und 2 kurzen Staubblättern erkennt. Die Frucht ist eine Schote. Sie springt mit 2 Klappen auf und besitzt eine Scheidewand, an deren Rand die Samen sitzen. Der Winterraps überwintert mit einer Blattrosette. Die unteren Blätter sind fiederspaltig.

**4,7:** *Blühende Rapsfelder sind auf unseren Feldfluren nicht selten; denn der Raps ist in Mitteleuropa die wichtigste Ölpflanze. Die Samen enthalten fast die Hälfte ihres Gewichtes an Öl (40%); von 1 ha Raps erntet man 600 kg Öl. Die ausgepreßten Samen, der Ölkuchen, sind ein wertvolles Viehfutter. Das Öl dient überwiegend technischen Zwecken, zum Einfetten und Schmieren, wird aber auch als Speiseöl gebraucht. Der Raps ist außerdem Grünfutterpflanze.*

4,7

**5,1:** *Unpaarig gefiedertes Blatt der Heckenrose. Am Grund des Blattstiels sind die zugespitzten Nebenblätter zu sehen, die mit dem Blattstiel verwachsen sind.* **5,2:** *Kelchblätter der Heckenrose. Von den 5 Kelchblättern sind 2 fiederspaltig, eines besitzt nur auf einer Seite Fiederchen und die restlichen 2 Kelchblätter sind ganzrandig.* **5,3:** *Blüte der Heckenrose von oben. Die Narben in der Mitte sind von vielen Staubblättern und 5 Blütenblättern umgeben.*

## 5–6 Die Heckenrose (Rosa canina)

**Blüte.** Der Sommer hält seinen Einzug, wenn auf den Heckenrosensträuchern die zartrosa oder seltener weißgefärbten Blüten erscheinen. Sie sind aus 5 großen, herzförmig eingeschnittenen *Blütenblättern* zusammengesetzt **(5,3),** mit denen die 5 grünen *Kelchblätter* auf Lücke stehen **(5,2).** Soweit diese fiederspaltig sind, ähneln sie in der Form dem 5
*Laubblatt* **(5,1).** Im Innern der Blüte finden sich viele *Staubblätter* und in deren Mitte eine Anhäufung von kleinen, gelben, rundlichen Gebilden. Was diese darstellen, zeigt ein Längsschnitt **(5,4; 5,5).** Die Gebilde sitzen auf einem fadenartigen Stiel, der unten an einem kleinen Knoten festgewachsen ist. Stiel und Knoten senken sich in eine Vertiefung. Die Knoten sind *Fruchtknoten*, die Stielchen *Griffel* und die Gebilde *Narben*. Die Vertiefung ist der krugförmig umgestaltete *Blütenboden*, an dessen Innenwand die Fruchtknoten festgewachsen sind. Durch diese Umbildung des Blütenbodens stehen die Fruchtknoten unter den Kelch-, Blüten- und Staubblättern; sie sind *unterständig*. Steht der Fruchtknoten über den anderen Blütenteilen, dann ist er *oberständig*. Zwischen den Frucht-

**5,7:** *Von der Heckenrose gebildete Hecke. Da sich die Pflanze stark verzweigt und die Zweige kreuz und quer verlaufen, bildet sie dichte, undurchdringliche Hecken. Sie wächst an Waldrändern, in lichten Wäldern, aber auch auf Weiden, da sie wegen ihrer Stacheln von den Weidetieren nicht gefresssen wird.* **5,8:** *Schemazeichnung eines Strauchs. Aus den Knospen des kurzen Hauptsprosses oder aus Knospen der Wurzeln entstehen Nebensprosse.*

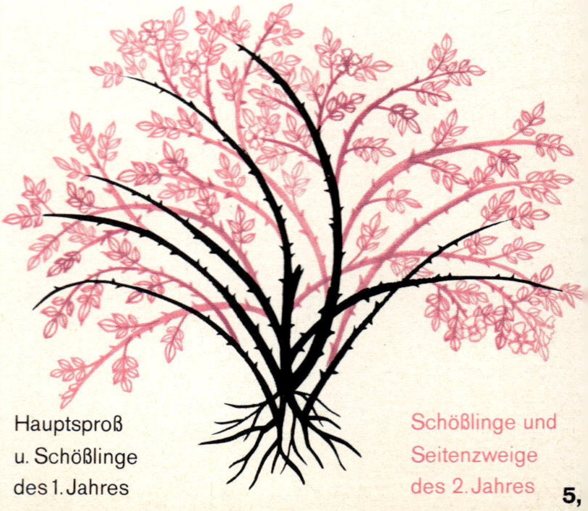

5,4

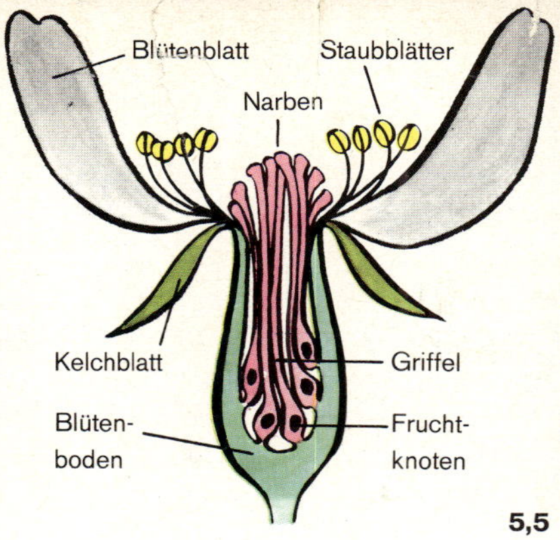

5,5

5,6

**5,4** *und* **5,5:** *Blütenlängsschnitt. Im krugförmigen Blütenboden sind die unterständigen Fruchtknoten mit den Griffeln und Narben zu erkennen. Kelchblätter, Blütenblätter und Staubblätter sind am oberen Rand des Blütenbodens festgewachsen.* **5,6:** *Hagebutte. Der Blütenboden ist rot und fleischig geworden. Oben sind vertrocknete Reste der Kelchblätter und Narben zu erkennen. Der Querschnitt zeigt die hartschaligen Nüßchen und die seidigen Haare.*

knoten befinden sich weiße, seidenglänzende Haare. Die zahlreichen Staubblätter bergen in ihren Staubbeuteln reichlich *Blütenstaub* oder *Pollen*, den sie den blütenbesuchenden Insekten als einzige Nahrung bieten. Solche Blüten heißen *Pollenblumen*. Angelockt werden die Tiere durch Blütenfarbe und -duft.

5 **Frucht.** Nach der Bestäubung fallen Blüten- und Staubblätter ab, Narben und Kelchblätter vertrocknen. Der Blütenboden nimmt im Laufe der Zeit an Umfang und Größe zu. Gleichzeitig wird er fleischig und färbt sich rot. Aus den Fruchtknoten in seinem Innern entstehen *Früchte*. Sie enthalten nur einen Samen, der von einer harten Fruchtschale umschlossen wird. Bei der Reife öffnen sich die Früchte nicht; es handelt sich wie beim Hahnenfuß um einsamige *Schließfrüchte* oder *Nüßchen*. Weil der krugförmige Blütenboden mehrere Früchte enthält, nennt man das Ganze eine *Sammelfrucht*, die *Hagebutte*. Sie hat bei oberflächlicher Betrachtung ganz das Aussehen einer Frucht, obwohl diese Bezeichnung nur den Nüßchen in ihrem Innern zukommt. Deshalb spricht man auch von einer *Scheinfrucht*. Die Verbreitung der Nüßchen besorgen Vögel. Von der roten Farbe angelockt, verzehren sie die Hagebutten samt den Nüßchen. Die harte Schale bewahrt die Nüßchen vor der Verdauung, so daß sie den Vogeldarm unversehrt verlassen. Auch für unsere Ernährung haben die Hagebutten eine gewisse Bedeutung. Sie enthalten nämlich besonders reichlich einen für unsere Gesunderhaltung wichtigen Stoff, das Vitamin C. Aus den fleischigen Teilen stellt man Marmelade her, aus den Nüßchen gewinnt man einen Tee, der bei Nieren- und Blasenleiden heilend wirkt.

**5,9:** *Zweigstück der Heckenrose mit Stacheln. Stacheln sind Auswüchse der Rinde, die sich leicht ablösen lassen und dann eine Narbe hinterlassen.* **5,10:** *Zweigstück der Schlehe mit Dornen. Dornen sind kurze, spitzige, verholzte Zweige, die sich nur schwer abbrechen lassen.*

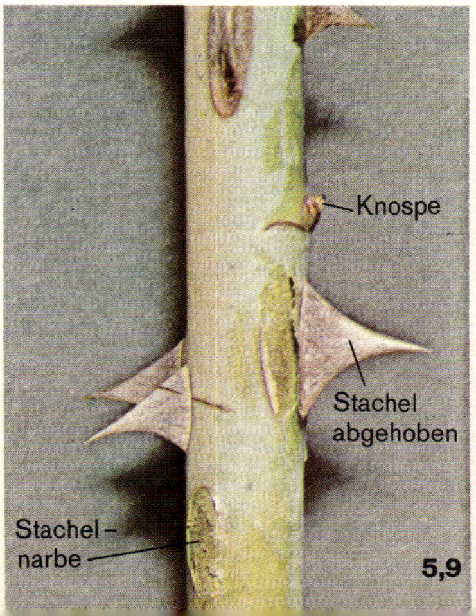

5,9

5,10

**Die Heckenrose, ein Holzgewächs.** Die Heckenrose unterscheidet sich von den bisher betrachteten Pflanzen durch ihre verholzten Stengel. Sie gehört zu den *Holzgewächsen.* Holzgewächse ohne einen Stamm, wie ihn die Bäume besitzen, nennt man *Sträucher* **(5,7).** Bei den Sträuchern stirbt der obere Teil des Hauptsprosses bald ab und bleibt daher kurz. Aus den zahlreichen Knospen des kurzen Hauptsprosses entwickeln sich Seitenzweige, die annähernd gleich stark wie der Hauptsproß sind. Sprosse können jedoch auch aus Knospen der Wurzeln entstehen; man nennt sie *Wurzelschößlinge.* Bei der Heckenrose sind die Wurzelschößlinge lang und bogenförmig nach unten gebogen. Im ersten Jahr sind sie unverzweigt. Im zweiten Jahr entstehen aus den Knospen des Schößlings kurze, blütentragende Seitenzweige und außerdem wieder lange, gebogene Triebe **(5,8),** die sich im folgenden Jahr von neuem verzweigen. An den jüngeren Zweigen, an den Blütenstielen und an den Mittelrippen der Blätter finden sich hakenförmig gebogene *Stacheln.* Durch seitlichen Druck lassen sich die Stacheln leicht ablösen, da sie lediglich Auswüchse der Rinde sind **(5,9).**

**Blatt.** Das Blatt der Heckenrose ist aus kleineren Blättchen zusammengesetzt; es ist ein *zusammengesetztes Blatt.* Die Blättchen stehen sich an der Mittelrippe paarweise gegenüber. Die Mittelrippe schließt mit einem Endblättchen ab **(5,1).** Da diese Anordnung an eine Vogelfeder erinnert, heißt das Blatt *gefiedert.* Wegen der ungeraden Zahl der Fiederblättchen (5 oder 7) können nicht alle zu Paaren vereinigt sein, so daß stets ein unpaariges Endblättchen übrig bleibt. Man nennt ein solches Blatt *unpaarig gefiedert.* Die einzelnen Fiederblättchen sind eiförmig und *fiedernervig.* Sie besitzen einen gesägten Blattrand. Am Grund des Blattstiels befinden sich 2 *Nebenblätter.* Wie wir gesehen haben, sind die unteren Kelchblätter fiederspaltig, die oberen jedoch nicht. Dies weist darauf hin, daß die Kelchblätter umgebildete Laubblätter sind.

**Merkstoff.** Die Heckenrose ist ein Holzgewächs und ein Strauch. Ihre Stacheln sind Rindenauswüchse. Die Blätter sind unpaarig gefiedert. Die Blüten besitzen 5 Kelchblätter, 5 Blütenblätter und zahlreiche Staubblätter. Die unterständigen Fruchtknoten sind in einem krugförmigen Blütenboden eingeschlossen. Die Sammel- und Scheinfrucht der Heckenrose heißt Hagebutte. Die Einzelfrüchtchen sind Nüßchen. Sie werden durch Vögel verbreitet.

**6,1–6,4:** *Die Rosenzucht verfolgt viele Ziele u.a. die Vermehrung der Blütenfarben und -formen, Vergrößerung der Blütenblätter und Steigerung ihrer Zahl. Die Abbildungsreihe zeigt Blüten einer Auswahl von Gartenrosen, und zwar von einer ganz ungefüllten Sorte* **(6,1)** *bis zur vollgefüllten Sorte* **(6,4)** *mit halbgefüllten Sorten* **(6,2; 6,3)** *als Übergängen.* **6**

**6,5:** *Erdbeerblüte. Die Blüte besitzt 10 Kelchblätter, 5 weiße Blütenblätter, zahlreiche Staubblätter und viele Stempel.* **6,6:** *Sammelfrucht. Der kegelförmige Blütenboden hat sich vergrößert und ist rot und saftig geworden. Auf seiner Außenseite sitzen die Nüßchen.* **6,7:** *Lange, oberirdische Ausläufer sind aus der Blattrosette gewachsen. Aus ihren Endknospen haben sich Tochterpflanzen gebildet, die später selbständig werden.*

6,2

6,3

6,4

**Kulturrosen**

Seit altersher nimmt die Rose im kulturellen Leben des Menschen einen ersten Platz ein. Solange es Gärten gibt, wird sie gehegt und gezüchtet, und für viele künstlerische Darstellungen war sie Vorbild („Rosetten"). Die vielen Rosensorten, die es heute bei uns gibt, sind nicht aus unserer wilden Heckenrose gezüchtet worden. Wildrosen in China und Kleinasien waren die Stammformen. – Im Altertum trieben Perser, Griechen und Römer mit Rosen einen verschwenderischen Kult. Später fanden sie als „Blumen der Schönheit
6 und Reinheit" Eingang in die christliche Glaubenswelt. Kaiserin Josephine, Gemahlin Napoleon I., brachte die Rose in Mode durch ihren unvergleichlichen Rosengarten von Malmaison. Heute sind die Rosen aus unseren Gärten nicht mehr wegzudenken.

**Erdbeeren**

Unsere Gartenerdbeeren stammen von verschiedenen Wildpflanzen ab. Die *Monatserdbeere*, die von April bis Oktober blüht und fruchtet, ist eine Gartenform der *Walderdbeere*. Dagegen sind die *großfrüchtigen Erdbeeren* Züchtungen aus amerikanischen Pflanzen. – Die Blüte der Erdbeere stimmt weitgehend mit der der Heckenrose überein, nur ist der Blütenboden *kegelförmig* statt krugförmig und der Kelch besitzt 5 Kelchblätter mehr **(6,5).** Die *Nüßchen* sitzen auf der Außenseite des bei der Reife saftigen und roten Blütenbodens **(6,6).** Die Verbreitung der Nüßchen wird wie bei der Heckenrose durch Tiere besorgt. Heckenrose und Erdbeere haben ähnliche Blüten und Früchte; sie sind miteinander verwandt. – Erdbeeren besitzen dreizählige Blätter, die in grundständigen Blattrosetten angeordnet sind. Sie vermehren sich außer durch Samen auch durch oberirdische, fadenförmige und kriechende Ausläufer **(6,7).** Aus deren Knospen bilden sich neue Pflänzchen. Durch Absterben der Ausläufer werden die Tochterpflanzen selbständig.

6,6

6,7

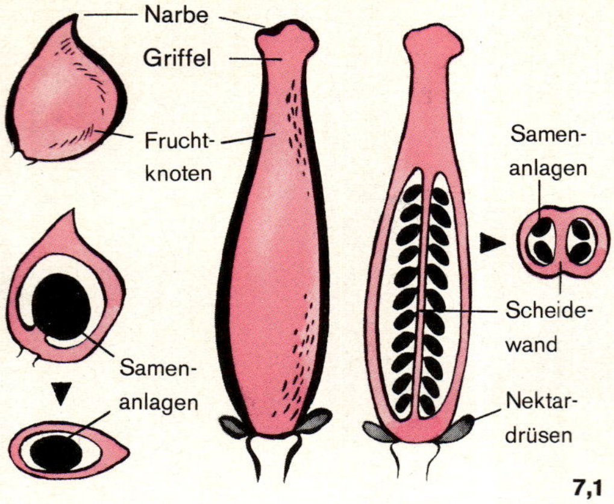

7,1

**Fruchtblätter (7,1).** Der Stempel besteht aus *Fruchtknoten*, *Griffel* und *Narbe*. Der Griffel kann fehlen. Der Stempel wird von einem oder mehreren Blättern gebildet. Diese Blätter heißen *Fruchtblätter*. So besteht z. B. beim Hahnenfuß (links) der Stempel aus einem Fruchtblatt, beim Raps (rechts) aus 2 an den Rändern zusammengewachsenen Fruchtblättern. Manchmal sind die Fruchtknoten durch *Scheidewände* in Fächer unterteilt. Die *Samenanlagen* sitzen meist an den Rändern der Fruchtblätter.

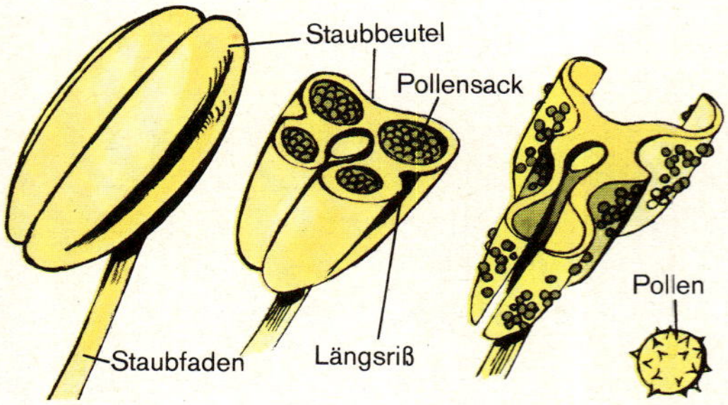

7,2

**Staubblätter (7,2).** Die Staubblätter sind umgewandelte Blätter. Bei gefüllten Blüten können sie zu Blütenblättern werden. Ein Staubblatt besteht aus dem *Staubfaden* und dem zweiteiligen *Staubbeutel*. Der Staubbeutel enthält 4 *Pollensäcke*, in denen der Pollen gebildet wird. Der Staubbeutel öffnet sich mit 2 Längsrissen in einigen Fällen auch mit Löchern, Spalten oder Klappen.



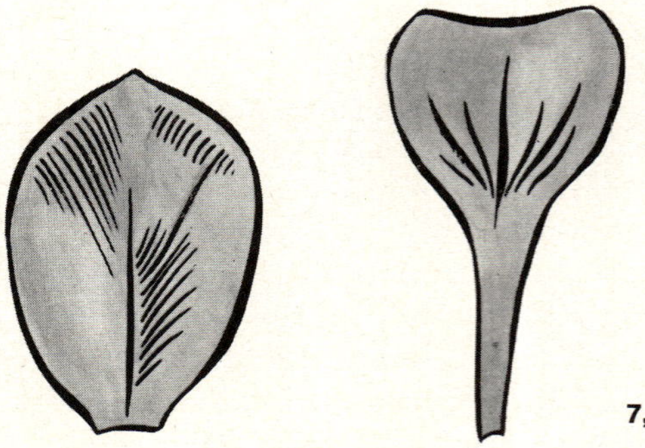
7,3

**Blütenblätter (7,3).** Die Blütenblätter bilden die *Blütenkrone*. Sie sind entweder frei oder miteinander verwachsen. Die Blütenblätter locken durch auffällige Farben Insekten an, dienen aber auch dem Schutz der inneren Blütenteile. Bei manchen Blüten schließen sie sich bei Nacht und bei Regenwetter und verhindern so das Eindringen von Tau und Regen. Bei Blüten, die nicht von Tieren besucht werden, können die Blütenblätter fehlen.

7,4

**Kelchblätter (7,4).** Viele Blüten besitzen Kelchblätter. Diese meist grünen Blätter umhüllen schützend die Blütenknospe. Die freien oder miteinander verwachsenen Kelchblätter bilden den *Kelch*. Blüten mit Kelch und Blütenblättern besitzen eine doppelte Blütenhülle, solche ohne Kelch eine einfache. Beziehungen zu den Laubblättern zeigen sich bei der Heckenrose.

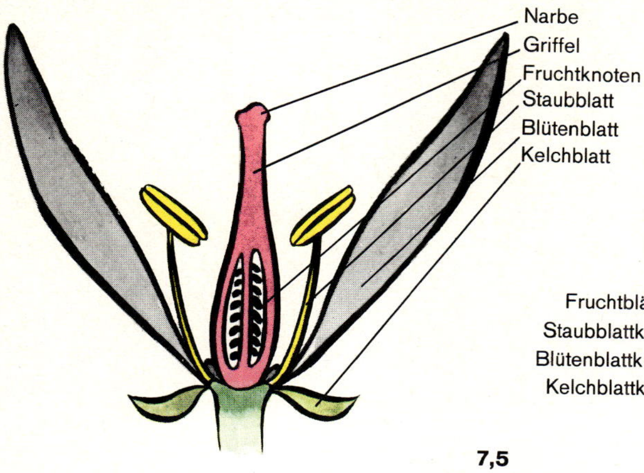


7,5

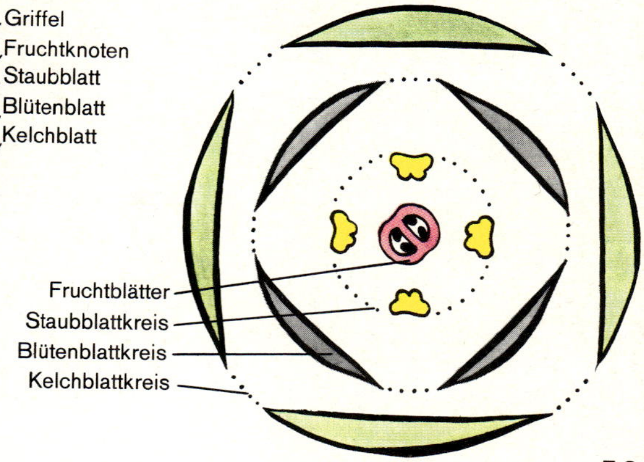


7,6

**7,5:** *Blütenlängsschnitt;* **7,6:** *Blütengrundriß. Die Blätter, welche die Blüten aufbauen, stehen in Kreisen. Bei unserem Beispiel wird der äußerste Kreis von den Kelchblättern gebildet. Dann folgen je ein Kreis mit Blütenblättern und mit Staubblättern. In der Mitte steht der Stempel.*

## 7 Bau und Aufgaben der Blüte

7 Wir können Blüten als Sproßenden auffassen, an denen besonders gestaltete Blätter sitzen. Die Stengel dieser Sproßenden sind jedoch kurz geblieben, so daß ihre Blätter eng beieinander stehen. Die Blüte steht im Dienst der *Fortpflanzung*. Aus den Samenanlagen entstehen *Samen*, die im Fruchtknoten, welcher sich zur *Frucht* entwickelt, eingeschlossen sind. Diese Entwicklung setzt eine *Bestäubung* voraus. Eine Blüte ist bestäubt, wenn Blütenstaub von einer gleichartigen Blüte auf ihre Narbe gelangt ist. Die Bestäubung wird oft von Insekten besorgt, die, angelockt von den Blütenblättern, Nektar und Pollen sammeln. An die Bestäubung schließt sich als weiterer Vorgang die *Befruchtung* an. Danach fallen die Blüten- und Staubblätter, die jetzt ihre Aufgaben erfüllt haben, ab.

**Merkstoff.** Vollständige Blüten besitzen Kelchblätter, Blütenblätter, Staubblätter und einen oder mehrere Stempel. Die Kelchblätter schützen die Blütenknospe. Die Blütenblätter locken Insekten an und schützen die inneren Blütenteile. In den Staubbeuteln wird Blütenstaub erzeugt. Im Fruchtknoten, aus dem die Frucht entsteht, sind die Samenanlagen eingeschlossen. Diese werden zu Samen, welche der Fortpflanzung dienen.

**7,7:** *Pollenkörner haben oft eine stachelige oder auf andere Weise rauh gestaltete Oberfläche; jede Pflanzenart hat ihre eigene Pollenform und -größe.* **7,8:** *Der Pollen wird in vielen Fällen von Honigbienen oder anderen Insekten auf die Narben übertragen.* **7,9:** *Auch die Narben haben häufig eine unregelmäßige und klebrige Oberfläche, so daß aufgebrachter Pollen leicht haftet.*

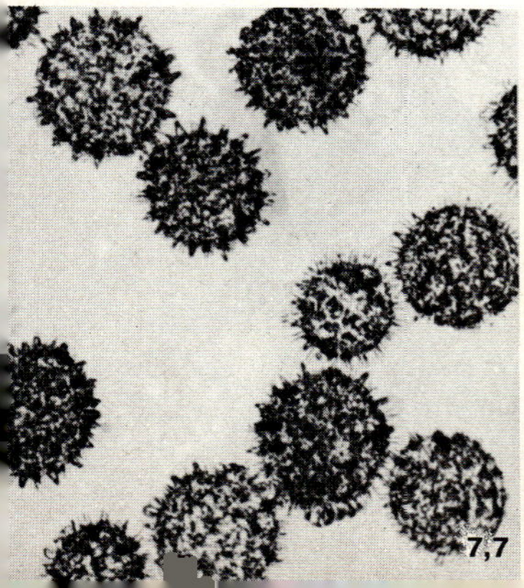

7,7

7,8

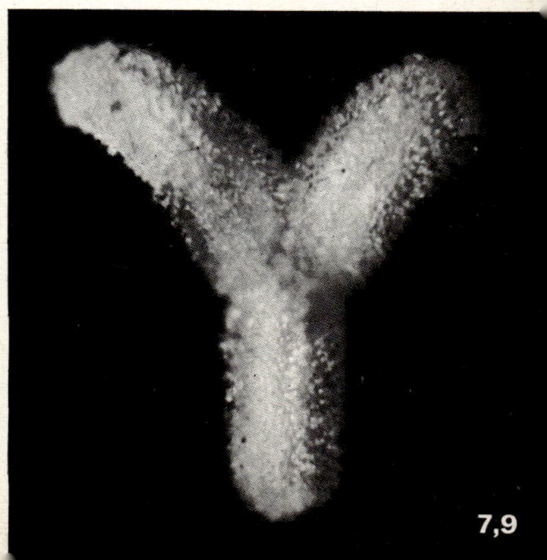

7,9

8,1: *Klatschmohn im Getreidefeld. Dieses Getreideunkraut steht mit den Getreidepflanzen im Wettbewerb um Nahrung, Wasser und Licht. Unkräuter werden alle Pflanzen genannt, die dort wachsen, wo sie der Mensch nicht haben will.* **8,2:** *Aufspringende Blütenknospe (1 Kelchblatt ist abgefallen).* **8,3:** *Klatschmohnblüte von oben.*

## 8 Der Klatschmohn (Papaver rhoeas)



**Standort.** Der *Klatschmohn* schmückt als *Ackerunkraut* unsere Getreidefelder **(8,1)**, gedeiht aber auch auf Ödland. Da diese Standorte dem vollen Sonnenlicht ausgesetzt sind, besitzt er Einrichtungen, die die Wasserverdunstung herabsetzen. Seine Blätter sind *fiederspaltig* **(8,1)**; dadurch haben sie eine kleinere Oberfläche, als unzerteilte Blätter gleichen Umfangs haben würden. Ferner verringert die Behaarung das Verdunsten von Wasser. Mohnpflanzen, die auf trockenem Sandboden wachsen, entwickeln zudem eine lange *Pfahlwurzel*, mit der sie ihren Wasserbedarf aus der Tiefe decken. Der Lebensablauf des Klatschmohns stimmt mit demjenigen des Getreides überein. Die *einjährige Pflanze* entwickelt sich aus den Samen entweder schon im Herbst oder erst im Frühjahr. Die überwinternden Pflanzen überdauern die ungünstige Jahreszeit mit einer *Blattrosette* und wachsen im Frühjahr mit dem Getreide in die Höhe. Der Klatschmohn enthält einen weißen, giftigen *Milchsaft*.

**8,7:** *Das Schöllkraut (Chelidonium majus) ist mit dem Klatschmohn verwandt. Es wächst an Mauern und Zäunen, Waldsäumen und Hecken. Es besitzt 4 gelbe Blütenblätter und zahlreiche Staubblätter. Die Frucht ist schotenförmig. An den schwarzen Samen ist ein weißer, fleischiger Anhang, der von Ameisen verzehrt wird. Dabei verschleppen sie die Samen. Die Ameisen sind es auch, die die Pflanze in Mauerritzen ansiedeln. Die Blätter sind fiederteilig. Die Pflanze enthält einen giftigen, gelben Milchsaft. Sie überwintert mit einem unterirdischen Stengel.*

**8,4:** *Unreife Frucht. Nach der Bestäubung fallen Blüten- und Staubblätter ab. Der Fruchtknoten vergrößert sich.* **8,5:** *Reife Kapsel. Die Fruchtwand ist vertrocknet. Unter dem oberen Kapselrand öffnen sich Poren, durch die die Samen ausgeschleudert werden (Porenkapsel).* **8,6:** *Querschnitt durch die Frucht. Von der Fruchtwand führen Scheidewände zur Mitte, wodurch der Innenraum in mehrere Kammern geteilt ist. An den Scheidewänden sitzen die ölhaltigen Samen.*

**Blüte.** Der Stengel, der die Blütenknospe trägt, ist abwärts gebogen **(8,2).** Die Knospe wird von den beiden *Kelchblättern* schützend umhüllt. Sobald sich die Blüte öffnet, richtet sich der Stengel auf. Die Kelchblätter fallen ab und die 4 feuerroten, in der

**8** Knospe eng zusammengefalteten *Blütenblätter* mit ihrem schwarzen Fleck am Grunde entfalten sich **(8,3).** Die zahlreichen dunkelvioletten *Staubblätter* bergen reichlich *Blütenstaub*, der den Blütengästen, hauptsächlich Bienen, Fliegen und Käfern, als Nahrung geboten wird *(Pollenblume).* Diese benützen den *oberständigen Fruchtknoten* als Sitzplatz und streifen dabei Blütenstaub auf den *Narben* ab, die als sternförmig angeordnete Haarleisten auf der Oberseite des Fruchtknotens sitzen **(8,3).**

**Verbreitung der Samen.** Der bei der Reife verholzende Fruchtstiel wird vom Wind hin und her geschüttelt. Dabei werden die *Samen* durch die Poren der *Kapsel* ausgestreut **(8,5).** Eine Kapsel enthält bis zu 3000 Samen **(8,6).** Sie reift gleichzeitig mit dem Getreide, so daß die Samen zwischen das Saatgut geraten. Dieses muß deshalb vor der Aussaat gereinigt werden. Trotzdem gelangen vom Ödland immer wieder Samen auf den Acker.

**Merkstoff.** Der Klatschmohn ist ein einjähriges Ackerunkraut, das im Samenzustand oder mit einer Blattrosette überwintert. Die Blätter sind fiederspaltig. Die Pflanze enthält einen giftigen Milchsaft. Die Blüte besitzt 2 Kelchblätter, 4 Blütenblätter, zahlreiche Staubblätter und einen oberständigen Fruchtknoten. Die Frucht ist eine Kapsel.

**8,8:** *Der Kulturmohn ist eine wichtige Ölpflanze. Seine Samen enthalten knapp 1/3 ihres Gewichtes an Öl, das ausgepreßt als Speiseöl verwendet wird. Der Preßrückstand ist ein wertvolles Tierfutter. Aus dem Milchsaft halbreifer Mohnkapseln gewinnt man Opium, das giftige, hochwirksame Arzneistoffe enthält. Nach der einschläfernden Wirkung der Mohnkapseln heißt die Pflanze auch Schlafmohn (Papaver somniferum).*

**9,1:** *Oberer Sproßteil der Taubnessel mit Blüten. Die Blüten sitzen in den Achseln der oberen Laubblätter. Sie bilden Scheinquirle, da sie nur scheinbar wie bei einem echten Quirl rings um den Stengel angeordnet sind.* **9,2:** *Querschnitt durch den vierkantigen Stengel.* **9,3:** *Stengellängsschnitt mit Knoten.*

## 9 Die Weiße Taubnessel (Lamium album)

**Standort und Sproß.** Die *Weiße Taubnessel* kommt an Zäunen, Hecken, Wegrändern, Gräben und ähnlichen Orten vor. Sie tritt in kleinen *Trupps* auf, da sie sich auch mit ihrem *Wurzelstock* vermehrt **(9,8).** Taubnesselsprosse, die nur beblättert sind, aber noch nicht blühen, haben einige Ähnlichkeit mit der Brennessel, brennen uns aber beim Berühren nicht. Deshalb heißt die Pflanze Taubnessel. Die eiförmigen Blätter zeichnen sich durch eine lange Spitze und einen *gesägten* Blattrand aus. Am Stengel stehen sie sich jeweils zu zweien gegenüber. Da jedes Blattpaar mit dem benachbarten übers Kreuz steht, spricht man von einer *kreuzgegenständigen* Blattstellung **(9,1).** Sie verhindert die gegenseitige Beschattung der Blätter. Der Stengel ist hohl und an 4 Ecken durch rippenartige Längsstränge versteift **(9,2).** Nur an den Stellen, an denen Blätter entspringen, ist er ausgefüllt **(9,3).** Diese *Knoten* unterteilen ihn in kleinere Abschnitte und erhöhen außerdem seine Festigkeit. Am Wurzelstock sitzen ebenfalls kleine Blättchen; dieser ist also ein Stengel und keine Wurzel; denn an Wurzeln können sich keine Blätter ausbilden. Er ist bleich, da er unter der Erde ohne Licht nicht ergrünt.

**9,7:** *Die Gefleckte Taubnessel (Lamium maculatum) besitzt ebenfalls einen vierkantigen Stengel, kreuzgegenständig gestellte Blätter, eine Lippenblüte und einen vierteiligen Fruchtknoten. Sie ist mit der Taubnessel verwandt. Von dem dunklen Fleck auf der Unterlippe hat sie ihren Namen.*

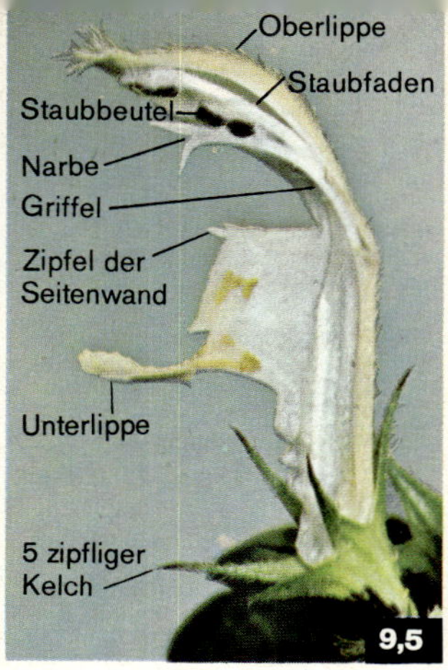

**9,4:** *Hummelbesuch. Die Hummel läßt sich auf der Unterlippe nieder und führt den Rüssel in die Blütenröhre ein. Dabei berührt sie mit der Oberseite die Staubbeutel.* **9,5:** *Blütenlängsschnitt. Unter der Oberlippe sind 2 Staubblätter zu sehen, deren Staubfäden mit der Wand der Blütenröhre verwachsen sind. Der lange Griffel trägt eine zweiästige Narbe.* **9,6:** *Frucht. Bei der Reife zerfällt der Fruchtknoten in 4 Teilfrüchtchen (Bruchfrucht), die einen Anhang für Ameisen tragen.*

**Blüte und Frucht.** Fünf zusammengewachsene *Kelchblätter* bilden einen fünfzipfligen Kelch **(9,6).** Auch die *Blütenblätter* sind miteinander verwachsen. Die Öffnung der Blüte läßt sich mit einem Maul vergleichen **(9,5).** Oben ist die löffelartige, am Rand bewimperte *Oberlippe*, unten die zweilappige *Unterlippe*. Der untere Teil der Blütenkrone bildet eine *Röhre*. Unter der Oberlippe finden sich paarweise hintereinander 4 *Staubblätter*, sowie *Narbe* und *Griffel*. Dieser ist auf dem vierteiligen *Fruchtknoten* festgewachsen, der von einer gelblichen *Nektardrüse* umgeben ist. Über ihm befindet sich ein Haarring. Eine so gebaute Blüte wird *Lippenblüte* genannt. Die Blüte ist *zweiseitig symmetrisch*, da sie nur durch einen Schnitt in der Längsrichtung in 2 gleiche Hälften zerlegt werden kann. Die *Bestäubung* wird von Hummeln besorgt **(9,4),** deren Rüssel lang genug ist, um den tiefliegenden Nektar zu erreichen. Beim Blütenbesuch beladen sie sich auf ihrer Oberseite mit Blütenstaub, den sie bei der nächsten Blüte an den Narbenästen abstreifen. Es scheint, als ob Taubnesselblüte und Hummel füreinander geschaffen wären. – Die reifen *Teilfrüchtchen* **(9,6)** werden von dem sich verengenden Kelch nach oben gedrückt und vom Wind herausgeschüttelt. Ihre Verbreitung besorgen Ameisen.

**Merkstoff.** Die Weiße Taubnessel besitzt zweiseitig symmetrische Lippenblüten. Der vierteilige Fruchtknoten zerfällt bei der Reife in 4 Teilfrüchtchen (Bruchfrucht). Die Blätter sind kreuzgegenständig. Die unterirdischen Stengel heißen Wurzelstock.

**9,8:** *Die Taubnessel dauert mit einem Wurzelstock aus, einem im Boden kriechenden Sproß mit kleinen, schuppenförmigen Blättern. An ihm entspringen sowohl Wurzeln wie auch Seitenzweige, die den Boden durchbrechen und zum oberirdischen Sproß auswachsen. Daher finden wir die Pflanze truppweise.*

**10,1:** *Zweigende mit Winterknospen. Die braunen, derben, sich mit den Rändern überdeckenden Blättchen, die die Knospe einhüllen, heißen Knospenschuppen. Sie sind mit klebrigem Harz überzogen.* **10,2:** *In der Knospe befindet sich ein Sproßende mit jungen, gefalteten Blättchen und der Anlage eines Blütenstandes. Der junge Sproß überdauert im Schutz der Knospenschuppen den Winter.* **10,3:** *Im Frühjahr brechen die Knospen auf, der Baum schlägt aus.*

## 10 Die Roßkastanie (Aesculus hippocastanum)



Die *Roßkastanie* ist kein einheimischer Baum; ihre Heimat sind die Schluchtwälder des Balkans, aus denen sie vor 400 Jahren eingeführt wurde. Die weite Verbreitung als Allee-, Park- und gelegentlich als Waldbaum verdankt sie ihrem Blütenschmuck und der schattenspendenden Krone **(10,7)**, ihrer Raschwüchsigkeit und den verfütterbaren Samen.

**Blüte.** In vielen Blüten des pyramidenförmigen Blütenstands **(10,5)** finden wir nur *Staubblätter*, aber keinen *Stempel*; andere Blüten haben neben Staubblättern einen vollausgebildeten Stempel. Die doppelte Blütenhülle besteht aus einem fünfzipfligen *Kelch* und 4-5 ungleichen *Blütenblättern*. Die Blüten sind so eingerichtet, daß die Bestäubung der Narbe nicht mit dem Blütenstaub derselben Blüte, sondern einer anderen erfolgt *(Fremdbestäubung)*. Die Narben frisch aufgegangener Blüten sind nach vorn gestreckt, die Staubblätter aber nach unten gebogen und ihre Staubbeutel noch geschlossen **(10,8)**. Erst später richten sie sich auch nach vorn und öffnen ihre Staubbeutel **(10,9)**. Dadurch streifen nektarsuchende Bienen und Hummeln auf den Narben junger Blüten stets nur Blütenstaub älterer Blüten ab. Weil sich die Staubbeutel nach der Bestäubung öffnen, nennt man solche Blüten *nachstäubend*.

**10,7:** *Blühende Roßkastanie. Der Baum wird bis zu 30 m hoch. Bäume sind Holzgewächse mit einem säulenförmigen Stamm und einer aus blättertragenden Zweigen bestehenden Krone.*

**10,4:** *Aufgebrochene Knospe mit noch zusammengefalteten Blättern. Ein junger Blütenstand schließt das Sproßende ab. Die Knospenschuppen sind schon zum Teil abgefallen. Sie hinterlassen am Zweig Narben.* **10,5:** *Der Blütenstand ist eine Ripse. Diese besitzt eine Hauptachse und verzweigte Nebenachsen.* **10,6:** *Das Blatt ist aus 5 oder 7 eiförmigen, fiedernervigen Blattfiedern mit gesägtem Blattrand zusammengesetzt. Sie entspringen alle am Ende des Blattstiels (gefingertes Blatt).*

**Frucht und Same.** Die reife *Kapsel* löst sich vom Baum und platzt beim Aufschlagen an den Verwachsungsnähten ihrer *3 Fruchtblätter* auseinander **(10,10).** Der Fruchtknoten ist *dreifächerig*. Jedes Fach enthält *2 Samenanlagen*. Von diesen 6 Samenanlagen entwickeln sich nur 1 bis 3 zu *Samen*, den „*Kastanien*". Die braune Samenschale weist einen hellen Fleck auf; hier war der Same mit der Fruchtwand verwachsen. Der stärkehaltige Same schmeckt bitter, wird aber vom Wild gefressen.

**10**

**Überwinterung.** Die *gegenständigen* Blätter **(10,6)** fallen im Herbst ab und hinterlassen Blattnarben, über denen sich bereits *Überwinterungsknospen* gebildet haben **(10,1).**

**Merkstoff.** Die Roßkastanie ist ein Baum. Bäume sind Holzgewächse mit Stamm und Krone. Die zu einer Rispe vereinigten Blüten sind nachstäubend (Sicherung der Fremdbestäubung). Die Kapseln enthalten 1 bis 3 Samen. Die gegenständigen Blätter sind gefingert.

**10,8:** *Junge Blüte; der Griffel nach vorn gerichtet, die 7 Staubblätter nach unten gebogen.* **10,9:** *Alte Blüte. Die Staubblätter haben sich aufgerichtet. Die anfangs gelben, später roten Flecken am Grund der Blütenblätter sollen den Besuchern den Weg zum Nektar weisen („Saftmale").* **10,10:** *Früchte und Samen. In der stacheligen Kapsel werden 1 bis 3 braunschalige Samen gebildet.*

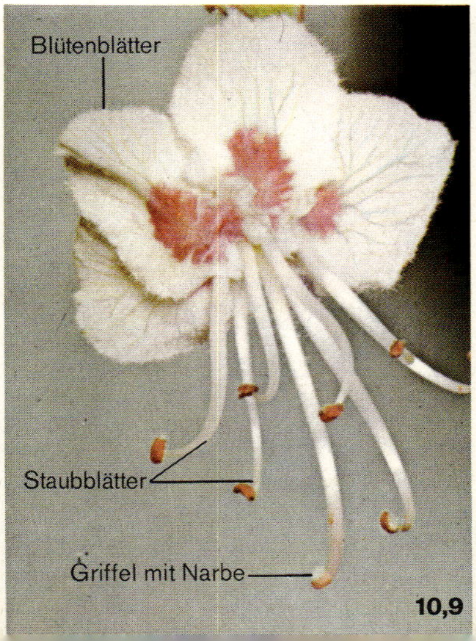

11,1

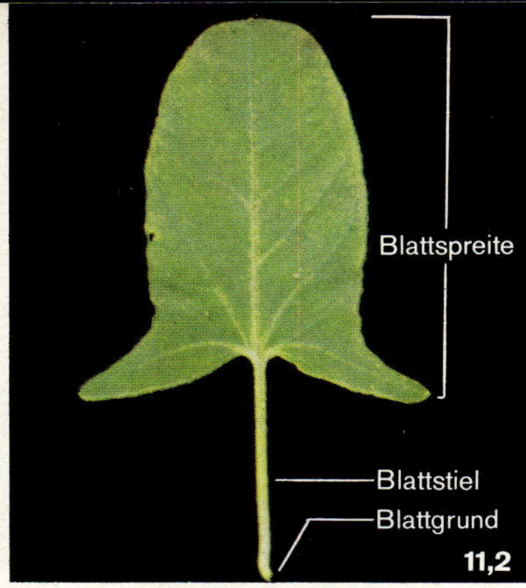

11,2

11,3

## 11 Blatt und Sproß

**Das Blatt.** Ein vollständiges Blatt besteht aus *Blattspreite, Blattstiel und Blattgrund* **(11,2 Ackerwindenblatt).** Am Blattgrund sitzen manchmal *Nebenblätter* **(11,3 Heckenrosenblatt)**; der Blattstiel fehlt bei den *stengellosen Blättern: sitzendes Blatt* **(11,1 Tulpenblatt).** Neben den *einfachen Blättern* **(11,1; 11,2)** gibt es die *zusammengesetzten Blätter*, die aus mehreren Blättchen bestehen **(11,3; 11,4).** Deren Blättchen können *fiederförmig* angeordnet sein **(11,3)** oder *gefingert*



---

**Der Sproß.** *Stengel und Blätter* bilden zusammen den *Sproß*. Gewöhnlich erhebt er sich über die Erde im Gegensatz zur Wurzel, mit der die Pflanze im Boden verankert ist. Es gibt jedoch auch Sprosse, die *unterirdisch* wachsen **(11,8 Tulpenzwiebel; 11,9 Kartoffelknolle; 11,10 Wurzelstock der Taubnessel).** Als Sprosse sind sie aber immer an ihren Blättern zu erkennen, die allerdings sehr klein sind *(Schuppenblätter)*, oder an den *Blattnarben*, wenn die Blätter schon früh abfallen. *Wurzeln tragen niemals Blätter*. Sprosse finden wir in sehr verschiedenen Ausbildungen. Die gewöhnlichste Form ist der *oberirdische Sproß* mit Laubblättern **(11,7 Sproß der Roten Taubnessel).** Die Ansatzstellen der Blätter heißen *Knoten*, die zwischen den Knoten liegenden Abschnitte *Stengelglieder*. Unter dem untersten Blattpaar

11,7

11,8

11,9

11,4

11,5

11,6

**(11,4 Roßkastanienblatt).** Die Stellung der Blätter am Sproß ist *wechselständig*, wenn an jedem Knoten nur 1 Blatt sitzt und die Blätter rings um den Stengel verteilt sind **(11,5 Raps)** oder *gegenständig*, wenn an jedem Knoten sich 2 Blätter gegenüberstehen **(11,6 Taubnessel).** Bleibt bei wechselständiger Blattstellung der Stengel kurz, dann bilden die Blätter eine *Rosette* **(11,5);** stehen bei gegenständiger Blattstellung die Blätter übers Kreuz, dann ist sie *kreuzgegenständig* **(11,6).** Die *Blattadern* oder *-nerven* sind *parallelnervig* **(11,1)** oder *netznervig* **(11,2–11,6).** Bei netznerviger Blattaderung unterscheidet man noch *fiedernervig* **(11,3 11,4)** und *fingernervig* **(11,2).** Blattformen gibt es viele; man benennt sie *lanzettlich* **(11,1),** *spießförmig* **(11,2),** *eiförmig* **(11,3),** *verkehrt eiförmig* **(11,4).** Der Blattrand ist *ganzrandig* **(11,1; 11,2),** *gesägt* **(11,3; 11,6),** *doppelt gesägt* **(11,4),** und
11 *fiederspaltig* **(11,5).**

geht der Stengel in die Wurzel über. Trägt ein solcher Sproß nur Laubblätter, nennt man ihn *Laubsproß*; trägt er auch Blüten oder Blütenstände, ist es ein *Blütensproß*. Eine andere Form des Sprosses ist die *Zwiebel*, ein unterirdischer Sproß mit stark verkürzten Stengelgliedern **(11,8).** An dem kurzen Stengel *(Zwiebelscheibe)* sitzen die fleischigen Blätter *(Zwiebelschuppen)* eng aufeinander. Auch die *Kartoffelknolle* ist ein verdickter, unterirdischer Sproß **(11,9).** Aus ihren „Augen", Knospen in den Achseln abgefallener Schuppenblätter, treiben neue Sprosse. Einen unterirdischen Sproß, an dem nach unten Wurzeln und nach oben oberirdische Sprosse entspringen, nennt man *Wurzelstock* **(11,10).** Oberirdische, am Boden kriechende, fadenförmige Seitenzweige mit langen Stengelgliedern sind *Ausläufersprosse* **(11,11 Ausläufer der Erdbeere).** Auch die *Winterknospen* der Holzgewächse sind Sprosse, die sich jedoch erst im folgenden Jahr fertig entwickeln. Bei ihnen ist die Sproßachse stark verkürzt, so daß die Blatt- und Blütenanlagen des zukünftigen Sprosses ganz eng aufeinander sitzen und in den *Knospenschuppen* eingehüllt bleiben **(11,12 Roßkastanienknospe).**

11,10

11,11

11,12

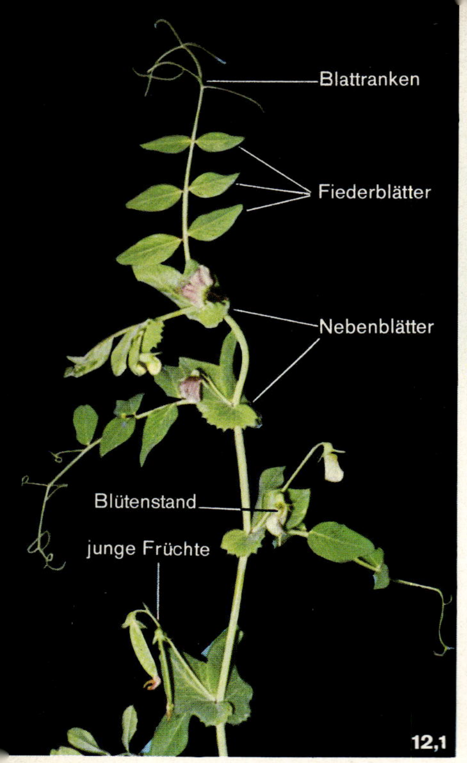

**12,1:** *Sproß der Erbse. Der dünne Stengel trägt Fiederblätter mit großen Nebenblättern und Blattranken. In den Blattachseln sitzen die Blütenstände (zweiblütige Trauben).* **12,2:** *Erbsenblüte.* **12,3:** *Erbsenblüte zerlegt. Die Blüte besteht aus der Fahne, 2 Flügeln und dem aus 2 Blütenblättern zusammengewachsenen Schiffchen.*

## 12 Die Saaterbse (Pisum sativum)

Aus frühgeschichtlichen Funden wissen wir, daß die Erbse eine alte Kulturpflanze ist, die schon seit einigen Jahrtausenden angepflanzt wird. Die heute angebauten Kulturformen sind Abkömmlinge einer Wildpflanze, die im Mittelmeergebiet und in Asien beheimatet ist. 12

**Sproß.** Der verhältnismäßig dünne, hohe Stengel der Erbse ist zu schwach, um die Pflanze allein aufrecht zu halten. Sie benützt benachbarte Pflanzen als Stütze und rankt sich an ihnen in die Höhe, um genügend Licht zu bekommen: sie ist eine *Kletterpflanze*. Im Garten steckt man neben die Erbsenpflanzen Reiser als Stütze in den Boden. Das Klettern erspart der Pflanze den Aufbau eines kräftigen und tragfähigen Stengels. Womit hält sie sich aber fest? Die Erbse besitzt *Fiederblätter* mit großen, stengelumfassenden *Nebenblättern* **(12,1).** Von den Fiederchen der Blätter sind jedoch nur 2 bis 3 Paar normal ausgebildet. An Stellen, wo man weitere Fiederchen erwartet, sitzen lange, fadenförmige Organe. Es sind umgebildete Fiederblättchen; man nennt sie daher *Blattranken*. Sie führen ganz langsame, kreisförmige Wachstumsbewegungen aus. Sobald die berührungsempfindlichen Gebilde an eine geeignete Stütze stoßen, krümmen sie sich ein und umwickeln diese. Die Erbse hält sich also mit ihren Blattranken fest. Alle grünen Teile der Erbse sind mit einer *Wachsschicht* überzogen.

**Blüte.** Der Bau der Blüte ist in den Abbildungen erläutert **(12,2–12,6).** Man nennt Blüten, die *Fahne*, *Flügel* und *Schiffchen* besitzen, *Schmetterlingsblüten*, da sie an die Gestalt eines Schmetterlings erinnern. Wie die Lippenblüte, kann auch die Schmetterlingsblüte nur durch einen Schnitt in zwei spiegelbildlich gleiche Hälften zerlegt werden **(12,2);** sie ist wie jene *zweiseitig symmetrisch*. Den Bau der Blüte kann man erst richtig verstehen, wenn man den Vorgang der Bestäubung durch Bienen oder Hummeln kennt. Durch die Fahne angelockt, setzt sich der Besucher, z. B. eine Hummel, auf die Flügel und dringt mit dem Rüssel zum Nektar vor. Die Flügel besitzen eine Ausstülpung, die gerade in eine entsprechende Vertiefung des Schiffchens paßt **(12,3).** Dadurch sind Flügel und Schiffchen fest miteinander verbunden. Sie werden durch das Gewicht der Hummel

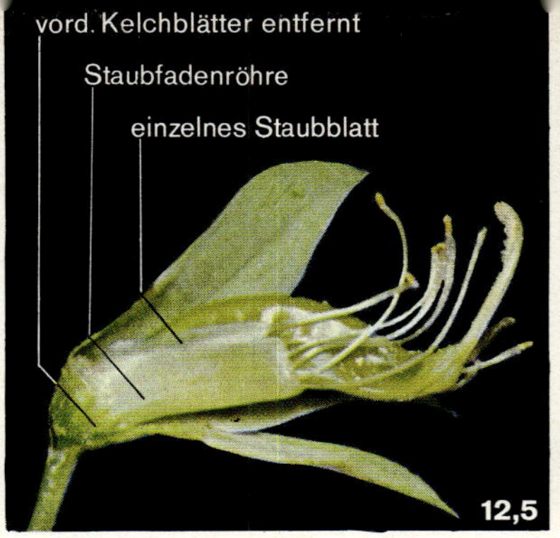


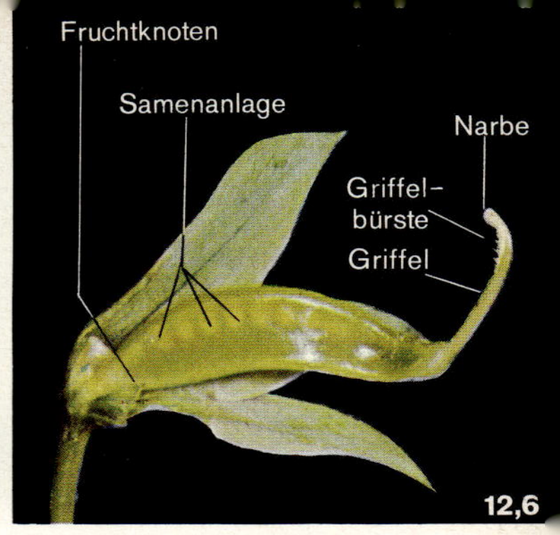


**12,4:** *Schiffchen und der fünfzipflige Kelch; Fahne und Flügel entfernt.* **12,5:** *Nach Abziehen des Schiffchens sieht man die 10 Staubblätter, von denen 9 mit der unteren Hälfte ihrer Staubfäden zur Staubfadenröhre verwachsen sind, die den Fruchtknoten umhüllt. Das 10. Staubblatt liegt frei darüber. Am Grund der Staubfadenröhre wird Nektar abgesondert.* **12,6:** *Zieht man auch die Staubblätter ab, dann bleibt zuletzt der Fruchtknoten mit Samenanlagen, Griffel und Narbe übrig.*

nach unten gedrückt und der Griffel mit der Narbe kommt zum Vorschein **(12,5).** An der *Griffelbürste* haftet Blütenstaub aus den Staubbeuteln, die sich schon früh geöffnet haben **(12,6).** Dieser bleibt an der Unterseite der Hummel hängen und wird beim Besuch der nächsten Blüte an der Narbe abgestreift. Nach dem Abflug des Gastes kehren die Blütenteile in ihre alte Lage zurück. Allerdings gibt es bei uns nur wenige Bienen- und Hummelarten, die kräftig genug sind, die Blüte zu öffnen. In der Regel kommt es bei
12 der Gartenerbse zur *Selbstbestäubung.*

**Frucht.** Der langgestreckte *Fruchtknoten* besteht aus nur einem *Fruchtblatt* **(12,6).** Dieses ist um die Mittelrippe *(Rückennaht)* gefaltet und mit den Rändern verwachsen *(Bauchnaht).* Da die *Samenanlagen* an den Rändern des Fruchtblattes entstehen, finden sich Samenanlagen und Samen nur an der Bauchnaht. Die Frucht öffnet sich bei der Reife mit 2 Klappen. Eine derartige Frucht heißt *Hülse* **(12,7).**

**Verwendung.** Neben der weißblütigen *Saaterbse* wird die *Ackererbse* (mit violetter Fahne und purpurnen Flügeln) angebaut, deren Samen an Geflügel verfüttert werden. Aus den grünen und unreifen Samen der Gartenerbse **(12,7)** wird Gemüse, aus den reifen **(12,8)** Erbsenbrei gekocht.

**Merkstoff.** Die Erbse ist eine alte Kulturpflanze, die in verschiedenen Kulturformen angebaut wird. Die Pflanze klettert mit Ranken, um zum Licht zu gelangen; die Ranken sind umgebildete Fiederchen des Fiederblatts. Die Blüte ist eine Schmetterlingsblüte. Die Blütenkrone besteht aus der Fahne, den beiden Flügeln und dem Schiffchen. Die Frucht ist eine Hülse. Sie springt bei der Reife mit 2 Klappen auf.

**12,7:** *Unreife Frucht ganz und geöffnet. Der einblättrige Fruchtknoten wächst zur Hülsenfrucht heran. Die Samen sitzen an der Bauchnaht, die obere Naht ist die Rückennaht. Bei der Reife öffnet sich die Frucht an Bauch- und Rückennaht.* **12,8:** *Reife Samen verschiedener Erbsensorten.*

**13,1:** *Sprosse einer weißblühenden und einer rotblühenden Sorte der Feuerbohne. Die Pflanze ist ein Linkswinder. Die blattachselständigen Blütenstände sind Trauben.* **13,2:** *Schmetterlingsblüte der Feuerbohne.* **13,3:** *Unreife Hülsenfrucht ganz und geöffnet.*

## 13 Die Feuerbohne (Phaseolus multiflorus)

**Blüte und Frucht.** Gleich der Erbse besitzt auch die Feuerbohne *Schmetterlingsblüten* **(13,2),** und zwar mit spiralig eingerolltem Schiffchen. Die Früchte sind rauhschalige *Hülsen* **(13,3),** an deren Bauchnaht die Bohnensamen sitzen **(13,4).** Bohne und Erbse sind miteinander verwandt. 13

**Sproß.** Auch der Stengel der Feuerbohne ist zu dünn, um die Pflanze allein zu tragen. Wie die Erbse braucht sie eine Stütze, an der sie hochklettern kann. Schon bald nach Bildung der ersten Blätter wächst die Sproßspitze verhältnismäßig rasch heran und beginnt, im Zuge ihres Wachstums kreisende Suchbewegungen auszuführen. Sobald der Sproß dabei an eine Stütze gerät, windet er sich um diese herum. Im Gegensatz zur Erbse, die sich mit Ranken festhält, umschlingt die Feuerbohne die Stütze mit ihrem ganzen Sproß: sie ist eine *Windepflanze* **(13,1).** Von oben gesehen bewegt sich der Stengel entgegen dem Uhrzeigersinn. Die Pflanze ist ein *Linkswinder*. Rechtswinder verhalten sich

**13,7:** *Ackerbohne (Vicia faba). Die Acker- oder Saubohne besitzt blattstachelständige, weiße Schmetterlingsblüten mit schwarzgefleckten Flügeln. Der kräftige, vierkantige Stengel trägt Fiederblätter. Die Pflanze klettert nicht. Die Hülsen enthalten große, braune Samen, die nährstoffreich und wohlschmeckend sind. Die Ackerbohne wird heute hauptsächlich als Futterpflanze feldmäßig angebaut.* **13,8:** *Linse (Lens culinaris). Die ein- bis dreiblütigen Trauben tragen bläuliche Schmetterlingsblüten. Die Fiederblätter besitzen Ranken. In der Hülse finden sich 1 bis 3 flache Samen. Hauptanbaugebiet für die alte Kulturpflanze ist Südrußland.*

13,4

13,5

13,6

**13,4:** *Der nierenförmige Bohnensamen ist mit seiner Einbuchtung auf einem kurzen Stielchen festgewachsen, das an der Bauchnaht der Hülsenfrucht entspringt. Bei der Reife löst er sich von dem Stielchen. Die Anheftungsstelle bleibt als weißer Nabel sichtbar.* **13,5:** *Bohnenblatt in Tagstellung; Einzelblättchen ausgebreitet.* **13,6:** *Bohnenblatt in Nachtstellung; Einzelblättchen hängend.*

umgekehrt. Außer dem einfach gestalteten untersten Blattpaar sind die Blätter aus 3 eiförmigen *Einzelblättchen* zusammengesetzt. Das Endblättchen ist langgestielt, die seitlichen Blättchen besitzen nur kurze Stiele **(13,5).** Da außerdem der innere Teil der Blattspreite bei den Seitenblättchen kleiner ist als der äußere, überdecken sich die Blättchen
13 gegenseitig nicht. Am Grund des Blattstiels und am Grund der Einzelblättchen finden sich kleine *Nebenblätter*. Dort weisen die Blattstiele außerdem verdickte Stellen auf. Es sind eine Art Gelenke, die eine Bewegung des ganzen Blatts und der Einzelblättchen ermöglichen. Bei Tag steht das Blatt annähernd waagrecht in der *Tagstellung* **(13,5),** bei Nacht hebt sich der Blattstiel etwas und die Einzelblättchen senken sich nach unten in die *Nacht*- oder Schlafstellung **(13,6).**

Außer der rot- oder weißblühenden *Feuerbohne* wird die weißblühende *Gartenbohne* als Stangenbohne oder nichtkletternde Buschbohne angepflanzt. Ihre Hülsen sind glattschalig. Beide Pflanzen stammen aus Südamerika und sind frostempfindlich.

**Merkstoff.** Feuerbohne und Gartenbohne stammen aus Südamerika. Beide klettern durch Winden, haben Schmetterlingsblüten und Hülsenfrüchte. Solche Blüten und Früchte finden wir auch bei Linse und Ackerbohne. Alle diese Pflanzen sind mit der Erbse und unter sich verwandt. Die Hülsenfrüchte liefern nahrhafte, eiweißreiche Nahrungsmittel **(13,9).**

**13,9:** *Die Samen der Hülsenfrüchte (Erbse, Bohne, Linse) enthalten neben Stärke viel Eiweiß.*

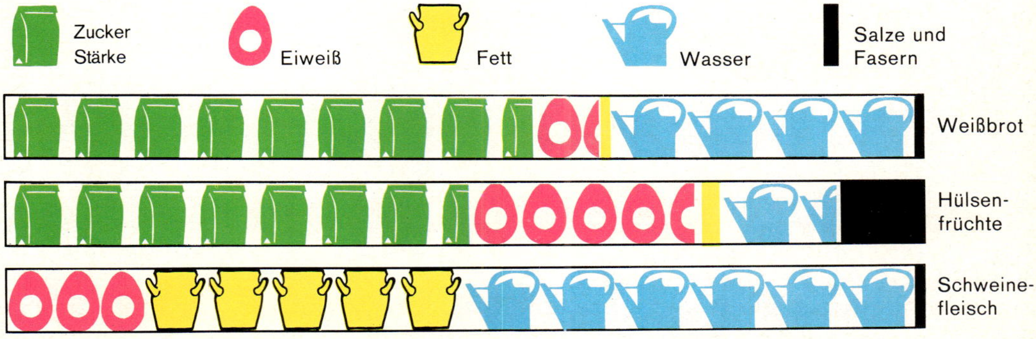


13,9

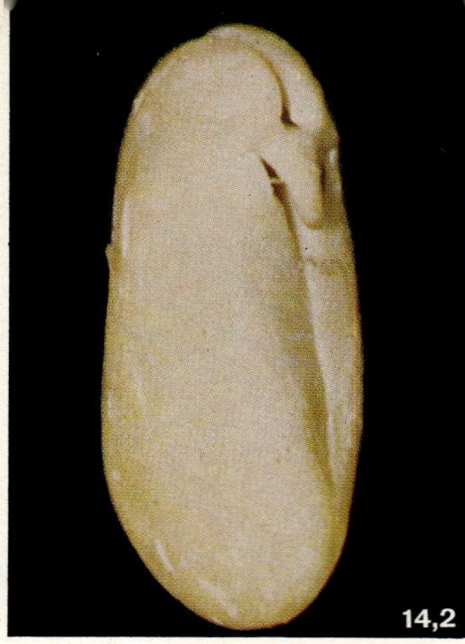

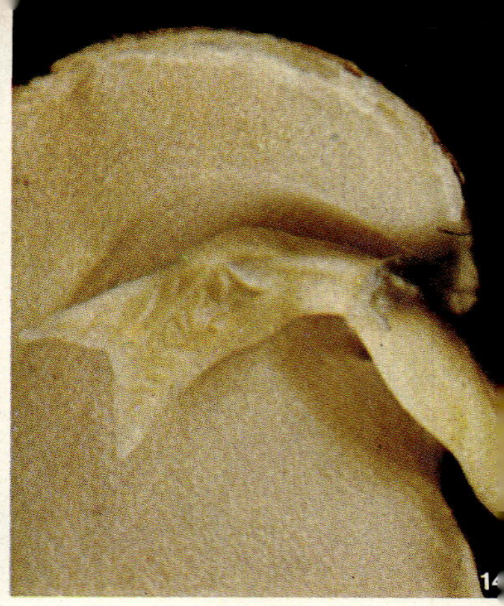

**14.1:** *Unten im Bild ein trockener Same der Feuerbohne. Der helle Fleck ist der Nabel. Die zwei gequollenen Samen (oben, in Wasser liegend) sind beträchtlich größer. Ihre Keimwurzeln sind bereits hervorgebrochen. Beim linken Samen ist die Samenschale gesprengt.* **14,2:** *Geschälter Same. Oben ist die Keimwurzel und der Ansatz der beiden Keimblätter am Stengel zu sehen.* **14,3:** *Keimling mit Knospe, Stengel und Keimwurzel. Das vordere Keimblatt ist entfernt.*

## 14 Die Keimung der Pflanzen

Die *Samen* dienen den Pflanzen zur *Vermehrung*, aus ihnen wachsen in der *Keimung* neue Pflanzen heran. Um diesen Vorgang verstehen zu lernen, untersuchen wir zunächst den Bau des Samens. Wir wählen dafür den durch seine Größe besonders geeigneten Bohnensamen. **14**

**Bau des Bohnensamens.** Außen umgibt diesen Samen eine derbe *Samenschale*. Sie ist am *Nabel*, der Stelle, an welcher der Same festgewachsen war, durch hellere Farbe ausgezeichnet **(14,1)**. An einem in Wasser eingeweichten Samen läßt sich die Samenschale leicht abhäuten. Darunter kommen zwei dicke Gebilde, die *Keimblätter*, zum Vorschein **(14,2)**. Klappt man diese auseinander, wird ein kleines, weißliches Pflänzchen, der *Keimling*, sichtbar **(14,3)**. Das eine Ende seines Stengels trägt eine Knospe, die von den beiden ersten Laubblättern eingehüllt wird; das andere Stengelende grenzt an die *Keimwurzel*. Die beiden Keimblätter sind am Stengel angewachsen. Ihre besondere Gestalt hängt mit ihrer Aufgabe zusammen: Sie speichern *Nährstoffe* für den Aufbau der jungen Pflanze. Der Same enthält also eine vollständige kleine Pflanze und ihre Nahrung.

**Keimung.** Unter entsprechenden Bedingungen entwickelt sich der Keimling. Dieser Entwicklungsvorgang heißt *Keimung*. Sie wird durch Aufnahme von Wasser eingeleitet, das durch den Nabel eindringt. Dabei vergrößert sich der Same beträchtlich, er quillt. Die Samenschale wird schließlich zu eng und platzt auf **(14,1)**. Wir verfolgen den Keimungs-

**14,8:** *Keimversuche mit Bohnensamen. Der obere Teil der Abbildungen zeigt, unter welchen Versuchsbedingungen die Samen gehalten wurden. Der untere Teil stellt Versuchsanordnung und -ergebnis dar.*

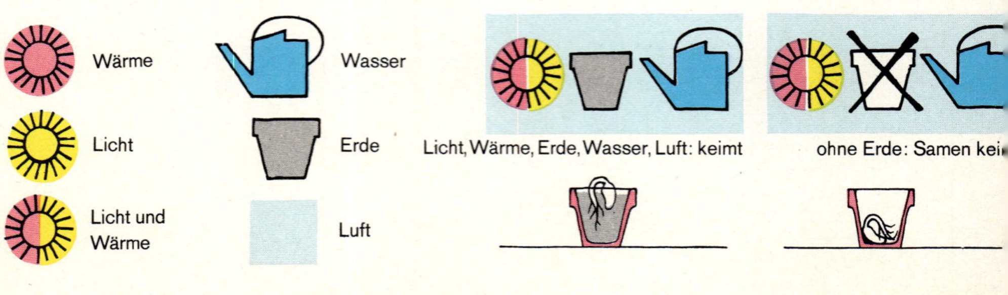

14,4

14,5

14,6

14,7

**14,4:** *Bei der Keimung der Feuerbohne durchbricht der gebogene Stengel den Boden. Vorne ist die Erde abgegraben, um zu zeigen, daß die Hauptwurzel Seitenwurzeln getrieben hat.* **14,5:** *Das 1. Laubblattpaar ist erschienen.* **14,6:** *Der Stengel streckt sich gerade. Stengel und Blätter ergrünen am Licht.* **14,7:** *Junge Pflanze der Gemüsebohne. Bei ihr werden die Keimblätter über den Boden gehoben. Sie ergrünen am Licht. Da sie ihre Nährstoffe abgegeben haben, sind sie geschrumpft*

ablauf bei der Feuerbohne. Zunächst erscheint die Keimwurzel **(14,1).** Sie wächst in die Länge und entwickelt sich zur Hauptwurzel, die zahlreiche Seitenwurzeln treibt **(14,4).** Dann streckt sich der Stengelabschnitt über den Keimblättern. Dabei biegt er sich hakig
14 um. Durch weiteres Wachstum des Stengels wird der Haken durch die Erde nach außen gedrückt **(14,4)** und die Knospe mit den beiden Laubblättern, die sich inzwischen vergrößert haben, aus der Erde gezogen **(14,5).** Nun richtet sich der Stengel auf und ergrünt **(14,6).** Das Stengelstück unterhalb der Keimblätter streckt sich bei der Feuerbohne nicht mit; die Keimblätter bleiben deshalb zwischen der gesprengten Samenschale im Boden stecken. Bei der Gemüsebohne wächst jedoch auch dieser Teil des Stengels, so daß die Keimblätter über den Boden gehoben werden. Sie sind dann nicht mehr dick, sondern eingeschrumpft, weil die Nährstoffe verbraucht wurden **(14,7).**

**Keimversuche.** Untei welchen Bedingungen keimen d'e Samen? Wir vermuten zunächst, daß sie zur Keimung Erde, Wasser, Luft und Wärme brauchen. Nur Versuche können zeigen, ob unsere Vermutung zutrifft. Bei diesen läßt man jeweils eine der Bedingungen wegfallen **(14,8).** Keimt der Same auch dann noch, ist die Bedingung für die Keimung unwichtig; keimt er jedoch nicht, ist sie für die Keimung notwendig. Wie die Versuche zeigen, brauchen Samen zum Keimen nur *Wasser*, *Luft* und *Wärme*.

**Merkstoff.** Der von der Samenschale umhüllte Same der Bohne enthält ein kleines Pflänzchen, den Keimling. Dieser besteht aus einem Stengel mit Knospe und Keimblättern und einer Keimwurzel. In den Keimblättern sind Nähr- und Baustoffe für das Wachstum des Keimlings gespeichert. Zur Keimung sind Wasser, Luft und Wärme nötig.

14,8

**15,1:** *Junge Pflanze der Ackerbohne mit Sproß und Wurzeln. Am Grund des Stengels ist die Samenschale zu sehen.* **15,2:** *Die linke Pflanze ist im Dunkeln aufgewachsen und daher vergeilt.* **15,3:** *Die nicht begossene Pflanze ist im Wachstum zurückgeblieben und welkt.* **15,4:** *Die in reinem Wasser gezogene Ackerbohne (links) bleibt im Wachstum stecken, die im Wasser mit etwas Erde großgezogene Pflanze (rechts) wächst normal.* **15,5:** *Eine Pflanze gedeiht im abgeschlossenen Luftraum (links) nicht.* **15,6:** *Bei der rechten Pflanze wurden die Blätter regelmäßig abgeschnitten. Ihr Wachstum ist stark gehemmt.* **15,7; 15,8:** *Messung des Wasserverbrauchs. Der Wasserspiegel ist von der oberen Marke zur unteren gefallen. Auf der Wasseroberfläche schwimmt eine Ölschicht.*



## 15 Das Wachstum der Pflanzen

Eine Pflanze keimt, wenn ihr Wasser, Luft und Wärme geboten werden. Nach der Keimung aber muß sich die junge Pflanze selbst ernähren, und es ist nicht zu erwarten, daß die Keimungsbedingungen allein schon zur Weiterentwicklung ausreichen. Für das Wachstum sind *Nährstoffe* nötig. Welches diese Nährstoffe sind und wie sich Pflanzen ernähren, sollen Versuche mit der Ackerbohne zeigen.
Wie jedes Lebewesen brauchen Pflanzen zu ihrem Gedeihen *Wasser*. Pflanzen, die man nicht gießt, bleiben im Wachstum zurück, welken und gehen ein **(15,3).** Das Wasser wird mit den Wurzeln aufgenommen, doch kann es bei abgeschnittenen Pflanzen auch durch die Schnittfläche in den Stengel eintreten. Seinen Weg kann man verfolgen, wenn man Pflanzen in eine Farbstofflösung stellt **(15,9).** Es wird in besonderen Bahnen geleitet, den *Leitbündeln.* Bei durchsichtigen Stengeln erkennt man sie an der Färbung. Andernfalls untersucht man Stengelquerschnitte. Bei den Blättern färben sich die Blattadern rot, in denen die Leitbündel verlaufen **(15,10).** Bedeckt man Pflanzen mit einem Glasgefäß, dann zeigen sich an den Gefäßwänden nach einiger Zeit Wassertropfen **(15,11; 15,12).** Die Blätter geben nämlich einen großen Teil des Wassers wieder ab. Pflanzen sind auf diese Weise ständig von Wasser durchflossen, das von den Wurzeln aufgenommen wird und durch Leitbündel in Wurzeln und Stengeln zu den Blättern aufsteigt, wo es verdunstet. Die Leitbündel versorgen alle Pflanzenteile mit Wasser. Den Wasserverbrauch einer Pflanze kann man messen, wenn man diese in einen Meßzylinder mit Wasser stellt. Eine Ölschicht auf dem Wasser verhindert das Verdunsten von Wasser an der Oberfläche **(15,7; 15,8).**

15,4

15,5

15,6

15,7

15,8

In reinem Wasser gedeiht eine Pflanze jedoch nicht, wohl aber, wenn man dem Wasser etwas Erde zufügt **(15,4)**. Erde enthält *Salze*, die die Pflanze für ihre Ernährung braucht. Diese werden von den Wurzeln aufgenommen und gelangen mit dem Wasserstrom in alle Teile der Pflanze. Entfernt man bei einer Pflanze regelmäßig alle Blätter, dann bleibt sie im Wachstum zurück **(15,6)**. In den Blättern wird aus Wasser und einem Teil der Luft *Nahrung* bereitet *(Stärke)*. Dieser Vorgang läuft nur im *Licht* und bei Anwesenheit des *grünen Farbstoffs (Blattgrün)* ab. Da Pflanzen für ihre Ernährung *Luft* brauchen, wachsen sie unter Luftabschluß nicht **(15,5)**. Außerdem benötigen sie die Luft zum *Atmen*. Welche
15 Bedeutung das *Licht* daneben noch hat, zeigt sich, wenn Pflanzen im Dunkeln gezogen werden **(15,2)**. Sie weisen dann ein verstärktes Längenwachstum auf, sind aber nicht normal ausgebildet. Die Blätter ergrünen nicht und bleiben klein. Die Pflanzen sind *vergeilt*. Pflanzen entwickeln sich also nur im Licht normal.

**Merkstoff.** Die Pflanze braucht zum Wachsen Wasser und Bodensalze. In den Blättern werden im Licht aus einem Teil der Luft und aus Wasser Nährstoffe bereitet. Das Wasser wird von den Wurzeln aufgenommen und in den Leitbündeln zu den Blättern geleitet, wo es zum Teil verdunstet. Das Wasser befördert die Salze zu den verschiedenen Pflanzenteilen. Zur normalen Ausbildung der Pflanzen ist Licht nötig.

**15,9:** *Die linke Pflanze steht in der Lösung eines roten Farbstoffs. Das gefärbte Wasser ist im Stengel emporgestiegen. Die rechte Pflanze steht in ungefärbtem Wasser und dient zum Vergleich.* **15,10:** *Bei der linken Pflanze sind die Blattadern rot gefärbt, da in ihnen Wasser geleitet wird.* **15,11; 15,12:** *Wasserverdunstung durch die Blätter. Der von den Blättern abgegebene Wasserdampf schlägt sich in Form von Wassertropfen an den Gefäßwänden nieder.*

15,9

15,10

15,11

15,12

16,1

16,2

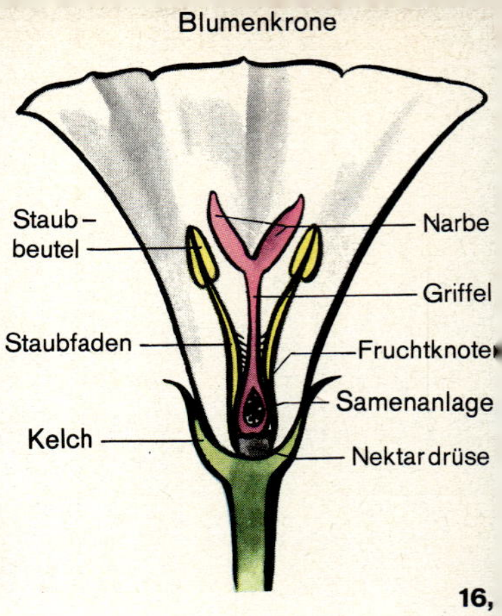


16,

**16,1:** *Ackerwinde. Die Pflanze windet sich entgegen dem Uhrzeigersinn an einer anderen Pflanze empor. Sie ist ein Linkswinder.* **16,2:** *Blüten der Ackerwinde von oben und von der Seite. Die doppelte Blütenhülle besteht aus einem fünfzipfligen Kelch und einer Blumenkrone aus 5 verwachsenen Blütenblättern. Die Anzahl der Blütenblätter kann man an den 5 dunkleren Streifen und an den Einschnitten erkennen. Außerdem sind 5 Staubblätter und eine zweiästige Narbe vorhanden. Die 5 Gruben im Grund der oberen Blüte sind die Zugänge zum Nektar.* **16,3:** *Längsschnitt durch die Windenblüte.*



## 16 Die Ackerwinde (Convolvulus arvensis)

Bei der *Ackerwinde* ist schon im Namen ein Hinweis auf die Art ihres Wuchses als *Windepflanze* und auf ihren bevorzugten *Standort* enthalten. Außer Äckern und Feldern besiedelt sie aber auch Stellen, die man am treffendsten als Schuttplätze oder Ödland bezeichnet. An diesen Standorten belebt sie das sonst wenig ansprechende Bild mit ihren hellen, trichterförmigen Blüten.

**Sproß und Wurzelstock.** Die Stengel der Windepflanze sind lang und dünn und allein nicht in der Lage, den Sproß zu tragen. An offenen Standorten, die keine Gelegenheit zum Klettern bieten, wachsen sie daher am Boden entlang; sobald sie aber auf Nachbarpflanzen stoßen, winden sie sich an ihnen empor. Im Getreidefeld umschlingt die Winde Getreidepflanzen und kommt dadurch ans Licht **(16,1).** Die *spießförmigen Blätter* entspringen zwar rings um den Stengel verteilt *(wechselständige Blattstellung)*; durch Krümmungen der Blattstiele aber werden die Blattflächen alle ins Licht gewendet **(16,4).** *Wurzelstock* und *Wurzeln* der Ackerwinde sitzen tief im Boden; beim Pflügen werden sie meist nicht erfaßt. Ist dies doch einmal der Fall und wird dabei der Wurzelstock zerschnitten, dann wachsen aus den Teilen wieder neue Pflanzen aus **(16,5).** So wird die Ackerwinde in Acker und Feld zum lästigen *Unkraut*, das sich nur schwer wieder ausrotten läßt. Im Winter sterben die oberirdischen Pflanzenteile ab, nur der Wurzelstock überdauert die ungünstige Jahreszeit im Boden und treibt im Frühjahr wieder aus.

**Blüte und Frucht.** Die trichterförmige *Blumenkrone* **(16,1–16,3)** wird aus *5 miteinander verwachsenen Blütenblättern* gebildet. Sie schließt sich abends und bei schlechtem Wetter. In der Knospe sind die Blütenblätter längsgefaltet und gedreht. Den *Fruchtknoten* um-

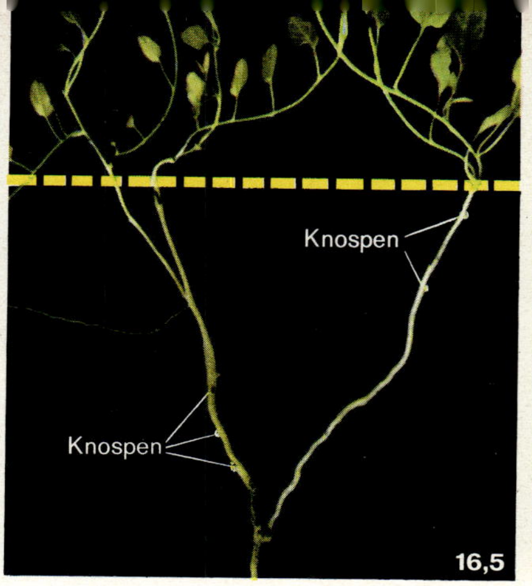

**16,4:** *Blätter der Ackerwinde. Die Blätter sind einfach, ganzrandig und fiedernervig. Da der Blattgrund zu 2 langen Zipfeln ausgezogen ist, erhält das Blatt die Form einer Lanzenspitze und heißt deshalb spießförmig. Die Blätter sind alle ins Licht gewendet.* **16,5:** *Wurzelstock. Dieser besteht aus langen, tief im Boden dahinkriechenden Stengeln (Bodenoberfläche gelbgestrichelt), die mehrfach verzweigt und mit Knospen besetzt sind.* **16,6:** *Blüte und Blätter der Zaunwinde.*

hüllen die verbreiterten unteren Enden der *5 Staubblätter*, lassen aber dazwischen Zugänge zum Nektar frei, der von der unter dem Fruchtknoten sitzenden, ringförmigen *Nektardrüse* abgesondert wird. Der Fruchtknoten besteht aus *2 Fruchtblättern*, die je
16
*2 Samenanlagen* tragen. Die Blütenbesucher senken ihren Rüssel zwischen Blütenkrone und Staubblättern in die Blüte und beladen sich dabei mit *Blütenstaub*, den sie auf den *Narbenästen* der gleichen oder einer anderen Blüte abstreifen. Die Frucht ist eine Kapsel, die bei der Reife zerreißt und die Samen freigibt.

**Zaunwinde.** Die mit der Ackerwinde verwandte *Zaunwinde (Convolvulus sepium)* ist gleichfalls eine *Kletterpflanze* **(16,6).** Sie wächst an Zäunen und Hecken. Ihre großen, weißen Blüten schließen sich bei Nacht nicht und werden von Nachtschmetterlingen besucht.

**Kletterpflanzen.** Grüne Pflanzen brauchen zum Gedeihen *Licht*. Da sie fast überall in Gesellschaft mit anderen Pflanzen wachsen, treten sie mit diesen in einen *Wettbewerb ums Licht:* jede strebt nach oben, um aus dem Schatten heraus zu kommen. *Kletterpflanzen sind dabei im Vorteil.* Sie ersparen sich den langwierigen Aufbau eines kräftigen und selbsttragenden Stengels, indem sie Nachbarpflanzen als Stütze verwenden, so daß ihnen ein dünner und schwacher Stengel genügt, der rasch in die Höhe wachsen kann. Die meisten unserer Kletterpflanzen lassen sich in 2 Arten des Kletterns einordnen. Die *Rankenpflanzen* klettern mit langen, fadenförmigen Ranken, die sich an den Stützen festhalten, indem sie diese umwickeln (z. B. Saaterbse). Die *Windepflanzen* umschlingen mit ihrem ganzen Sproß spiralig die Stütze (z. B. Bohne, Winde). Bei ihnen unterscheidet man *Rechtswinder*, die im Uhrzeigersinn winden und *Linkswinder*, die es gegen diesen tun.

**Merkstoff.** Die Ackerwinde ist ein Ackerunkraut, das sich an Getreidepflanzen emporwindet (Kletterpflanze). Der Wurzelstock dient zur Überwinterung und Ausbreitung der Pflanze. Die spießförmigen Blätter sind wechselständig. Die fünfzähligen Blüten besitzen eine verwachsenblättrige Blumenkrone. Die Frucht ist eine Kapsel.

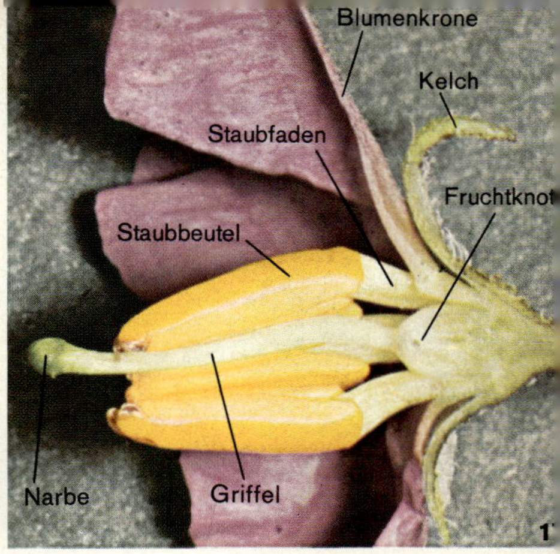


**17,1:** *Fiederblatt der Kartoffel. Zwischen größeren Fiederpaaren des unpaarig gefiederten Blatts befinden sich Paare kleiner Blättchen: das Blatt ist unterbrochen gefiedert.* **17,2:** *Kartoffelblütenstand. Die doppelte Blütenhülle besteht aus einem fünfzipfligen Kelch und aus einer verwachsenblättrigen, fünfzipfligen weißen oder violetten Blumenkrone.* **17,3:** *Der Blütenlängsschnitt zeigt den von 5 kegelförmig zusammengeneigten Staubblättern umgebenen Stempel.*

## 17–18 Kartoffel und Tomate (Solanum tuberosum und Solanum lycopersicum)

Die *Kartoffel* ist eine wichtige Pflanze. Sie wird in über 1000 Sorten angebaut, die sich zwar in vielen Merkmalen unterscheiden, z. B. in der Blütenfarbe **(17,2; 17,3)**, aber doch an der Gestalt von Sproß, Blüte und Frucht als Kartoffelpflanzen erkennen lassen. **17**

**Sproß, Blüte, Frucht.** Die *Fiederblätter* **(17,1)** entspringen einzeln am kantigen Stengel. Sie sind *wechselständig*. Die *Blüten* stehen in *Blütenständen* zusammen **(17,2)**. Sie werden selten von Insekten besucht, da sie keinen Nektar und nur wenig Blütenstaub erzeugen. In der Regel bestäuben sie sich selbst. Die *Staubbeutel* öffnen sich vorne mit zwei Löchern, aus denen etwas Blütenstaub auf die *Narbe* fällt **(17,3)**. Ein Längsschnitt durch die *Frucht* zeigt, daß sie von *2 Fruchtblättern* gebildet wird **(17,4)**. Die nach innen gestülpten und miteinander verwachsenen Ränder der Fruchtblätter bilden eine Scheidewand, an deren Seiten die *Samen* auf halbkugeligen Auswüchsen sitzen. Die Samen sind nur für die Pflanzenzüchtung wichtig. Die Früchte sind fleischig und vielsamig; es sind *Beeren*. Alle grünen Teile der Pflanze sind giftig.

**Knolle.** Die *Kartoffelknolle* ist für uns der wichtigste Pflanzenteil. In der Form ist sie bei den einzelnen Sorten sehr verschieden, rund, eiförmig oder langgestreckt. Obwohl sie in der Erde wächst, ist sie kein Teil der Wurzel. Bei genauerer Betrachtung erkennen

**17,7:** *Eine Knospe der Kartoffelknolle treibt aus. Die jungen Triebe sind noch bleich, ihre Blättchen noch schuppenförmig. Die Knolle schrumpft dabei, weil sie Nährstoffe abgibt.* **17,8:** *Ungeschälte und geschälte Kartoffelknolle. Die geschälte Knolle ist größer als die ungeschälte.* **17,9:** *Einen Tag später ist die geschälte Knolle kleiner als die ungeschälte, weil sie Wasser verloren hat und dadurch geschrumpft ist. Die ungeschälte Knolle schrumpft nicht. Die braune dünne, verkorkte Schale schützt sie vor Wasserverlust.* **17,10:** *Stärkekörner aus der Kartoffelknolle in mikroskopischer Vergrößerung.*

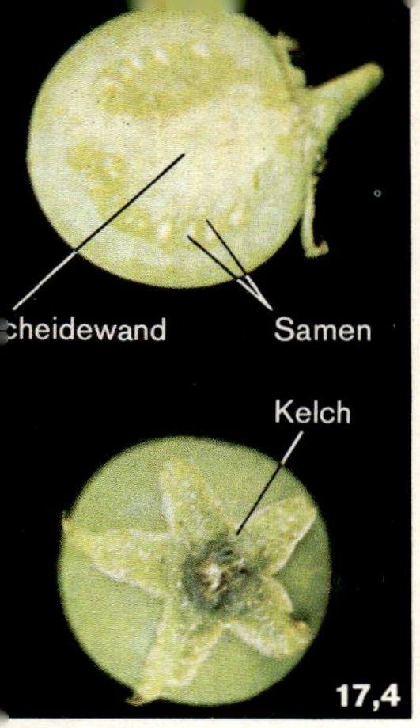

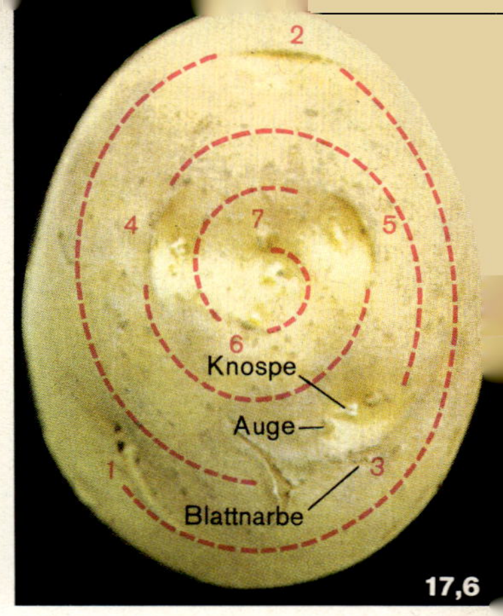


**17,4:** *Frucht der Kartoffel im Längsschnitt und von oben.* **17,5:** *Ausläufersprosse und Sproßknollen. An Ausläufern und am Sproß entspringen Wurzeln.* **17,6:** *Kartoffelknolle. Die Knolle zeigt Vertiefungen mit Knospen. Die halbkreisförmigen Wülste um diese „Augen" sind Blattnarben. Die als rote, gestrichelte Linie eingezeichnete Verbindung zwischen den Blattnarben macht deutlich, daß die Blätter spiralig um die Sproßknolle angeordnet sind.*

wir nämlich an jedem *Auge* eine *Blattnarbe* **(17,6),** die von einem abgefallenen *Schuppenblättchen* stammt. Auch an dem *Ausläufer*, an dem die Knolle sitzt **(17,5),** finden sich Schuppenblättchen oder deren Narben. Der Ausläufer ist also ein *unterirdischer Sproß*
**17** und sein angeschwollenes Ende eine *Sproßknolle*. In ihrem fleischigen Innern enthält die Knolle *Stärke*. Betrachten wir einen Tropfen Saft vom Innern der Knolle in der Vergrößerung durch ein Mikroskop, dann zeigt sich, daß die Stärke aus einzelnen *Stärkekörnern* besteht **(17,10).** Wenn im Keller die Kartoffelknollen austreiben, schrumpfen sie zusammen **(17,7),** weil dabei Stärke für den Aufbau der Triebe verbraucht wird. Die Stärke ist ein *Nahrungsstoff*, sowohl für die jungen Triebe wie für die menschliche Ernährung. Außen wird die Knolle von einer dünnen *Korkhaut*, der Kartoffelschale, umhüllt. Diese verhindert, daß die Knolle austrocknet **(17,8; 17,9).**

**Die Knolle als Vermehrungs- und Überwinterungsorgan.** Im Boden geschützt überstehen die Knollen bei wildwachsenden Kartoffelpflanzen den Winter, während die oberirdischen Teile absterben. Im Frühjahr brechen aus den *Augen* die jungen Triebe hervor, die sich von den in der Knolle gespeicherten Nährstoffen ernähren und zu neuen Pflanzen heranwachsen. So dient die Knolle der Pflanze als *Vorratsspeicher*, zur *Überwinterung* und zur *samenlosen Vermehrung*. Von dieser Eigenschaft wird auch beim Anbau der Kartoffel Gebrauch gemacht. Im Frühjahr werden Knollen, die „*Saatkartoffeln*", von Hand oder

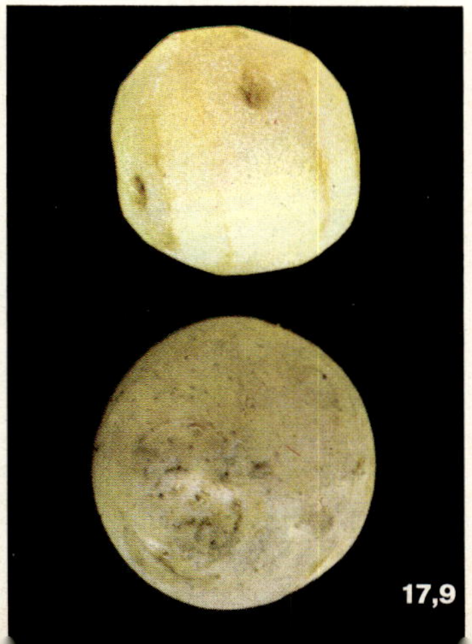


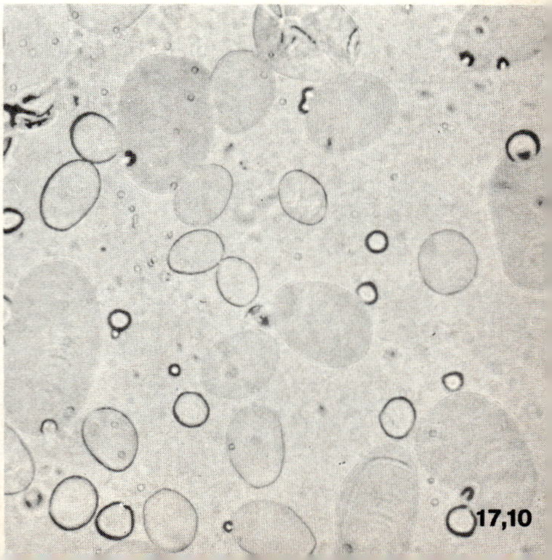

**18,1–18,3:** *Einer der vielen Feinde der Kartoffelpflanze ist der Kartoffelkäfer* **(18,1)** *und seine Larve* **(18,3).** *Larve wie Käfer fressen die Blätter* **(18,2)** *und mindern dadurch den Ertrag.*

mit Maschinen in Reihen ausgelegt und mit Erde bedeckt. Wenn sie ausgetrieben haben, wird *„gehäufelt"*. Dabei werden die unteren Teile der oberirdischen Sprosse mit Erde bedeckt und zur Bildung weiterer Ausläufer und Knollen angeregt. Da der Boden mehrmals mit der Hacke bearbeitet werden muß, zählt die Kartoffel zu den *Hackfrüchten.*



**18,6:** *Links: Kartoffelernte in der Bundesrepublik. Rechts: Verwendung der Kartoffeln. Unten: Vergleich des Nährstoffgehalts von Kartoffeln, Bananen und Weißbrot.*

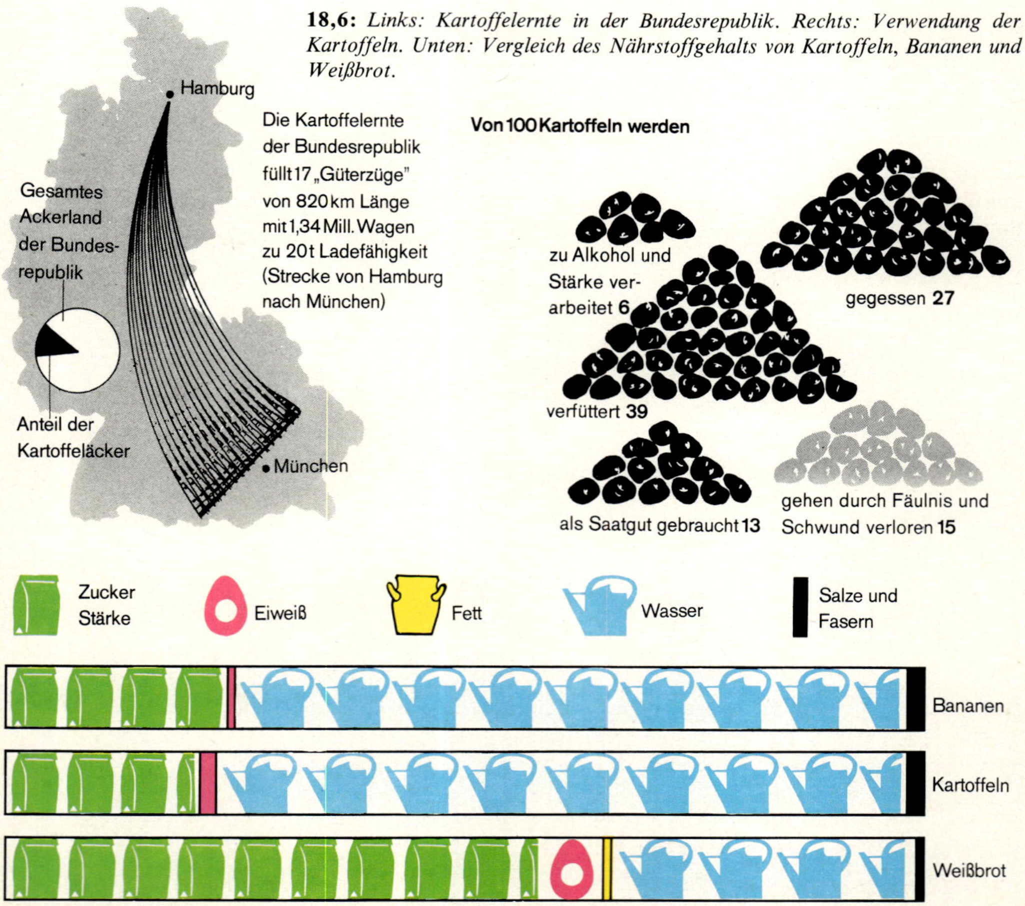


18,6

18,4: *Tomatenblüten. Die doppelte Blütenhülle besteht aus einem fünfzipfligen Kelch und 5 verwachsenen, gelben Blütenblättern. Stempel und Staubblätter sind wie die entsprechenden Blütenteile der Kartoffel gebaut und angeordnet.* **18,5:** *Die roten, ungiftigen Beeren der Tomate zeigen den gleichen Bauplan wie die Kartoffelfrüchte.*

**Wirtschaftliche Bedeutung.** Die stärkehaltigen Knollen sind ein wichtiges *Nahrungsmittel* für Mensch und Tier, und Rohstoff für verschiedene Erzeugnisse **(18,6).** Als anspruchslose Pflanze kann die Kartoffel fast überall angebaut werden; sie gedeiht am Polarkreis wie in den Mittelmeerländern, im Gebirge bis zu 1000 m Höhe wie auf magerem Sandboden. Der Ertrag **(18,6)** wird durch viele Feinde gemindert. Pilze rufen die *Kraut- und Knollenfäule*, sowie den *Kartoffelkrebs* hervor. Die *Engerlinge des Maikäfers* benagen die Knollen, und der *Kartoffelkäfer* schädigt die Pflanze durch Blattfraß **(18,1–18,3).**

**Heimat.** Die Kartoffel ist schon von den Indianern der Andenhochländer Südamerikas an-
18 gepflanzt worden. Die Spanier brachten sie nach Europa, wo sie zuerst als Zierpflanze in den Gärten gezogen wurde. Erst seit etwa 200 Jahren wird sie als Nutzpflanze angebaut.

**Die Tomate.** Die *Tomate* ist eine alte Kulturpflanze der Indianer Mexikos und Perus. Schon bald nach der Entdeckung Amerikas brachte man sie als Zierpflanze nach Europa. Erst seit etwa 1900 wird die Tomate als wertvolles *Beerenobst* angepflanzt. Sie ist jedoch sehr wärmebedürftig und gedeiht nicht überall. Die große Übereinstimmung im Blüten- und Fruchtbau bei Tomate und Kartoffel beruht auf der *Verwandtschaft* beider Pflanzen. Sie gehören mit anderen Pflanzen **(18,7; 18,8)** zu den *Nachtschattengewächsen.*

**Merkstoff.** Die Kartoffel stammt aus Südamerika. Die fünfzähligen Blüten besitzen eine doppelte Blütenhülle mit verwachsenen Blütenblättern. Die Frucht ist eine Beere; Beeren sind fleischige, mehrsamige Früchte. Die Blätter sind unterbrochen gefiedert. Am unterirdischen Sproß bilden sich Ausläufer mit Sproßknollen. Die Knollen sind verkürzte und verdickte Stengel, die als Nahrungsspeicher, zur Überwinterung und samenlosen Vermehrung dienen. Die Kartoffel ist eine wichtige Nahrungs- und Futterpflanze.

**18,7:** *Der ausdauernde Bittersüße Nachtschatten (Solanum dulcamara) klettert in feuchten Gebüschen durch Winden. Aus den violetten Blüten entstehen rote, giftige Beeren.* **18,8:** *Der Schwarze Nachtschatten (Solanum nigrum) ist ein einjähriges Unkraut mit weißen Blüten und schwarzen, giftigen Beeren.*

19,1

19,2

19,3

## 19 Früchte

*Früchte* gehen aus dem *Fruchtknoten* der Blüte hervor, wenn eine *Bestäubung* und die daran anschließende *Befruchtung* vorausgegangen sind. Die im Fruchtknoten eingeschlossenen *Samenanlagen* entwickeln sich zu *Samen*. Die reifen Samen werden entweder ausgestreut oder die Frucht wird samt den Samen von der Pflanze abgetrennt und als Ganzes verbreitet. An der Fruchtbildung können sich auch andere Pflanzenteile beteiligen, z. B. der Stengel. Die Früchte lassen sich zu verschiedenen *Fruchttypen* zusammenfassen:

### a) Streufrüchte

*Streufrüchte* sind Früchte mit trockener Fruchtwand, die bei der Fruchtreife aufspringt. Sie enthalten fast alle mehrere oder viele Samen. **19**

**Hülse.** Die *Hülse* besteht aus *1 Fruchtblatt*, das sich bei der Reife an der *Bauchnaht* und an der Mittelrippe *(Rückennaht)* öffnet. Die *Samen* sitzen an den Rändern des Fruchtblatts. Hülsen sind für die Pflanzen mit Schmetterlingsblüten bezeichnend **(19,1:** *Hülse der Erbse*; **19,2:** *Hülse der Bohne*; beide unreif).

**Kapseln.** *Kapseln* bestehen aus mindestens 2 Fruchtblättern. Die *Kapsel der Tulpe* **(19,3)** wird von 3 Fruchtblättern gebildet. Ihre Fruchtwand spaltet sich bei der Reife der Länge nach auf; es ist eine *Spaltkapsel*. Die *Mohnkapsel* **(19,5)** öffnet sich bei der Reife mit Löchern und wird daher *Porenkapsel* genannt. Der die Frucht tragende Stengel wird bei Tulpe und Mohn mit der Fruchtreife trocken und elastisch. Im Wind bewegt er sich hin und her, so daß die Samen aus der Kapsel geschleudert werden *(Samenschleuder)*. Die *Kapsel der Roßkastanie* **(19,4)** öffnet sich beim Aufprall auf den Boden. Sie enthält nur 1 bis 3 Samen. Auch die *Schote* gehört zu den Kapseln, z. B. die *Schote des Rapses* **(19,6).** Im Gegensatz zur Hülse besteht sie aus 2 Fruchtblättern. Außerdem ent-

19,7

19,8

19,9

19,4

19,5

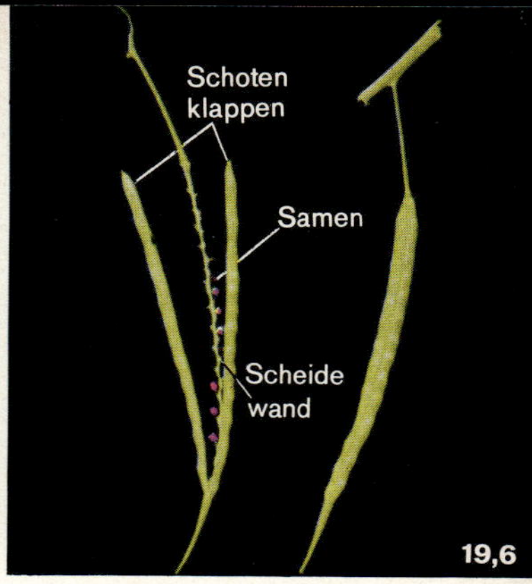


19,6

hält sie eine *Scheidewand*, an deren Rand die *Samen* befestigt sind. Die Fruchtblätter trennen sich bei der Reife an den *Verwachsungsnähten*.

**b) Schließfrüchte**

*Schließfrüchte* bleiben auch bei der Fruchtreife geschlossen. Früchte und Samen werden zusammen verbreitet.

**Trockene Schließfrüchte.** Zu diesen gehört die *Frucht des Hahnenfußes* **(19,7** und **19,8).** Sie enthält nur 1 Samen und fällt bei der Reife ab. Einsamige Schließfrüchte nennt man *Nüsse*. Bei der *Taubnessel* **(19,9)** zerfällt der zweiblättrige Fruchtknoten bei der Reife in 4 einsamige Teilfrüchtchen, die *Klausen*. Die ganze Frucht ist eine *Bruchfrucht*. Die Klausen tragen *Anhängsel*, die von Ameisen verzehrt werden. Dabei werden die Klausen von den Ameisen verschleppt.

**19**

**Fleischige Schließfrüchte** werden im allgemeinen von Tieren verbreitet, die das saftige Fruchtfleisch verzehren. Die Samen verlassen den Darm unversehrt und werden so verbreitet. Eine fleischige Schließfrucht ist die *Beere der Tomate* **(19,10).** Bei den *Beeren* ist die ganze Frucht fleischig und enthält mehrere bis viele Samen.

**c) Sammelfrüchte**

Bei den *Sammelfrüchten* sind mehrere Früchte miteinander vereinigt wie bei Heckenrose und Erdbeere. Bei der *Heckenrose* **(19,11)** sind die Früchte *Nüßchen*. Diese werden von dem zu einem krugförmigen Behälter umgebildeten *Blütenboden* eingeschlossen. Die Sammelfrucht der Heckenrose heißt *Hagebutte*. Auch die *Erdbeere* besitzt *Nüßchen* **(19,12).** Bei ihr ist der die Nüßchen tragende Blütenboden emporgewölbt. Die Blütenböden werden bei der Reife fleischig. Ihre rote Farbe lockt Tiere an, vor allen Dingen Vögel, die die Sammelfrucht verzehren und die Nüßchen verbreiten.

19,10

19,11

19,12

20,1

20,2

## 20 Zimmerpflanzen und ihre Pflege

*Zimmerpflanzen* schmücken einen Raum durch dekoratives Blattwerk oder durch farbige Blüten. Wir erfreuen uns an ihrem Blühen und Wachsen, das sie im Schutz des Hauses auch dann fortsetzen, wenn im Freien die Pflanzenwelt in der Winterruhe liegt. Die trockene und daher ungesunde Luft eines beheizten Zimmers kann schon durch ein Dutzend gut beblätterter Topfpflanzen merklich verbessert werden, weil aus ihren Blättern ständig Wasser verdunstet und die Luft befeuchtet. Zimmerpflanzen brauchen aber unsere Pflege. Zu den ständigen Pflegemaßnahmen gehört das behutsame *Lockern der Erde* und das *Gießen*. In die gut gelockerte Erde dringt das Gießwasser gleichmäßig ein und gelangt zu allen Wurzeln. Man soll aber mit Gießen aufhören, bevor das Wasser im Topfuntersatz steht, denn *stauende Nässe* vertragen die wenigsten Pflanzen. Dafür gießt man lieber einmal mehr bei Pflanzen, die viel Wasser brauchen. Ab und zu muß mit *Blumendünger gedüngt* werden und einmal im Jahr sollte man die *Topferde erneuern*. Schließlich muß dem *Aufstellen der Pflanzen* viel Aufmerksamkeit gewidmet werden, weil sie nur dann gut gedeihen, wenn der Standplatz ihren Licht- und Wärmeansprüchen genügt.

20,7

20,8

20,4

20,5

20,6

**20,1:** *Der Gummibaum (Ficus elastica) stammt aus Ostindien. Er und seine nächsten Verwandten enthalten einen Milchsaft (Latex), aus dem Kautschuk für die Gummiherstellung gewonnen wird. Der Gummibaum soll hell, aber nicht sehr sonnig stehen und braucht gleichmäßige Erdfeuchte. Im Sommerhalbjahr ist Düngung nötig. Verstaubte Blätter wäscht man mit klarem Wasser ab.* **20,2:** *Das Gefleckte Schiefblatt (Begonia maculata) ist in Brasilien zu Hause. Die Pflanze hält man wegen der schön gezeichneten Blätter. Sie gedeiht am besten im hellen Halbschatten und bei mäßiger Feuchtigkeit.* **20,3:** *Die Grünlilie (Chlorophytum comosum) ist in Südafrika heimisch. Ihre Ansprüche sind ein heller Standplatz und reichlich Wasser. Im übrigen ist sie sehr genügsam.* **20,4:** *Die Flamingoblume (Anthurium scherzerianum) ist eine südamerikanische Tropenpflanze. Sie verlangt Helligkeit, Wärme und reichlich Wasser.* **20,5:** *Die Becherprimel (Primula obconica) kam aus China zu uns. Sie liebt helle, warme Räume mit hoher Luftfeuchtigkeit, braucht aber nur wenig Wasser und etwas Düngung. Primeln blühen sehr ausdauernd. Ihre Berührung kann bei Menschen mit empfindlicher Haut Entzündungen hervorrufen.* **20,6:** *Das Glanzkölbchen (Aphelandra squarrosa) ist im tropischen Amerika beheimatet. Es braucht viel Licht, verträgt aber keine Sonne und muß gut feucht gehalten werden. Gedüngt wird es im Herbst.* **20,7:** *Der Philodendron (Monstera deliciosa) ist mittelamerikanischer Herkunft. Die Pflanze ist genügsam und gedeiht überall, wenn sie mäßig warm, gut feucht und ziemlich hell gehalten wird.* **20,8:** *Der Bogenhanf (Sansevieria trifasciata) stammt aus den Tropen Afrikas. Er liebt einen warmen und besonnten Platz und kommt mit wenig Wasser aus. Auch trockene Luft schadet ihm nicht.* **20,9:** *Der Blattkaktus (Epiphyllum hybridum) stammt gleich allen Kakteen aus Amerika. Er braucht winters weniger, sommers mehr Licht und Wärme, aber nie Sonne. Man gießt wenig, doch mehr als bei anderen Kakteen.* **20,10:** *Das Greisenhaupt (Cephalocereus senilis) verträgt viel Licht und Wärme, soll aber nur schwach gegossen werden. Unter seinen Haaren verbirgt das Greisenhaupt seine Stacheln.* **20,11:** *Das Usambaraveilchen (Saintpaulia ionantha) aus den tropischen Wäldern Afrikas braucht feuchten Erdboden, hellen Schatten und öfters Düngung. Mäßige, aber beständige Wärme bekommt ihm am besten.* **20,12:** *Das Alpenveilchen (Cyclamen persicum) stammt aus Vorderasien. Es liebt einen hellen, sonnengeschützten und nur mäßig warmen Standplatz. Die Erde sollte gleichmäßig feucht, aber nicht naß sein. Es ist gut, einmal in der Woche etwas zu düngen.*

**20**

20,10

20,11

20,12

21,1

21,2

21

**21,1:** *Das Buschwindröschen wächst im Laub- und Nadelwald.* **21,2:** *Das Scharbockskraut hat seinen Standort in krautreichen Laubmischwäldern, Hecken und Parkanlagen.* **21,3:** *Die Sumpfdotterblume findet sich hauptsächlich am Ufer kleiner Wasserläufe.*

## 21–23 Frühblüher



Im zeitigen Frühjahr, Wochen bevor die Obstbäume blühen und der Wald ergrünt, erscheinen als Boten des einziehenden Frühlings die *Frühblüher*. Als die ersten Blumen des Jahres sind sie den Menschen besonders ans Herz gewachsen. Wie kommt es aber, daß sie so lange vor den andern wachsen und blühen? Alle diese Pflanzen dauern im Boden mit unterirdischen Teilen aus, an denen die Sprosse und Blüten des Frühjahrs bereits im vorhergehenden Herbst als Knospen angelegt und in denen Nahrungsstoffe gespeichert sind. So haben sie einen Vorsprung, der ihnen das zeitige Austreiben ermöglicht.

**Buschwindröschen, Scharbockskraut und Sumpfdotterblume**
(Anemone nemorosa, Ranunculus ficaria und Caltha palustris)

**Standort und Bau der Pflanzen.** *Buschwindröschen* welken rasch, wenn man sie zum Strauß pflückt. Ihre 3 Blätter, die unter der Blüte einen *Wirtel* bilden **(21,1)**, sind zart und besitzen keinerlei Verdunstungsschutz. Der Waldboden enthält im Frühjahr soviel Winter-

**21,7–21,9:** *Die Blüten von Buschwindröschen* **(21,7)**, *Scharbockskraut* **(21,8)** *und Sumpfdotterblume* **(21,9)** *enthalten zahlreiche Stempel und Staubblätter. Buschwindröschen und Sumpfdotterblume haben eine einfache, das Scharbockskraut hat eine doppelte Blütenhülle mit dreiblättrigem Kelch.*

21,7

21,8

21

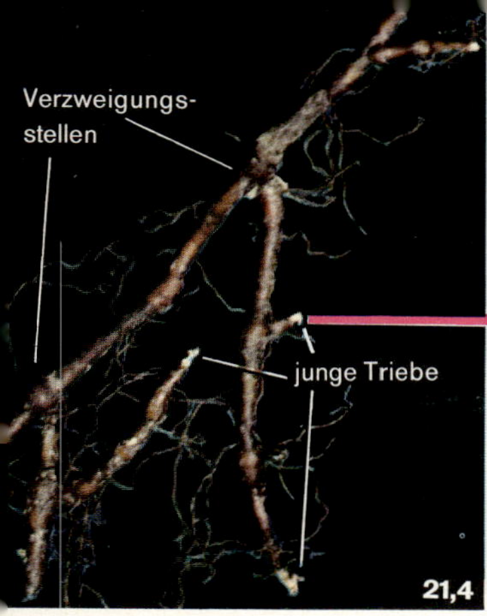

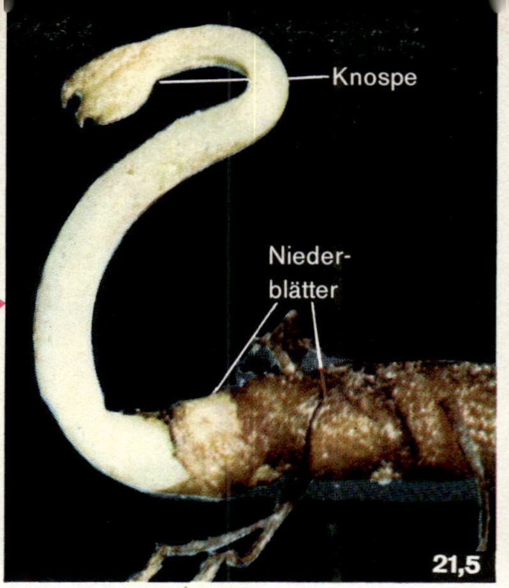

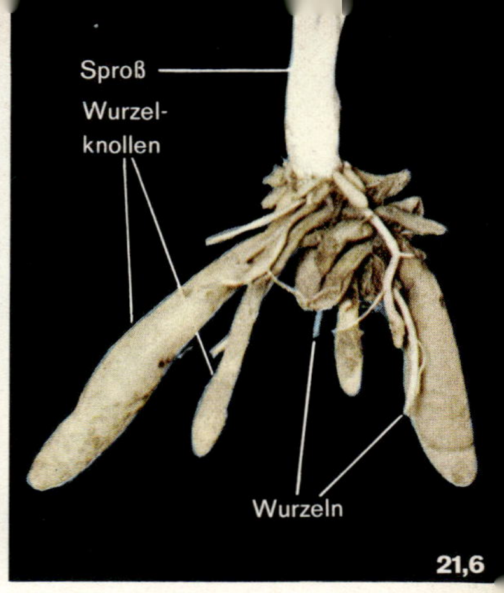


**21,4:** *Im Herbst ausgegrabenes Stück vom Wurzelstock des Buschwindröschens mit den jungen Trieben für das kommende Frühjahr.* **21,5:** *Einzelner junger Trieb mit der Knospe für Laubblätter und Blüte.* **21,6:** *Wurzelknollen des Scharbockskrauts. Diese Vorratsspeicher sind verdickte Wurzeln.*

feuchte, daß sie sich ausreichend mit Wasser versorgen können. *Scharbockskraut und Sumpfdotterblume sind als Pflanzen feuchter Standorte ebenfalls nicht gegen Wasserverlust* geschützt. Blätter und Stengel sind kahl und saftreich **(21,2; 21,3).**

Im Boden leben die Pflanzen, auch wenn die oberirdischen Sprosse völlig verschwunden
**21** sind, mit ihren unterirdischen Teilen oder *Dauerorganen* weiter. Wenn wir im Herbst den Waldboden an Standorten des Buschwindröschens aufgraben, dann stoßen wir bald auf seine waagrecht liegenden, braunen *Wurzelstöcke* **(21,4).** An deren Vorderenden sitzen die jungen Triebe **(21,5),** hinten sterben sie nach und nach ab. Sie verzweigen sich vielfach und tragen dadurch zur Vermehrung bei **(21,12).** In ihrem Innern sind Baustoffe gespeichert. Dem Scharbockskraut dienen *Wurzelknollen* als Speicher **(21,6),** die bei der Ablösung von der Mutterpflanze eine neue Pflanze bilden können. Es vermehrt sich aber hauptsächlich mit den blattachselständigen *Brutknollen* **(21,11).** Die Sumpfdotterblume überwintert mit einem kurzen *Wurzelstock* und den daransitzenden dicken *Speicherwurzeln.*

**Blüte und Frucht.** Der Bauplan ist bei allen Blüten der gleiche **(21,7–21,9).** Das Buschwindröschen erzeugt nur Pollen, die Blüten der beiden anderen Pflanzen sondern Nektar ab. Aus den Fruchtknoten entwickeln sich beim Buschwindröschen und Scharbockskraut *Nüßchen,* bei der Sumpfdotterblume *Balgfrüchte* **(21,10).**

**21,10:** *Balgfrüchte der Sumpfdotterblume. Die von einem Fruchtblatt gebildete Frucht reißt an der Verwachsungsnaht (Bauchnaht) auf. Die Samen sitzen in je 1 Reihe an den Rändern des Fruchtblatts.* **21,11:** *Brutknollen des Scharbockskrauts.* **21,12:** *Das Buschwindröschen tritt in Herden auf.*

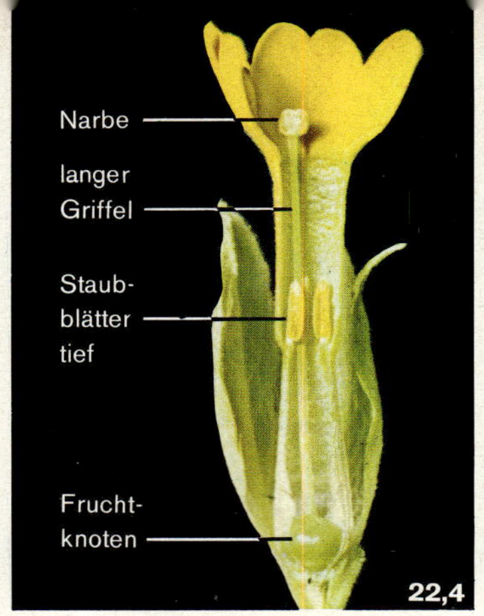


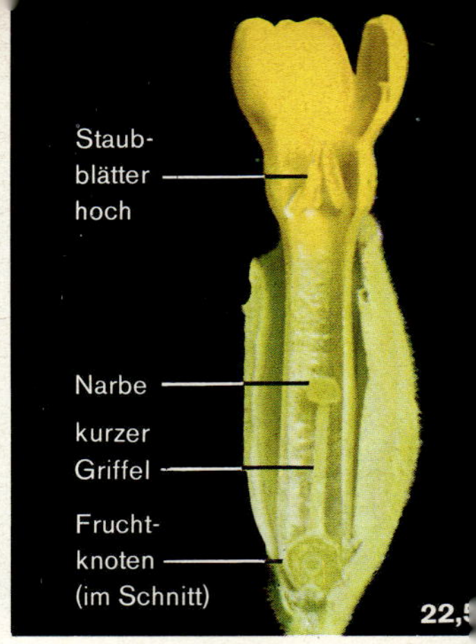


*22,1: Hohe Schlüsselblume mit hellgelben Blüten und eng anliegendem Kelch.* **22,2:** *Echte Schlüsselblume (Primula veris) mit dottergelben Blüten und glockigem Kelch. Sie blüht auf trockenen Wiesen.* **22,3:** *Wohlriechendes Veilchen.* **22,4:** *Kurzgrifflige und* **22,5:** *langgrifflige Blüte der Echten Schlüsselblume.*

**Hohe Schlüsselblume und Wohlriechendes Veilchen**
(Primula elatior und Viola odorata)

22

Im März und April blühen auf den Wiesen und in den Wäldern die gelben Schlüsselblumen und die blauen Veilchen. Sie gehören zu jenen Frühblühern, von denen alljährlich Sträuße gepflückt werden. Beim Pflücken der Schlüsselblumen dürfen wir die Pflanzen nicht beschädigen. Sie stehen unter *Naturschutz*, und nur die Blüten mit dem Schaft dürfen entfernt werden! Wenn wir beim Pflücken die Blumen genau ansehen, dann können wir meist zwei verschiedene Schlüsselblumen **(22,1; 22,2)** und mehrere verschiedene Veilchen unterscheiden. Für die Beschreibung wählen wir die *Hohe Schlüsselblume* **(22,1)** und das *Wohlriechende Veilchen* **(22,3).**

**Blüte, Frucht und Wurzelstock der Schlüsselblume.** Die Blüten sind zu einem *Blütenstand* vereinigt. Ihre Stielchen gehen alle von einem Punkt am Ende des Stengels aus; ein solcher Blütenstand heißt *Dolde* **(22,1).** Kelch und Blumenkrone sind aus je 5 verwachsenen *Kelch-* bzw. *Blütenblättern* gebildet. Auch die *Staubblätter* treten in der Fünfzahl auf. Der *Stempel* ist verschieden gebaut; bei dem einen Teil der Pflanzen trägt er einen *langen Griffel* **(22,4),** bei dem anderen Teil einen *kurzen* **(22,5).** Bei langem Griffel stehen die Staubblätter tief, bei kurzem hoch. Diese Anordnung fördert die *Fremdbestäubung*, wenn langrüsselige Hummeln oder Schmetterlinge die Blüten besuchen, um den am Blütengrund abgeschiedenen Nektar zu saugen. Sie übertragen dabei den Blütenstaub jener Blüten, bei denen

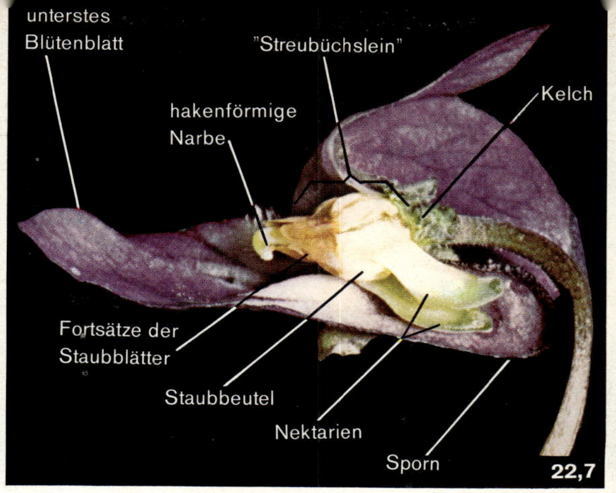

**22,6:** *Zweiseitig symmetrische Blüte des Wohlriechenden Veilchens.* **22,7:** *Längsschnitt durch die Veilchenblüte. Der Stempel wird von 5 Staubblättern umschlossen. Der Blütenstiel ist gebogen, die Blüte ist abwärts geneigt.* **22,8:** *Offene Samenkapsel und Samen des Veilchens.*

die Staubblätter oben stehen auf solche Blüten, bei denen die Narben oben stehen und umgekehrt. Nach der Bestäubung wächst im Schutz des Kelches die Frucht heran, eine *Kapsel,* die sich bei der Reife mit 10 Zähnchen öffnet. Da der Stengel dann elastisch geworden ist, kann der Wind die Samen herausschütteln. Im Boden dauert die Schlüsselblume wie viele andere Frühblüher mit einem *Wurzelstock* aus **(22,9).**

22 **Blüte, Frucht und Wurzelstock des Veilchens.** Die Veilchenblüte besitzt 5 *Kelchblätter,* 5 violette *Blütenblätter* und 5 *Staubblätter* **(22,6).** Das untere Blütenblatt ist zu einem *Sporn* verlängert **(22,7),** in den 2 *Anhängsel* der beiden unteren Staubblätter Nektar abgeben. Die Staubblätter samt den orangefarbenen *Fortsätzen* an ihrer Spitze schließen sich dicht um den gelenkig am *Fruchtknoten* befestigten *Griffel* zusammen **(22,7).** In den dadurch gebildeten Hohlraum wird *Blütenstaub* abgegeben. Die Blütenbesucher, die zum Nektar im Sporn vordringen, berühren die hakig gebogene *Narbe,* der Griffel kommt in Bewegung und der Verschluß des Blütenstaubbehälters gerät in Unordnung. Blütenstaub rieselt auf den Kopf des Besuchers („Streubüchslein"). Später im Jahr erscheinen Blüten, die sich nicht öffnen und daher auf *Selbstbestäubung* angewiesen sind. Die *Kapselfrucht* öffnet sich mit 3 Klappen **(22,8).** Ameisen verzehren den fleischigen Anhang der Samen und verschleppen diese dabei. Mit dem *Wurzelstock* **(22,10)** dauert das Veilchen im Boden aus und vermehrt sich, so daß es zur Bildung von Pflanzengruppen kommt. Außerdem entstehen in den Blattachseln lange, am Boden dahinkriechende *Ausläufer,* die zuletzt selbständige Pflanzen bilden.

**22,9:** *Der Wurzelstock der Schlüsselblume ist ein schräg im Boden aufsteigendes Sproßstück, das am Vorderende die Laubblätter trägt, in deren Achseln die Erneuerungsknospen gebildet werden.* **22,10:** *Der Wurzelstock des Veilchens verzweigt sich und bringt an jeder Spitze Jahr für Jahr eine neue Rosette hervor.*

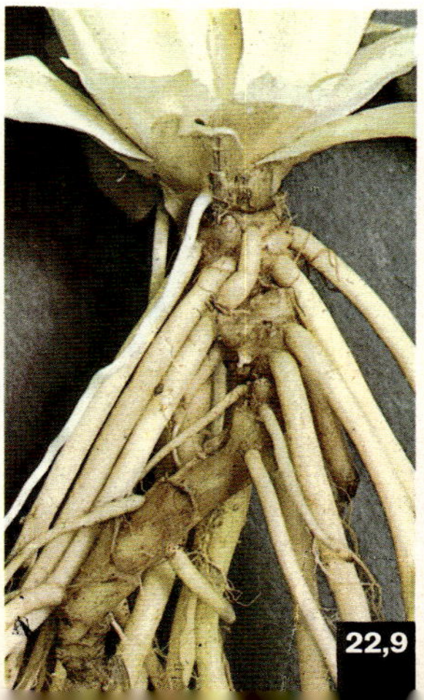

*23,1:* *Das Wiesenschaumkraut kommt auf feuchten Wiesen mittlerer Gebirgslagen nach den Schlüsselblumen zur Herrschaft. Es gibt den Wiesen einen blaßlila Farbton.* **23,2:** *Blüte des Wiesenschaumkrauts. Sie besitzt als Kreuzblüte 4 Kelch- und 4 Blütenblätter.* **23,3:** *Blütenlängsschnitt. 4 lange und 2 kurze Staubblätter und der Stempel stehen in der von Kelch- und Blütenblättern gebildeten Röhre.*

**Das Wiesenschaumkraut** (Cardamine pratensis)

Nur kurze Zeit währt es, daß die Wiesen nach den braungelben Farbtönen des Winters das saftige Grün des Frühlings zeigen; bald erscheinen andere Farben, darunter auch das zarte Lila des blühenden *Wiesenschaumkrautes.*

**Blüte und Frucht.** Die Blüten des Wiesenschaumkrauts sitzen gehäuft in einem *Blütenstand.* Es ist eine *Traube*, da die an der Hauptachse sitzenden, blütentragenden Nebenachsen unverzweigt sind. Die Blüten der Traube blühen von unten nach oben auf. Die 4 *Kelchblätter* und die Nägel der 4 *Blütenblätter* stehen aufrecht, die Platten der Blütenblätter aber mehr waagrecht. Sie bieten dadurch den blütenbesuchenden Insekten einen Sitzplatz **(23,2).** Im Innern der Blüte bemerkt man 4 lange und 2 kurze *Staubblätter*, sowie einen *Stempel* mit länglichem *Fruchtknoten*, *Griffel* und *Narbe* **(23,3).** Es ist derselbe Blütenbau wie beim Raps; das Wiesenschaumkraut besitzt ebenfalls *Kreuzblüten.* Aus dem Fruchtknoten entwickelt sich wie beim Raps eine Frucht mit 2 Fruchtklappen

**23,4–23,7:** *Weitere Frühblüher.* **23,4:** *Der Huflattich (Tussilago farfara) wächst auf offenem Boden, z. B. Schuttplätzen. Die Laubblätter, aus denen man ein Hustenmittel herstellt, erscheinen erst nach der Blüte. Er besitzt einen Wurzelstock.* **23,5:** *Das laubwaldbewohnende Leberblümchen (Anemone hepatica) überdauert den Winter mit den dreilappigen Lederblättern. Neue Laubblätter entstehen erst nach der Blüte. Die blauen Blüten sind gleich wie die des Buschwindröschens gebaut. Die Pflanze wurde früher als Heilmittel gegen Lebererkrankungen angesehen.* **23,6:** *Der Hohle Lerchensporn (Corydalis cava), ein Bewohner der Hangwälder, verdankt seinen Namen den gespornten Blüten. Der Erdstamm hat die Form einer hohlen Knolle.* **23,7:** *Das waldbewohnende Lungenkraut (Pulmonaria officinalis) ist eine alte Heilpflanze. Seine verschiedengriffligen Blüten sind erst rot, später blau.*

und einer Scheidewand, an deren Rändern die Samen angewachsen sind. Die Frucht ist also eine *Schote*. Die weitgehende Übereinstimmung im Blüten- und Fruchtbau beim Raps und beim Wiesenschaumkraut beruht auf der Verwandtschaft beider Pflanzen.

**Sproß.** Der Stengel trägt unpaarig gefiederte *Blätter*. Die Fiederblättchen sind bei den oberen Blättern viel schmäler als bei den unteren **(23,1)**. Die Grundblätter sterben oft frühzeitig ab, da ihnen andere Wiesenpflanzen das Licht wegnehmen. Vorher haben sich aber oft an den Ansatzstellen der Fiederblättchen der dem Boden anliegenden Blätter Knospen gebildet, aus denen junge Pflänzchen entstehen. Wie bei einigen anderen Frühblühern ist das Dauerorgan des Wiesenschaumkrauts ein *Wurzelstock*.

### Die Bedeutung des vorzeitigen Blühens der Frühblüher

*Frühblüher* können so zeitig im Frühjahr erscheinen, weil in ihren unterirdischen Speicherorganen Stoffe für den Aufbau des oberirdischen Sprosses bereitliegen, der schon im vorhergehenden Herbst als Knospe angelegt wurde. Die Frühblüher des Waldes nutzen so die Zeit vor der Belaubung der Holzgewächse für ihre Entwicklung aus, solange noch genügend Licht auf den Waldboden fällt. Auch auf der Wiese beenden die Frühblüher Blüte und Fruchtreife, noch ehe die übrigen Wiesenpflanzen hochgekommen sind und sie in den Schatten stellen. Der Sensenschnitt schadet ihnen nicht, weil sie zur Zeit der Heuernte ihre Entwicklung in der Regel schon abgeschlossen haben. Die Grundblätter werden von der Sense gar nicht erfaßt; die Frühblüher sind an die *Lebensbedingungen ihres Standortes* angepaßt.



**Merkstoff.** Frühblüher sind krautige Pflanzen, die mehrere Jahre leben. Solche Pflanzen heißen Stauden. Sie überdauern den Winter mit unterirdischen Speicherorganen. Diese sind Wurzelstöcke (Buschwindröschen, Veilchen, Schlüsselblume), Wurzelknollen (Scharbockskraut) oder Speicherwurzeln (Sumpfdotterblume). Besonderheiten der Bestäubungseinrichtungen zeigen Schlüsselblume und Veilchen. Die Verschiedengriffeligkeit bei der Schlüsselblume sichert die Fremdbestäubung. Beim Veilchen bilden die Staubblätter ein „Streubüchslein". Samenlose Vermehrung ist uns bei den Frühblühern öfters begegnet. Sie erfolgt mit den Dauerorganen (Buschwindröschen), durch Ausläufer (Veilchen) oder durch Knospen, die sich an den Blättern (Wiesenschaumkraut) oder in den Blattachseln (Scharbockskraut) bilden.

23,5

23,6

23,7

| Scharfer Hahnenfuß | Scharbockskraut | Buschwindröschen | Leberblümchen |
|---|---|---|---|

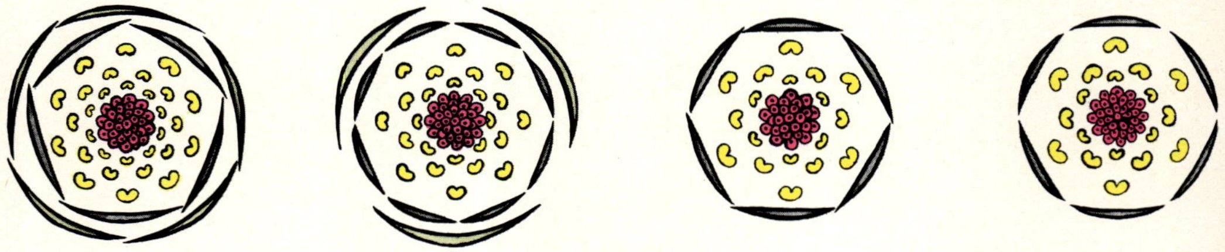

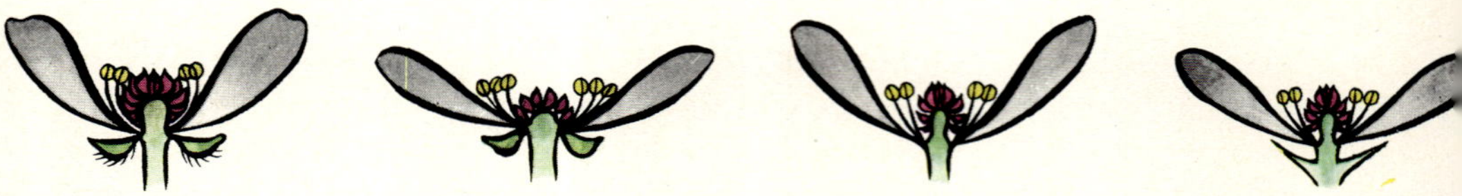

| | | | |
|---|---|---|---|
| 5 Kelchblätter<br>5 Blütenblätter<br>viele Staubblätter<br>viele Stempel | 3 Kelchblätter<br>8-12 Blütenblätter<br>viele Staubblätter<br>viele Stempel | keine Kelchblätter<br>6 Blütenblätter<br>viele Staubblätter<br>viele Stempel | 3 Hochblätter<br>6-10 Blütenblätter<br>viele Staubblätter<br>viele Stempel |

| | | | |
|---|---|---|---|
| Nuß | Nuß | Nuß | Nuß |

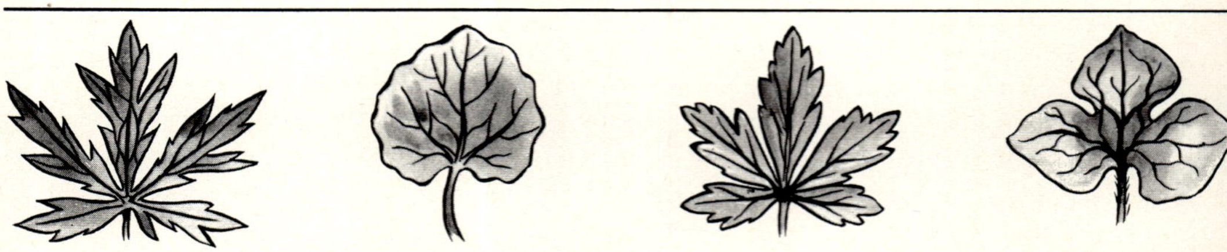

| | | | |
|---|---|---|---|
| geteilt | ungeteilt, herznierenförmig | geteilt | dreilappig |

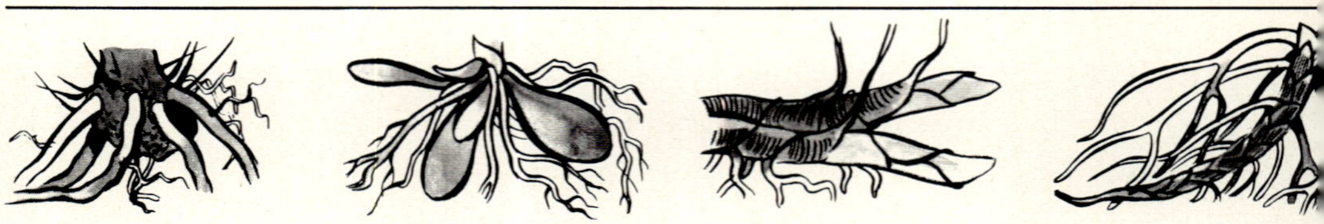

| | | | |
|---|---|---|---|
| Wurzelstock | Wurzelknollen | Wurzelstock | Wurzelstock |

Scharfer Hahnenfuß
Ranunculus acer

Scharbockskraut
Ranunculus ficaria

Buschwindröschen
Anemone nemorosa

Leberblümchen
Anemone hepatica

Hahnenfuß
Ranunculus

Windröschen
Anemone

Hahnenfußgewächse
Ranunculaceae

Sumpfdotterblume

keine Kelchblätter
5 Blütenblätter
viele Staubblätter
viele Stempel

Blüte

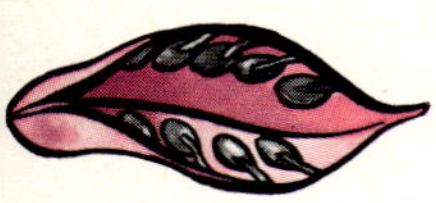

Balgfrucht

Frucht

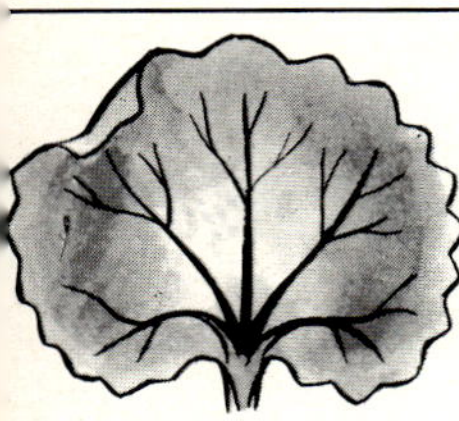

geteilt, herznierenförmig

Blatt

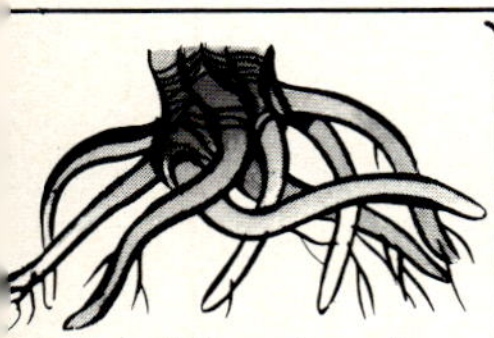

kurzer Wurzelstock
Speicherwurzeln

Dauerorgane

| | |
|---|---|
| Sumpfdotterblume<br>Caltha palustris | Art |
| Dotterblume<br>Caltha | Gattung |
| | Familie |

## 24 Die Verwandtschaft der Pflanzen

Manche Pflanzen zeigen Ähnlichkeit in ihrem Bau, besonders bei *Blüten* und *Früchten*. In der nebenstehenden Tabelle sind Pflanzen mit solchen Ähnlichkeiten zusammengestellt. Die Blüten stimmen zwar hinsichtlich der Blütenhülle nicht überein, doch besitzen sie alle *viele Staubblätter* und *viele Stempel*. Die Früchte sind *Nüsse*, nur die Sumpfdotterblume bildet eine *Balgfrucht* aus. Die *Blätter* sind recht verschieden gestaltet. Alle aufgeführten Pflanzen sind *Stauden* mit unterirdischen Dauerorganen.

Man faßt Pflanzen, die wie die in der Tabelle aufgeführten gemeinsame Merkmale aufweisen, zu Gruppen zusammen. Dabei wird vor allem der *Blüten-* und *Fruchtbau* berücksichtigt. Die Ähnlichkeiten im Bau sind nicht dem Zufall zuzuschreiben, sondern beruhen darauf, daß diese Pflanzen von gemeinsamen Vorfahren abstammen. Sie sind also *miteinander verwandt*. Man unterscheidet verschiedene *Verwandtschaftsgrade*. Alle jene Pflanzen, die in allen wichtigen Merkmalen untereinander, sowie mit ihren Eltern und Nachkommen übereinstimmen, faßt man zu einer **Art** zusammen. Der *Scharfe Hahnenfuß* oder das *Buschwindröschen* sind solche Arten. Alle Angehörigen dieser beiden Arten ähneln sich in hohem Grade und das Gleiche gilt für ihre Nachkommen. Arten, die im Blüten- und Fruchtbau miteinander übereinstimmen, bilden eine **Gattung.** So gehören *Scharfer Hahnenfuß* und *Scharbockskraut* zur Gattung *Hahnenfuß*, *Buschwindröschen* und *Leberblümchen* zur Gattung *Windröschen* (siehe Tabelle!). Über diese Verwandtschaftsverhältnisse geben die *lateinischen Pflanzennamen* Auskunft. Jeder Name besteht aus 2 Bezeichnungen; die erste ist der **Gattungsname,** die zweite der **Artname.** Lateinische Namen werden außerdem verwendet, weil sie auf der ganzen Welt verstanden werden. Gattungen, die eine Reihe gemeinsamer Merkmale aufweisen, werden zu **Familien** zusammengefaßt. Die Pflanzen der Tabelle gehören zur *Familie der Hahnenfußgewächse*. Durch diese Zusammenfassung der Pflanzen nach Verwandtschaftsgraden bekommt man eine Ordnung, die das **System der Pflanzen** genannt wird. Ohne dieses System wäre bei der Fülle der Einzelpflanzen ein Überblick über die Pflanzenwelt nicht möglich.



**Merkstoff.** Im System sind die Pflanzen nach ihren Verwandtschaftsverhältnissen geordnet. Dabei wird besonders auf den Blüten- und Fruchtbau geachtet. Wichtige Verwandtschaftsgrade sind die Art, die Gattung und die Familie.

25,1

25,2

25

**25,1:** *Die Gewöhnliche Akelei (Aquilegia vulgaris) kommt in Laubwäldern und auf Wiesen vor. Von dort hat sie Eingang in den Ziergarten gefunden, wo sie in vielen Spielarten kultiviert wird. Die 5 Blütenblätter sind zu Honigröhrchen umgewandelt. Zwischen diesen sitzen die flachen, ebenfalls gefärbten Kelchblätter. Die Pflanze ist vollkommen geschützt.* **25,2:** *Der Blaue Eisenhut (Aconitum napellus) ist eine Pflanze der Hoch- und Mittelgebirge und wird außerdem im Garten als Zierpflanze gezogen. Der Blütenstand ist eine Traube. Die einzelnen Blüten sind zweiseitig symmetrisch und gleichen wegen des helmartigen oberen Blatts der Blütenhülle einer Sturmhaube, wovon die Pflanze ihren Namen bekommen hat. Es birgt 2 nektarabsondernde Honigblätter. Die Pflanze steht unter Sammelverbot (S. 68–69).* **25,3:** *Der Ackerrittersporn (Delphinium consolida) ist ein Getreideunkraut. Die Blüten sind zu einer Traube vereinigt. Die zweiseitig symmetrischen Blüten tragen einen Sporn. Er wird vom oberen Blatt der Blütenhülle gebildet und umschließt 2 Honigblätter. Der Gartenrittersporn (Delphinium ajacis) ist eine beliebte Zierpflanze.*



**25,7; 25,8:** *Die Gewöhnliche Waldrebe (Clematis vitalba) ist eine Pflanze der Waldränder. Dort klettert sie mit Hilfe ihrer Blattstiele, die sich um die Stütze krümmen, im Gebüsch empor. Die Blüten besitzen eine vierblättrige Hülle. Die Früchte tragen federartige Flugorgane* **(25,8)**, *die sich aus dem Griffel entwickeln.* **25,9:** *Die Pfingstrose (Paeonia officinalis) ist eine Zierpflanze.*

25,7

25,8

25,

**25,4:** *Die Trollblume (Trollius europaeus) wächst auf feuchten Wiesen. Die zahlreichen gelben Blüten-*
*blätter schließen sich zu einer Kugel zusammen. Die Laubblätter sind denen des Hahnenfußes ähnlich.*
*Die Pflanze steht unter Sammelverbot (S. 68–69).* **25,5:** *Im Wald, am Waldrand und im Gebüsch*
*kommt die Stinkende Nieswurz (Helleborus foetidus) vor. Die Blüte besitzt grüne, rot geränderte*
*Blütenhüllblätter. Zwischen Blütenhülle und Staubblättern finden sich Honigröhrchen. Aus den 3 Frucht-*
**25** *knoten entwickeln sich Balgfrüchte. Die grundständigen, fußförmigen Laubblätter zeigen nach oben*
*alle Übergänge zu den Hochblättern.* **25,6:** *Auf Trockenrasen findet sich die Küchenschelle (Ane-*
*mone pulsatilla). Als Anpassung an den trockenen Standort besitzt sie eine lange Pfahlwurzel, mit der*
*sie aus tieferen Bodenschichten Wasser entnehmen kann. Die behaarten Blätter sind zum Teil in feine*
*Zipfel aufgespalten. Dadurch wird die Verdunstung herabgesetzt. Nach der Blüte entwickeln sich die*
*Griffel zu einem federartigen Flugorgan, mit dem die Früchte durch den Wind verbreitet werden. Die*
*Pflanze ist vollkommen geschützt.*

## 25 Die Familie der Hahnenfußgewächse (Ranunculaceae)

Die hier abgebildeten Hahnenfußgewächse stellen nur eine kleine Auswahl dar, denn die *Familie der Hahnenfußgewächse* (Ranunculaceae) ist sehr artenreich. Zu ihr gehören 1200 Arten, die alle in der gemäßigten und kalten Zone leben. In Mitteleuropa kommen rund 100 Arten vor und in Deutschland etwa 80. Allein von der *Gattung Hahnenfuß* gibt es bei uns rund 20 Arten. Diese Artenfülle zeigt deutlich, wie wichtig die Gliederung und Einordnung der Pflanzen in ein System ist. Welches sind nun die gemeinsamen Merkmale der Angehörigen der Familie Hahnenfußgewächse? Von Ausnahmen abgesehen, besitzen alle Blüten viele Staubblätter und mehrere bis viele Stempel (s. Tab. S. 24). Aus diesen gehen Nüßchen oder Balgfrüchte hervor. Die meisten Hahnenfußgewächse sind mehrjährige, krautige Pflanzen (Stauden). Nur die Waldrebe **(25,7)** ist ein Holzgewächs. Die Blätter sind oft geteilt (Trollblume **25,4;** Nieswurz **25,5**), selten ungeteilt ( Waldrebe **25,7**).

**Merkstoff.** Die Familie der Hahnenfußgewächse weist folgende Merkmale auf: 1. Die Blüten besitzen viele Staubblätter und mehrere bis viele Stempel. 2. Die Früchte sind Nüßchen oder Balgfrüchte. 3. Mit Ausnahme der Waldrebe sind die Hahnenfußgewächse Kräuter. Darunter kommen viele Stauden mit unterirdischen Dauerorganen vor.

26,1

## 26 Liliengewächse im Zier- und Nutzgarten

**Die Familie der Liliengewächse** (Liliaceae). Nicht wenige Pflanzen des Zier- und Nutzgartens gehören zur *Familie der Liliengewächse*. Ihr Blütenbauplan stimmt mit dem der Tulpe (S. 1–2) überein, die ebenfalls ein Liliengewächs ist. Die regelmäßigen Blüten der Liliengewächse sind *dreizählig*. Auf 2 Kreise mit je 3 Blütenblättern folgen 2 Kreise mit je 3 Staubblättern. Der *oberständige Fruchtknoten* wird von 3 Fruchtblättern gebildet. Die Blütenblätter sind manchmal miteinander verwachsen **(26,3; 26,4).** Die Früchte der hier aufgeführten Pflanzen sind *Kapseln*, nur der Spargel bildet rote *Beeren* **(26,8).** Als Überwinterungsorgane treten bei den mehrjährigen Gewächsen vielfach *Zwiebeln* auf (Tulpe, Weiße Lilie, Stern- und Traubenhyazinthe, Hyazinthe, Sommerzwiebel, Lauch); der Spargel besitzt einen *Wurzelstock*. Die *parallelnervigen Blätter* sind entweder flach **(26,4)** oder röhrenförmig **(26,6).**

**Liliengewächse als Nutzpflanzen.** *Schnittlauch*, *Sommerzwiebel* und *Lauch* **(26,5–26,7)** gehören zur *Gattung Lauch*. Als weiteres Mitglied dieser Gattung sei noch der bekannte *Knoblauch* erwähnt. Der eigenartige Geruch der Laucharten wird von Lauchölen hervorgerufen. Die Blätter dieser Pflanzen schmecken süßlich, weil in ihnen Zucker statt Stärke gebildet wird (Zuckerblätter). Der *Schnittlauch* **(26,5)** wird im Garten, aber auch in Blumentöpfen gezogen. Die *Sommerzwiebel* **(26,6)** sät man entweder im März oder man



**26,1:** *Die Weiße Lilie (Lilium candidum) ist eine alte Zierpflanze aus dem Orient. Sie lockt mit ihren weißen Blüten bei Dunkelheit fliegende Schmetterlinge an.* **26,2:** *Die Sternhyazinthe (Scilla bifolia) trägt 2 bis 5 blaue, sternförmige Blüten. Als Wildpflanze kommt sie selten in Hangwäldern vor.* **26,3:** *Zu einer Traube vereinigte, kleine, blaue Blüten mit verwachsenen Blütenblättern besitzt die Traubenhyazinthe (Muscari botryoides). Sternhyazinthe und Traubenhyazinthe sind teilweise geschützte Pflanzen (vgl. S. 68–69).* **26,4:** *Die aus dem Mittelmeergebiet stammende Hyazinthe (Hyacinthus orientalis) hat einen traubigen Blütenstand, dessen duftende Blüten bei den einzelnen Spielarten verschiedene Farben aufweisen. Die Laubblätter sind grundständig.*

G

26,2

G

26,3

26

26,5

26,6

26,7



**26,5:** *Der Schnittlauch (Allium schoenoprasum) kommt als Wildpflanze im Flachmoor vor. Die röhrenförmigen Blätter dienen als Gewürz.* **26,6:** *Die aus Westasien stammende Sommerzwiebel (Allium cepa) ist über Italien zu uns gekommen. Die zum Würzen verwendbaren fleischigen Zwiebelschalen sind die unteren, angeschwollenen Abschnitte der Blätter. Blätter und Stengel sind röhrenförmig.* **26,7:** *Die flachen Blätter des aus dem Mittelmeergebiet stammenden Lauches (Allium porrum) werden als Gemüse genossen.* **26,8:** *Vom Spargel (Asparagus officinalis) dienen die jungen, unterirdischen Triebe, die vom Wurzelstock gebildet werden, als Gemüse. Läßt man sie im Boden, dann wachsen aus ihnen grüne Sprosse mit kleinen weißen Blüten und roten Beerenfrüchten hervor.*

bringt im April Steckzwiebeln in die Erde. Im Sommer können die Zwiebeln geerntet werden. Bevor man sie aufbewahrt, läßt man sie zunächst noch einige Tage zum Trocknen im Freien liegen. Beim *Lauch* **(26,7)** unterscheidet man Sommer- und Winterlauch. Der Sommerlauch wird schon ab Juni geerntet. Der Winterlauch bleibt den Winter über im Garten stehen. Den *Spargel* **(26,8)** zieht man in großen Gärten oder auf Feldern. Die jungen Triebe werden, wenn sie eben die Erdoberfläche erreichen, mit einem Messer möglichst weit unten abgeschnitten (gestochen). Um lange Triebe zu bekommen, errichtet man über den Pflanzen Erdwälle. Ab Juni werden die Spargeln nicht mehr gestochen. Es entwickeln sich dann grüne, oberirdische Sprosse, die einem Bäumchen gleichen. Die Blätter sind braune Schuppen. In ihren Achseln sitzen grüne, flache, kleine Sprosse, die den Nadeln unserer Nadelhölzer ähneln. Sie übernehmen die Aufgabe der Blätter.

26,8

**Merkstoff.** Die Liliengewächse sind Pflanzen mit regelmäßigen, dreizähligen Blüten und oberständigen Fruchtknoten. Als Früchte treten Kapseln oder Beeren auf. Die Nerven der Laubblätter verlaufen parallel. Die Familie umfaßt 2800 Arten (80 in Mitteleuropa). Sie enthält in den Tropen auch baumförmige Holzpflanzen. Viele Liliengewächse sind Zier- und Nutzpflanzen.

**27,1:** *Mit der Schneeschmelze erscheint das Schneeglöckchen (Galanthus nivalis), ein Zwiebelgewächs. Bei den hängenden Blüten unterscheiden sich die Blütenblätter der beiden Kreise in Größe und Bau.* **27,2:** *Die Blütenblätter der ähnlichen Frühlingsknotenblume (Leucojum vernum) sind alle gleich ausgebildet.* **27,3:** *Der Krokus (Crocus sativus) überwintert mit einer Sproßknolle. Es werden mehrere Arten gezogen, mit weißen, gelben oder blauen Blüten.*

27

## 27 Narzissen- und Schwertliliengewächse im Ziergarten

Die auf diesen Seiten abgebildeten Pflanzen stimmen im Blütenbau weitgehend überein **(27,1–27,7)**. Bei allen ist die Blütenkrone *6blättrig* und der Fruchtknoten *unterständig*. Schneeglöckchen, Frühlingsknotenblume und Narzissen haben *6 Staubblätter*; Krokus, Schwertlilie und Gladiole jedoch nur *3*. Auf diesem Unterschied beruht die Einteilung in zwei Familien. Die erstgenannten Pflanzen gehören zur *Familie der Narzissengewächse* (Amaryllidaceae), die anderen zur *Familie der Schwertliliengewächse* (Iridaceae). Bei den Narzissengewächsen treten als Früchte *Kapseln* und *Beeren* auf, bei den Schwertliliengewächsen nur *Kapseln*. Die erwähnten Pflanzen besitzen als Dauerorgane *Zwiebeln* (Schneeglöckchen, Frühlingsknotenblume, Narzissen), *Knollen* (Krokus, Gladiole) oder *Wurzel-*

**27,4; 27,5:** *Bei den Narzissen sind die Blütenblätter unten zu einer Röhre verwachsen. An deren Eingang sitzt eine Nebenkrone. Die Weiße Narzisse* **(27,4;** *Narcissus poeticus), die von Schmetterlingen besucht wird, hat eine lange Blütenröhre und eine kurze, rot geränderte Nebenkrone. Umgekehrt verhält es sich bei der von Hummeln besuchten Gelben Narzisse* **(27,5)** *oder Osterglocke (Narcissus pseudonarcissus).* **27,6:** *Die Schwertlilien (Gattung Iris) verdanken ihren Namen den schwertförmigen Blättern. Die Blütenblätter sind zu einer Röhre verwachsen. Die 3 äußeren, größeren hängen nach unten, während die kleineren, inneren aufrecht stehen. Die Narben befinden sich auf der Unterseite der 3 blütenblattartigen Griffeläste. Unter den Griffelästen sitzen die 3 Staubblätter. Blütenbesucher saugen aus der Blütenröhre Nektar.* **27,7:** *Gladiolen (Gattung Gladiolus) werden häufig in Gärten gepflanzt. Ihre zu Trauben vereinigten Blüten sind zweiseitig symmetrisch.*

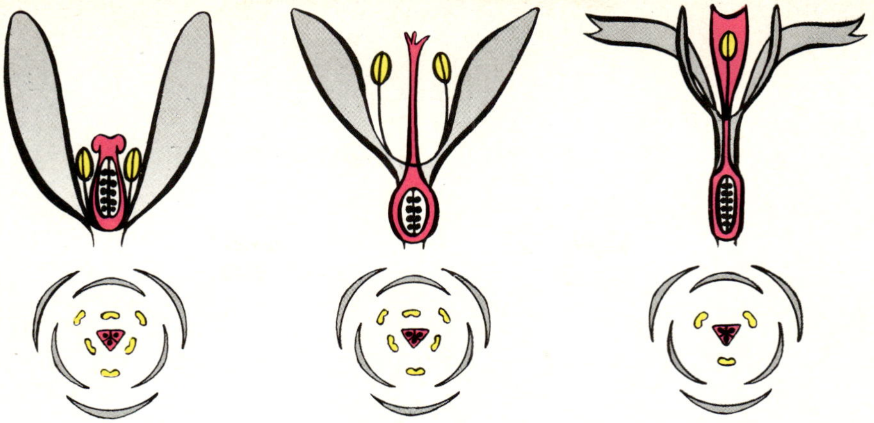

| Liliengewächse | Narzissengewächse | Schwertliliengewächse |
|---|---|---|
| (Liliaceae) | (Amaryllidaceae) | (Iridaceae) |
| Regelmäßige Blüten | Regelmäßige Blüten | Regelmäßige oder zweiseitig symmetrische Blüten |
| 6 Blütenblätter<br>6 Staubblätter<br>oberständiger Fruchtknoten<br>Früchte: Kapseln oder Beeren | 6 Blütenblätter<br>6 Staubblätter<br>unterständiger Fruchtknoten<br>Früchte: Kapseln oder Beeren | 6 Blütenblätter<br>3 Staubblätter<br>unterständiger Fruchtknoten<br>Früchte: nur Kapseln |

 *stöcke* (Schwertlilien). Die Blätter sind durchweg *parallelnervig*. Wenn man die Blüten der Familien der Lilien-, Narzissen- und Schwertliliengewächse miteinander vergleicht, zeigt sich eine Ähnlichkeit der Baupläne bei nicht sehr tiefgreifenden Unterschieden (Tabelle). Diese Familien sind miteinander verwandt. In gleiche Richtung weisen die Fruchtformen. Verwandte Familien werden zu einer nächsthöheren Einheit, der *Ordnung*, zusammengefaßt; unsere Familien zur *Ordnung der Lilienartigen* (Liliiflorae).

**Zusammenfassung.** Familien, die wie die Liliengewächse, Narzissengewächse und Schwertliliengewächse miteinander verwandt sind, werden zu Ordnungen zusammengefaßt. Die Narzissen- und Schwertliliengewächse enthalten je rund 1000 Arten, die über die ganze Welt verteilt sind. Die nicht einheimischen Freesien und Montbretien (Schwertliliengewächse) sind als Zierpflanzen beliebt.

27,5

27,6

27,7

**28,1:** *Die Blüten der Kirsche stehen in doldenartigen Büscheln.* **28,2:** *Längsschnitt durch die Kirschblüte.* **28,3:** *Steinfrucht der Kirsche. Eine Frucht ist der Länge nach durchgeschnitten.*

## 28–30 Im Obstgarten – die Familie der Rosengewächse (Rosaceae)

Obstbäume, Beerensträucher und Erdbeerstauden sind die Pflanzen unserer Obstgärten. Bei den meisten von ihnen stimmt der Blütenbau mit dem der Heckenrose überein: diese Pflanzen gehören zu den *Rosengewächsen* (vgl. Tab. S. 30). Nur bei Stachel- und Johannisbeersträuchern weicht der Blütenbau stärker ab, beim Walnußbaum ist er völlig anders.



### Die Süßkirsche (Prunus avium)

**Blüte.** Noch einige Tage vor der Birnen-, Apfel- und Pflaumenblüte brechen die Blüten der *Kirsche* auf **(28,4).** Sie stehen in doldenartigen Büscheln beieinander **(28,1).** Sie besitzen einen becherförmigen Blütenboden, in dessen Höhlung der von einem Fruchtblatt gebildete Fruchtknoten frei steht **(28,2):** er ist *mittelständig* (unterständige Fruchtknoten sind mit dem Blütenboden verwachsen). Der Rand des Blütenbodens trägt 5 grüne Kelchblätter, 5 weiße Blütenblätter und zahlreiche Staubblätter mit dunkelgelben Staubbeuteln (vgl. Tab. S. 28). Die Blüten werden von Bienen und Hummeln beim Nektar- und Blütenstaubsammeln bestäubt.

**Frucht.** Aus dem Fruchtknoten bildet sich die *Frucht*. Alle übrigen Blütenteile fallen ab. Die Frucht **(28,3)** ist aus 3 Schichten aufgebaut. Auf eine dünne Haut folgt nach innen eine mittlere, saftige Schicht. Die innerste steinharte Schicht umschließt den von der Samenschale umgebenen Samen. Es ist eine *Steinfrucht*.

**28,4:** *Der Beginn der Kirschblüte fällt in unseren wärmsten Gegenden nach dem langjährigen Mittel auf den 23. April und in unseren kältesten Gegenden auf den 19. Mai.*

| Kirsche | Pflaume | Apfel | Birne |
|---|---|---|---|

| Kirsche | Pflaume | Apfel | Birne |
|---|---|---|---|
| 5 Kelchblätter<br>5 weiße Blütenblätter<br>viele Staubblätter<br>gelbe Staubbeutel<br>mittelständ. Fruchtkn. | 5 Kelchblätter<br>5 weiße Blütenblätter<br>viele Staubblätter<br>gelbe Staubbeutel<br>mittelständ. Fruchtkn. | 5 Kelchblätter<br>5 rötliche Blütenbl.<br>viele Staubblätter<br>gelbe Staubbeutel<br>unterständ. Fruchtkn. | 5 Kelchblätter<br>5 weiße Blütenblätter<br>viele Staubblätter<br>rote Staubbeutel<br>unterständ. Fruchtkn. |

aus dem Fruchtknoten entsteht eine Steinfrucht

aus dem Fruchtknoten entsteht das Kernhaus, aus dem Blütenboden das Fruchtfleisch

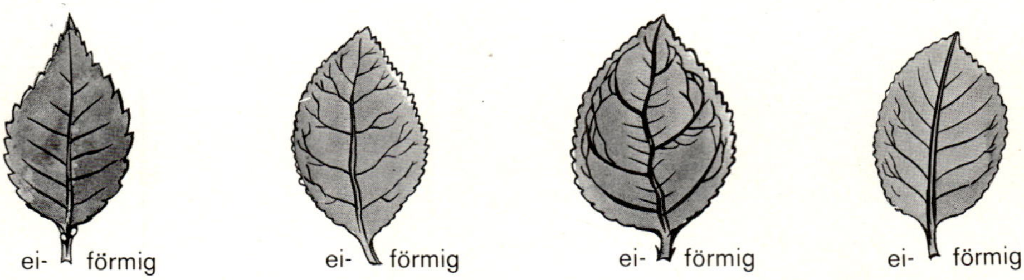

| Kirsche | Pflaume | Apfel | Birne |
|---|---|---|---|
| breit eiförmig | unregelmäßig | kugelig | lang eiförmig |

**28,5–28,9: Steinfrüchte. 28,5:** *Pflaume (Prunus domestica)*. **28,6:** *Reineclaude (Prunus italica)*. **28,7:** *Mirabelle (Prunus syriaca)*. **28,8:** *Aprikose (Prunus armeniaca)*. **28,9:** *Pfirsich (Prunus persica). Diese Pflanzen besitzen ähnliche Blüten wie die Kirsche, mit der sie verwandt sind.*

**Der Baum.** Die Süßkirsche trägt auf einem hohen *Stamm* eine breit eiförmige *Krone* (vgl. Tab. S. 28), die locker verzweigt ist. In der Jugend umgibt den Stamm eine glatte, rötlichgraue *Ringelborke*, die sich in papierdünnen, ringförmigen Streifen ablöst. Mit zunehmender Dicke des Stammes geht die Ringelborke in eine längsrissige, dunkelgefärbte *Schuppenborke* über. Die Blätter sind *eiförmig*, haben eine Träufelspitze und einen *gesägten Blattrand* (vgl. Tab. S. 28).

**Verwandte.** Neben der Süßkirsche wird die *Sauerkirsche* (Prunus cerasus) angepflanzt. *Weitere Steinfrüchte*, darunter die *Pflaume*, zeigen die Abbildungen **28,5–28,9.** Alle diese Pflanzen sind mit der Kirsche nahe verwandt, wie auch der *Mandelbaum* (Prunus amygdalus), der bei uns aber nur in warmen Lagen gedeiht. *Apfelbaum* (Malus domestica) und *Birnbaum* (Pirus domestica), die mit der Kirsche nicht so nahe verwandt sind, haben etwas andere Blüten und Früchte. In der Tabelle S. 28 sind von Kirsche, Pflaume, Apfel und Birne Blüten- und Fruchtbau, sowie Blatt- und Baumform nebeneinander dargestellt. Der Fruchtknoten der Apfel- und Birnenblüten ist *unterständig*, also mit dem Blütenboden verwachsen. Er wird von 5 Fruchtblättern gebildet (bei der Birne auch von 4). Die 5 Griffel sind beim Apfel unten miteinander verwachsen. Aus dem Fruchtknoten geht das fünffächerige (vierfächerige) *Kernhaus* hervor, während das Fruchtfleisch vom Blütenboden gebildet wird. Jedes Kernhausfach enthält 2 Samen (Kerne). Die Früchte gehören zum *Kernobst*. Dazu gehören auch die Früchte der *Quitte* (Cydonia oblonga).

**Der Walnußbaum.** Die *Walnuß* (Juglans regia) wird bei uns seit der Römerzeit angepflanzt. 29
Sie stammt aus den Ländern, die das östliche Mittelmeer umgeben. Ihr Blatt ist unpaarig gefiedert **(29,1).** Da sie in warmen Ländern beheimatet ist, leidet sie bei uns oft unter Frösten. Die Blüten weisen eine unscheinbare Blütenhülle auf **(29,2).** Die Bestäubung besorgt der Wind, der den Blütenstaub verweht. Dabei werden Pollenkörner von den großen Narben aufgefangen. Die Frucht ist eine *Steinfrucht* **(29,3);** dennoch zeigt der abweichende Blütenbau, daß der Walnußbaum nicht mit den erwähnten Steinobstgewächsen verwandt ist. Im Stein befindet sich der von einer braunen, abziehbaren Schale umhüllte *Same*. In den lappigen, ölreichen Keimblättern sind Reservestoffe gespeichert. Die Samen werden gegessen oder zu Öl ausgepreßt. Der Baum liefert ein wertvolles Möbelholz.

**29,1:** *Die aromatisch duftenden Blätter des Walnußbaums sind unpaarig gefiedert.* **29,2:** *Seine Blüten enthalten entweder nur Staubblätter (Staubblüten oder männliche Blüten: ♂) oder nur Stempel (Stempelblüten oder weibliche Blüten: ♀). Die Staubblüten sind zu Kätzchen vereinigt, während die Stempelblüten zu wenigen an den Triebspitzen sitzen.* **29,3:** *Die Frucht ist eine Steinfrucht. Die äußere Fruchtschicht ist grün. Sie kann zum Bräunen benützt werden.*

**Die Himbeere** (Rubus idaeus). Der Strauch wächst wild auf Waldlichtungen und an Waldrändern. Wegen seiner wohlschmeckenden Früchte **(29,4)** wird er oft angepflanzt. Man nimmt dazu die Sprosse, die aus den Wurzeln der Pflanze austreiben *(Wurzelschößlinge)*. Die Fiederblätter sind unterseits weißfilzig behaart. Die Stacheln sind nur klein.

Auch die **Brombeere** (Rubus fructicosus) ist eine Waldpflanze, die an den gleichen Stellen wie die Himbeere vorkommt. Sie bildet oft ein dichtes Gestrüpp, das wegen der kräftigen, gebogenen Stacheln fast undurchdringlich ist. Die gefingerten Blätter werden gesammelt und getrocknet für Brombeerblättertee, den man bei Durchfall einnimmt. Zur Erde herabgezogene Zweige bewurzeln sich; dadurch kann die Brombeere leicht vermehrt werden. Mit abgespreizten Seitenzweigen klettert sie an Pflanzen oder anderen Stützen empor. Die großfrüchtigen Gartenbrombeeren **(29,5)** stammen aus Amerika. – Die Früchte von Himbeere und Brombeere werden teils als Frischobst gegessen und teils zur Herstellung von Kuchen, Marmelade und Saft verbraucht.

**29** Die **Rote Johannisbeere** (Ribes rubrum) wird nur noch selten wild angetroffen. Seit dem 15. Jahrhundert hat sie Eingang in unsere Gärten gefunden. Dort wird sie als Strauch oder Bäumchen (Hochstamm) gezogen. Die unscheinbaren Blüten besitzen einen *unterständigen Fruchtknoten*, 5 große Kelch-, 5 kleine Blüten- und 5 Staubblätter. Die roten Beeren **(29,6)** reifen um Johanni (24. Juni), wovon die Pflanze ihren Namen hat. Die Früchte der *Schwarzen Johannisbeere* (Ribes nigrum; **29,7**) enthalten reichlich Vitamin C.

Die **Stachelbeere** (Ribes uva-crispa) kommt wild in Wäldern, an Waldrändern und auf Steinriegeln vor. Seit rund 400 Jahren hat sie der Mensch in den Garten geholt, wo die stachelige Pflanze ebenfalls als Strauch oder Bäumchen gezogen wird **(29,8)**. Die Stachelbeere hat ähnliche Blüten wie die Johannisbeere. Beide Pflanzen gehören zur *Familie der Steinbrechgewächse* (Saxifragaceae). Ihre Früchte werden als Obst gegessen oder dienen zur Marmeladebereitung.

**29,4:** *Die Blüten der Himbeere sind ähnlich gebaut wie die der Erdbeere. Aus den auf dem langgestreckten Blütenboden sitzenden Fruchtknoten entstehen rote Steinfrüchtchen, die zu einer Sammelfrucht vereinigt sind.* **29,5:** *Aus schwarzen Steinfrüchtchen ist die Sammelfrucht der Brombeere zusammengesetzt.* **29,6** *und* **29,7:** *Die Fruchtstände der Roten und Schwarzen Johannisbeere sind kleine, hängende Trauben mit Beeren.* **29,8:** *Die grünen, gelben oder roten Beeren der Stachelbeere sitzen einzeln am Strauch.*

29,4

29,5

29,6

29,7

29,8

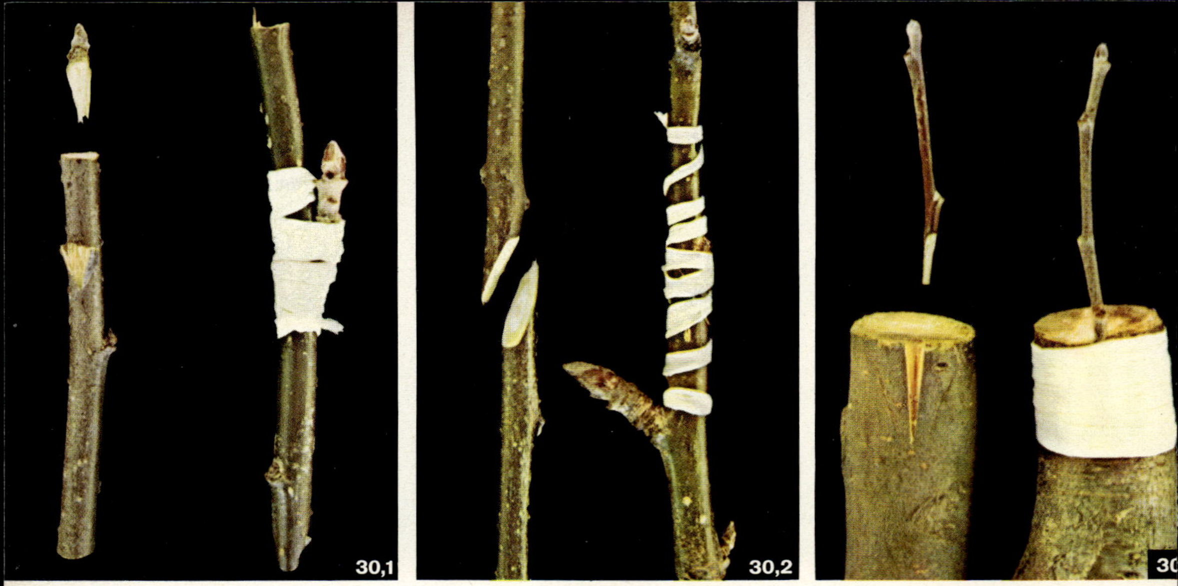


**30,1–30,3:** *Arten der Veredelung. Okulieren* **(30,1)**. *Kopulieren* **(30,2)**. *Pfropfen* **(30,3)**.

**Die Herkunft unserer Obstbäume.** Wildformen kommen bei uns von Apfel, Birne und Süßkirsche vor. *Holzapfel* und *Holzbirne* sind dornige Sträucher oder Bäume mit kleinen, herb schmeckenden Früchten. Ob die Süßkirsche von der *Vogelkirsche*, einem Waldbaum, abstammt, ist unsicher. Die Pflaume ist in Vorderasien, der Mandelbaum in Persien beheimatet. Pfirsich und Aprikose sind schon im Altertum von Ostasien nach Europa gebracht worden.

**Zucht und Veredelung.** Aus den *Wildformen* entstanden *durch Auslese Kulturformen.* Seit Jahrtausenden hat der Mensch solche Pflanzen ausgelesen und vermehrt, deren Eigenschaften ihm zusagten. Da z. B. bei Apfel und Birne schwach bewehrte Bäume bevorzugt abgeerntet wurden, bekam man Kulturformen ohne Dornen. Auch Größe und Geschmack der Früchte wurden durch Auslese verbessert. Vermehrt man Obstsorten *durch Samen*, dann gleichen die Nachkommen der Mutterpflanze nicht. Manchmal erhält man dabei solche mit erwünschten Eigenschaften. Da sie aber nicht samenecht sind, können diese Eigenschaften nur samenlos *durch Veredelung* vermehrt werden. Dabei überträgt man ein knospentragendes Teilstück der zu vermehrenden Sorte, das *Edelreis*, auf einen Wildling, die *Unterlage*. Beim *Okulieren* **(30,1)** wird ein Auge (Knospe mit Rinde) in einen T-förmigen Rindeneinschnitt der Unterlage geschoben. Beim *Kopulieren* **(30,2)** werden die schrägen Schnittflächen von Reis und Unterlage aufeinandergesetzt. Beim *Pfropfen* **(30,3)** wird das spitz zugeschnittene Reis in einen seitlichen Einschnitt der Unterlage eingefügt.

**Bedeutung des Obstes für die Ernährung.** Der Nährwert des Obstes ist gering, doch enthält besonders frisches Obst die für unsere Gesundheit wichtigen *Vitamine*. Da es außerdem die Darmtätigkeit fördert, ist es ein wichtiger Bestandteil unserer Nahrung.

**Merkstoff.** Die besprochenen Obstarten, mit Ausnahme von Stachelbeere, Johannisbeere und Walnuß, gehören zur Familie der Rosengewächse. Rosengewächse besitzen regelmäßige, fünfzählige Blüten mit vielen Staubblättern. Ihre wechselständigen Blätter tragen Nebenblätter. Die Gattungen der artenreichen Familie (2000 Arten) werden nach dem Fruchtbau zu Unterfamilien zusammengefaßt (z. B. Steinobst- und Kernobstgewächse).

30

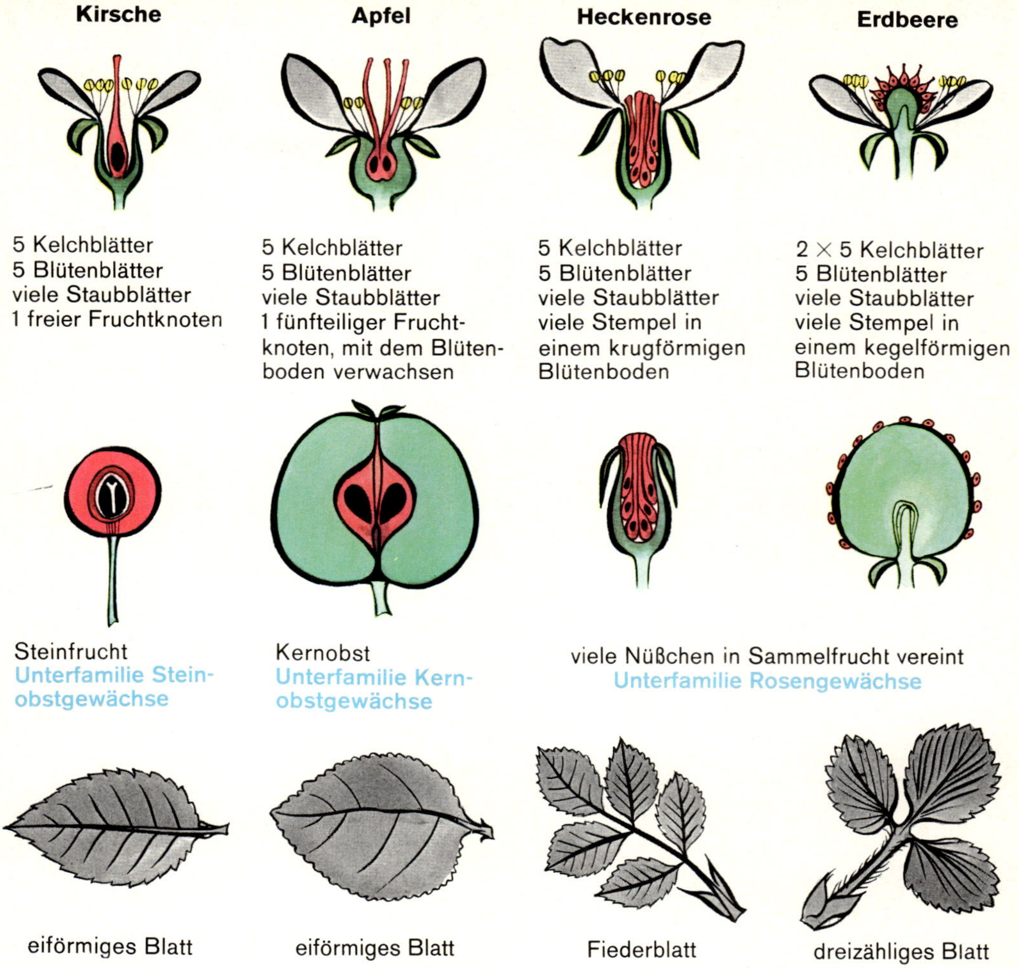


**30,4–30,6:** *Krautige Rosengewächse.* **30,4:** *Nasse Wiesen bewohnt die Bachnelkenwurz (Geum rivale).* **30,5:** *Der Odermennig (Agrimonia eupatoria) wächst an trockenen Stellen.* **30,6:** *Im Sommer schmücken die dunkelroten Blütenköpfchen des Großen Wiesenknopfes (Sanguisorba officinalis) feuchte Wiesen.*

30,4

30,5

30,6

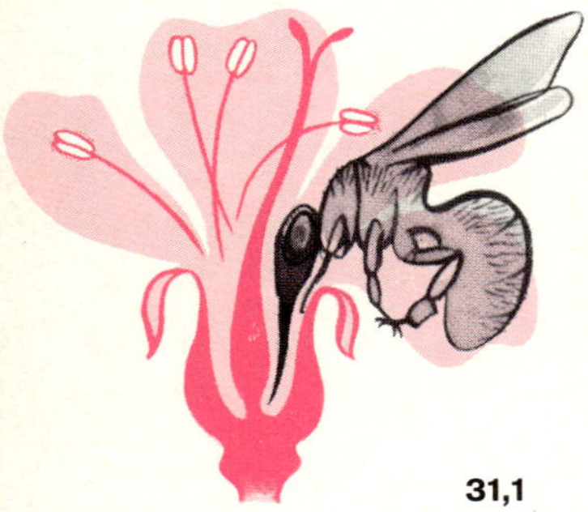

31,1

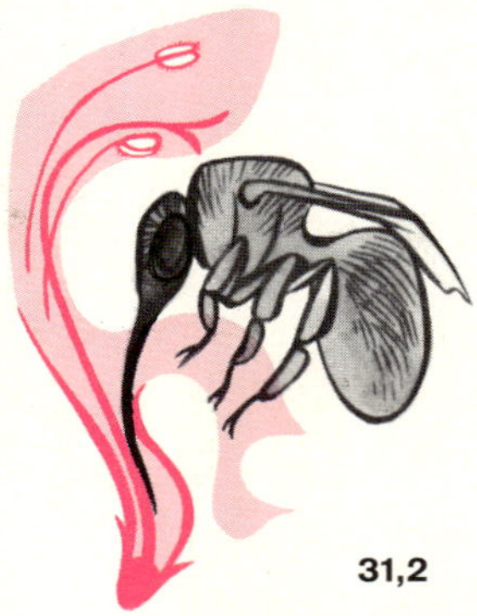

31,2

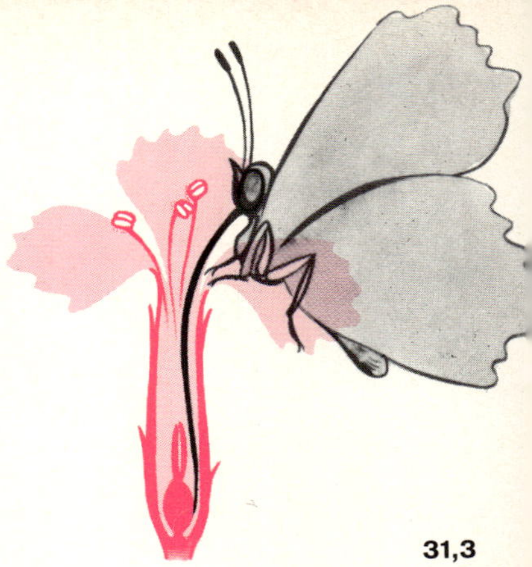

31,3

**31,1–31,3: Bestäubung durch Insekten.** *Oft bewirkt der Blütenbau, daß nur bestimmte Tiere zum Nektar gelangen und die Bestäubung ausführen können. Die Kirschblüte ist eine Bienenblume* **(31,1),** *die Taubnessel eine Hummelblume* **(31,2)** *und die Nelkenblüte eine Falterblume* **(31,3).**

## 31–33 Blüten und Insekten

Viele Blüten werden von *Insekten* besucht, von Bienen, Hummeln, Schmetterlingen, Fliegen und Käfern. Diese Tiere finden in den Blüten Nahrung, und zwar *Pollen* und *Nektar*. Bei der Nahrungssuche vollziehen sie unabsichtlich die *Bestäubung*. Oft sind der Körperbau der Tiere und der Blütenbau aufeinander abgestimmt **(31,1–31,3).** Dann erkennt man 31
am Bau der Blüte, von welchen Tieren sie bestäubt wird. Nach den Besuchern nennen wir solche Blüten Bienen-, Hummel-, Fliegen- und Falterblumen.

### Bienen- und Hummelblumen

**Der Wiesensalbei (31,4).** Bei jungen Lippenblüten des *Wiesensalbeis* ragt nur das Griffelende etwas aus der Blüte hervor **(31,6).** Schieben wir in eine solche Blüte einen Grashalm, dann klappen die 2 Staubbeutel nach unten **(31,7).** Sie waren unter der Oberlippe verborgen. Wenn wir den Grashalm zurückziehen, nehmen sie ihre alte Lage wieder ein. An einer längsgeschnittenen Blüte **(31,7)** sehen wir, wie die Bewegung zustande kommt. Im Innern der Blüte sind *2 Hebel*. Am Ende der langen Hebelarme sitzt je 1 Staubbeutel,

31,4

31,5

**31,4:** *Der Wiesensalbei (Salvia pratensis) wächst auf trockenen Wiesen. Seine blauen Blüten sind Lippenblüten, wie wir sie bei der Taubnessel kennengelernt haben.*

**31,5:** *Der Wiesenklee (Trifolium pratense) besitzt Schmetterlingsblüten (siehe Erbse S. 12). Die verhältnismäßig kleinen, roten Blüten sind zu Köpfchen vereinigt. Die meisten Blätter sind dreizählig. Der Wiesenklee wächst auf Wiesen, wird aber auch als Futterpflanze angebaut.*

während die kurzen Hebelarme zu *Platten* verbreitert sind. Diese sind miteinander verwachsen und versperren den Zugang zum *Nektar*, der am Grunde der Blütenröhre ausgeschieden wird. Mit ihr sind die Hebel durch ein kleines Stielchen gelenkig verbunden. Die ganze Vorrichtung ähnelt einem *Schlagbaum*. Bienen und Hummeln setzen bei der Nektarsuche die „Schlagbäume" in Bewegung. Sie lassen sich auf der Unterlippe nieder und führen ihren Rüssel in die Blütenröhre ein. Er reicht bis auf den Grund der Blütenröhre, und sie besitzen auch die nötige Kraft, um die Platte, die dabei im Weg steht, nach hinten zu drücken. Dann bewegen sich die langen Hebelarme nach unten und die Staubbeutel laden Blütenstaub auf dem behaarten Rücken des Besuchers ab **(31,8)**. An älteren Blüten hängt der Griffel weit herab, und die beiden Narbenäste sind gespreizt **(31,9)**. Beim Besuch einer solchen Blüte streifen die Tiere die Narbe mit dem Rücken und bestäuben sie dabei. Die Salbeiblüte ist *vorstäubend*. Dadurch wird *Fremdbestäubung* gesichert.

**Der Wiesenklee (31,5).** Bei den Schmetterlingsblüten des *Wiesenklees* **(31,10)** sind die Blütenblätter untereinander
**31** und mit den 9 unteren Staubblättern zu einer Röhre verwachsen. Oben beim 10. freien Staubblatt befindet sich ein Schlitz, der den Zugang zu dem am Grunde des Fruchtknotens abgeschiedenen *Nektar* darstellt **(31,11)**. Er ist nur langrüsseligen und kräftigen Hummeln zugänglich. Die Tiere setzen sich auf Flügel und Schiffchen, schieben den Kopf unter die Fahne und führen den Rüssel in die Blütenröhre ein. Unter ihrem Gewicht werden Flügel und Schiffchen nach unten gedrückt. Dadurch kommen Griffel mit Narbe und die Staubblätter zum Vorschein. Die Hummel wird auf der Unterseite des Kopfes eingestäubt und gibt ihrerseits Blütenstaub von früheren Besuchen an die Narbe ab. Nur fremder Blütenstaub ist wirksam. Beim Abflug klappen die Blütenteile in ihre alte Lage zurück. Die Blüte besitzt eine *Klappvorrichtung*. Allerdings verschaffen sich auch kurzrüsselige Bienen und Erdhummeln den Nektar, indem sie in die Blütenröhre ein Loch beißen. Sie bestäuben aber die Blüte dabei nicht.

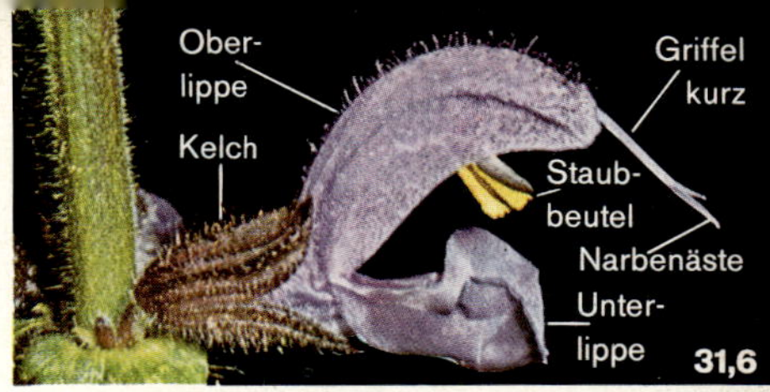


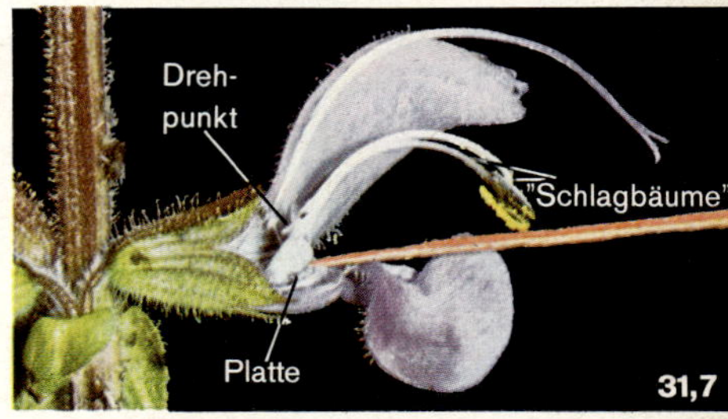


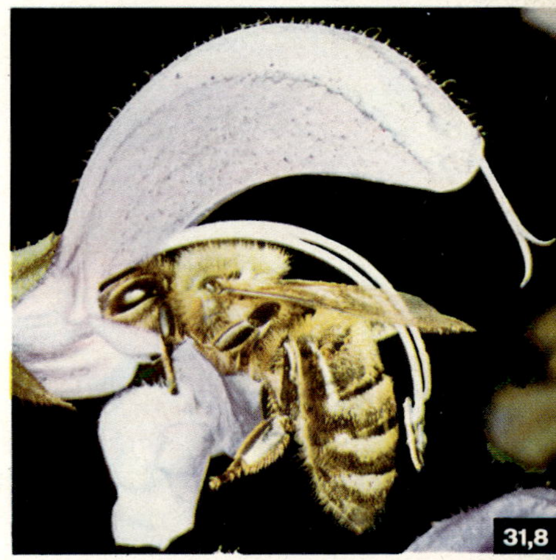

**31,6:** *Junge Lippenblüte des Wiesensalbeis.* **31,7:** *Junge Salbeiblüte längs geschnitten. Das Hölzchen stößt gegen die Platte und drückt dadurch die Staubblätter abwärts.* **31,8:** *Die Biene löst beim Blütenbesuch die Hebelwirkung aus.* **31,9:** *Alte Lippenblüte des Wiesensalbeis. Der verlängerte Griffel ist nach unten gebogen, die Narbenäste sind gespreizt.* **31,10:** *Schmetterlingsblüten des Wiesenklees.* **31,11:** *Kleeblüte im Längsschnitt. Staubblätter und Stempel sind im Schiffchen eingeschlossen.*

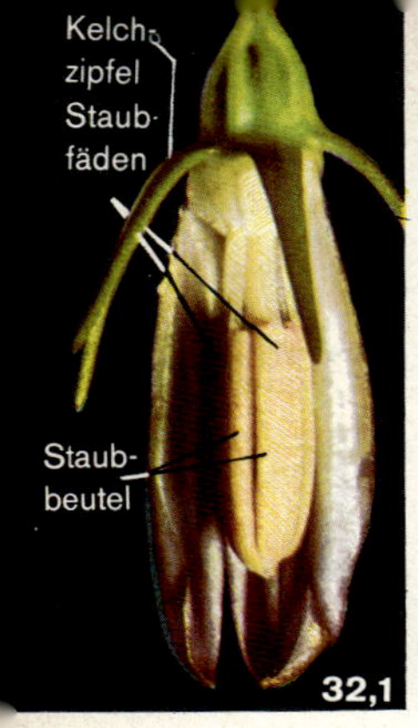

**32,1:** *Längsschnitt durch die Blütenknospe der Glockenblume.* **32,2:** *Junge Glockenblumenblüte. Die Staubblätter sind verwelkt, der Blütenstaub ist auf der Griffelbürste abgelagert.* **32,3:** *Alte Blüte der Glockenblume mit gespreizten Narbenästen.* **32,4:** *Oben junge und unten alte Augentrostblüte.*

## Bienen- und Fliegenblumen

**Die Rundblättrige Glockenblume (32,8)** besitzt blaue Blüten, die einem Glöckchen ähneln. Auf dem unterständigen Fruchtknoten sitzt die gelbe, scheibenförmige Nektardrüse. Die verbreiterten unteren Enden der 5 Staubfäden überwölben diese kuppelförmig. Da die spaltenartigen Zugänge zwischen den Verbreiterungen durch Härchen verschlossen sind, können nur kräftige Insekten, wie die Honigbienen, zum Nektar gelangen. Gefüllte Staubbeutel findet man in den Blütenknospen **(32,1)**. Sie umgeben den Griffel und liegen ihm dicht an. Noch in der Knospe öffnen sie sich und lagern gelben Blütenstaub auf den Haaren des Griffels ab *(Griffelbürste)*. Alsbald verwelken die Staubblätter und die Blüte öffnet sich **(32,2)**. Die Bienen klettern am Griffel zum Nektar empor und beladen sich dabei mit Blütenstaub. Später spreizen sich die 3 Narbenäste und biegen sich nach außen um **(32,3)**. So können jetzt die Besucher bei den älteren Blüten Pollen auf der warzigen Innenfläche der Narbenäste abladen. Da die Blüten *vorstäubend* sind, stammt dieser von jungen Blüten *(Fremdbestäubung!)*



**Der Wiesen-Augentrost (32,9).** Die Blüten ähneln mit ihrer Ober- und Unterlippe einer Lippenblüte. Da der Fruchtknoten aber ungeteilt ist, handelt es sich um eine *Rachenblüte*. Auf der Unterlippe finden sich feine Linien, die auf den gelben Schlund der Blütenkrone

**32,8:** *Die Rundblättrige Glockenblume (Campanula rotundifolia) blüht von Mai bis Oktober. Sie wächst auf trockenen Wiesen, in Wäldern und in Felsspalten. Der Name bezieht sich auf die rundlichen Grundblätter.* **32,9:** *Der Wiesen-Augentrost (Euphrasia rostkoviana) blüht im Sommer. Die Pflanze wurde früher als Heilmittel gegen Augenleiden benützt. Der Augentrost zapft mit Saugwurzeln die Wurzeln anderer Pflanzen an und entzieht ihnen Nährstoffe.*

32,5: *Blüten des Gamander-Ehrenpreises. Sie besitzen einen abwärts gerichteten Griffel und 2 seitwärts gespreizte Staubblätter. Die untere Blüte zeigt die Stellung der Staubblätter beim Insektenbesuch.* **32,6:** *Junge Blüte des Wiesen-Labkrauts mit reifen Staubblättern und* **32,7:** *alte Blüte mit reifen Narben und gespreizten Griffeln.*

zulaufen. Diese auffallende Färbung zeigt den blütenbesuchenden Bienen an, wo der Nektar zu finden ist. Solche *Saftmale* besitzen viele Blüten. Bei jungen Blüten ragt der Griffel mit der Narbe unter der Oberlippe hervor, verwelkt aber bald **(32,4).** Die Kronröhre wächst, und die 4 reifen Staubbeutel stehen danach an der Stelle, die früher die Narbe eingenommen hat. Wenn die Besucher die von den Staubbeuteln in den Blüteneingang ragenden Zipfel berühren, wird trockener Blütenstaub auf ihren Kopf geschüttelt. Von dort gelangt er auf die Narben junger Blüten. Die Blüten sind *nachstäubend.*

**Der Gamander-Ehrenpreis (32,10)** besitzt blaue Blütenblätter. Die Besucher, hauptsächlich Schwebfliegen, setzen sich auf das kleinere untere Blütenblatt und saugen Nektar aus
32 der kurzen Kronröhre. Dabei berühren sie mit der Unterseite zuerst die Narbe, auf der mitgebrachter Pollen hängenbleibt. Dann ergreifen sie die 2 Staubblätter mit den Vorderbeinen. Da diese drehbar sind, werden sie nach innen und unten gedrückt, wobei Pollen auf der Unterseite der Fliegen abgelagert wird **(32,5).**

**Das Wiesen-Labkraut (32,11)** besitzt kleine, weiße, vierblättrige Blüten. Die scheibenförmige Nektardrüse sitzt dem Fruchtknoten auf und umschließt die beiden Griffel. Fliegen können dort mit ihrem Rüsselpolster den Nektar auftupfen. Bei jungen Blüten stehen die 4 Staubblätter aufrecht **(32,6).** Blütenstaub bleibt an Rüssel und Füßen der Insekten hängen. In alten Blüten sind die Staubblätter verwelkt und nach außen gebogen, die beiden Griffel mit den Narben sind gespreizt **(32,7).** Obwohl die Blüten *vorstäubend* sind, ist auch *Selbstbestäubung* wirksam.

**32,10:** *Auf Wiesen, an Wegrändern und im Wald ist der Gamander-Ehrenpreis (Veronica chamaedrys) zu finden. Er blüht im Frühjahr. Wir erkennen ihn an zwei Reihen feiner Haare längs des Stengels. Wie der Augentrost gehört die Pflanze zur Familie der Rachenblütler.* **32,11:** *Eine Wiesenpflanze ist das Wiesenlabkraut (Galium mollugo). Es enthält Stoffe, die Milch zum Gerinnen bringen, und wurde daher früher zur Käsebereitung verwendet.*

33,1

33,2

## Falterblumen

**Karthäusernelke, Rote Lichtnelke und Frühlingsenzian (33,7–33,9),** die von Tagfaltern besucht werden, besitzen lange und enge Blütenröhren, an deren Grund Nektar ausgeschieden wird. Bei den beiden Nelken **(33,1** und **33,2)** wird die Röhre von den senkrecht stehenden schmalen unteren Abschnitten der 5 Blütenblätter *(Nägel)* gebildet. Der röhrenförmige, fünfzipflige Kelch hält die Blütenblätter zusammen. Der obere Teil der Blütenblätter *(Platte)* steht waagrecht. Beim *Frühlingsenzian* **(33,3)** sind die 5 Blütenblätter unten miteinander verwachsen. Auch der röhrenförmige Kelch ist verwachsenblättrig. Der Raum in den Blütenröhren wird durch die Staubblätter (10 bei den Nelken, 5 beim Enzian) und dem Stempel weiter eingeengt. Beim Frühlingsenzian steht außerdem die kreisförmige Narbe im Blüteneingang. Unter diesen Umständen können nur Schmetterlinge mit ihren langen, schmalen Rüsseln zum Nektar gelangen. Die Falter setzen sich auf den waagrechten Teil der Kronblätter und senken den Rüssel in den Grund der Blüte **(31,3).** Dabei kommen sie mit den Staubbeuteln und den Narben in Berührung und vollziehen die Bestäubung. Die Blüten der *Karthäusernelke* sind *vorstäubend.* Bei der *Roten Lichtnelke* enthalten die einen Blüten nur Staubblätter, die anderen nur Stempel.

## Aronstab und Haselwurz

Der Blütenstand des **Aronstabes (33,10)** wird von einem *Hochblatt* eingehüllt, das sich unten zu einem geschlossenen Kessel erweitert. Der Blütenstand ist ein *Kolben.* Dessen

33,7

33,8

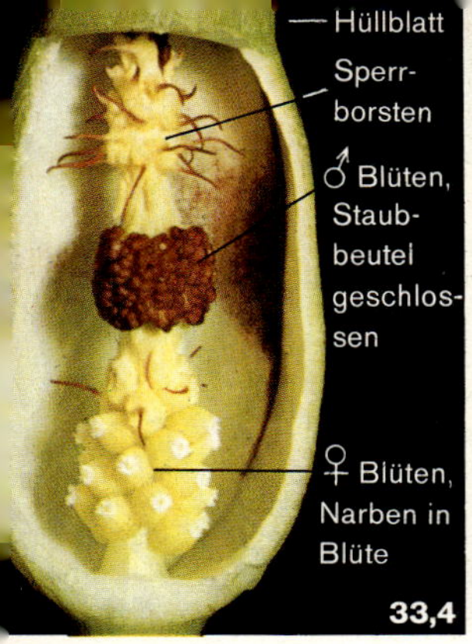


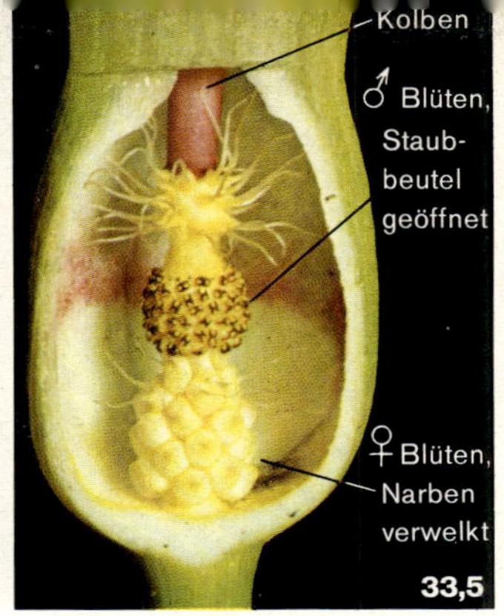


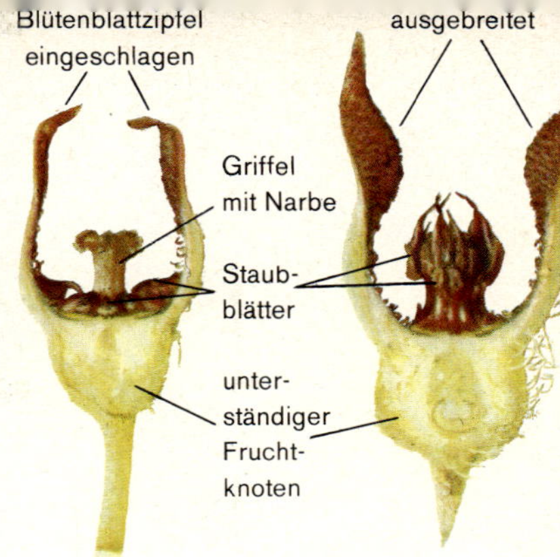


33,6

keulig verdicktes, violettes Ende ragt aus dem Hochblatt hervor und verbreitet einen Aasgeruch. Am Eingang zum Kessel sitzen *Hindernisblüten* mit abwärts gerichteten Borsten (Sperrborsten). Es folgen nach unten *Staubblüten* und dann *Stempelblüten* **(33,4).** Beiderlei Blüten sind ohne Blütenhülle. Vom Aasgeruch angelockte Fliegen setzen sich auf die Keule oder auf die Innenseite des Hochblatts. Da beide sehr glatt sind, gleiten die Tiere aus und stürzen in den Kessel. Ein Entweichen ist nicht möglich, weil auch die Oberfläche der Sperrborsten glatt ist. Beim Herumkriechen im Kessel belegen die Fliegen die Narben mit mitgebrachtem Blütenstaub. Diese sind weiße Haarbüschel, die einen schleimigen Saft absondern, welcher den Gefangenen als Nahrung dient. Während der Nacht streuen die Staubblüten Blütenstaub aus, der an den Fliegen hängenbleibt. Nun
33 welken Sperrborsten und Kolbenstiel und werden gangbar **(33,5).** Die Tiere verlassen am nächsten Tag die Gleitfalle, um meist bald erneut in Gefangenschaft zu geraten.

Unter den glänzenden, nierenförmigen Blättern der **Haselwurz (33,11)** findet man im Frühjahr glockige, braunrote Blüten mit pfefferartigem Geruch. Durch den Geruch angelockt, dringen kleine Fliegen durch 3 Öffnungen in die Blüten ein. Diese entstehen dadurch, daß die 3 Blütenzipfel unten auseinanderweichen, während ihre Spitzen einwärts gebogen sind. Die 6 Narbenlappen der jungen Blüten sind empfängnisbereit und können von den Gästen bestäubt werden **(33,6 links).** Später richten sich die 12 Staubblätter, die zunächst nach unten gebogen sind, auf und geben mehligen Blütenstaub ab, den die Tiere in andere Blüten tragen **(33,6 rechts).** Von einer Fallenblume unterscheidet sich die Blüte durch das Fehlen einer Sperreinrichtung, die ein Entweichen der Gäste verhindert.

**33,7:** *Auf trockenem Grasland wächst die Karthäusernelke (Dianthus carthusianorum).* **33,8:** *Die Rote Lichtnelke (Melandrium rubrum) ist im Wald und auf Wiesen zu finden.* **33,9:** *Der Frühlingsenzian (Gentiana verna) blüht von April bis Mai auf Halbtrockenrasen und Bergwiesen. Die düngerfeindliche Pflanze verschwindet, wenn die Wiesen stärker gedüngt werden.* **33,10:** *Aronstab (Arum maculatum) und* **33,11:** *Haselwurz (Asarum europaeum) sind Waldpflanzen.*

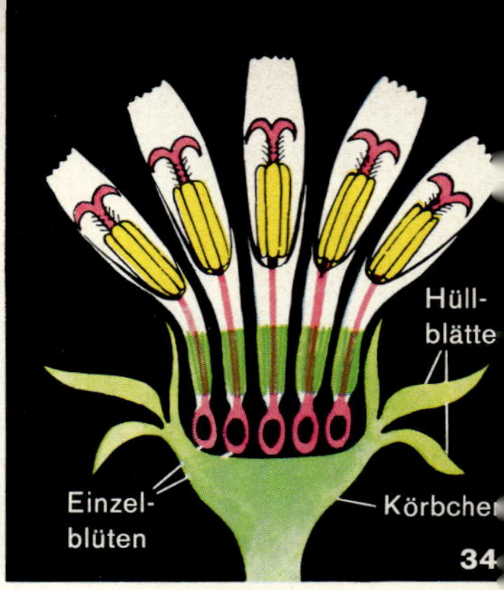


**34,1:** *Das Blütenköpfchen des Löwenzahns besteht aus 100–200 Einzelblüten.* **34,2:** *Längsschnitt durch den Blütenstand. Die Zungenblüten sitzen auf dem scheibenförmig verbreiterten Ende eines hohlen, blattlosen Stengels (Schaft). Sie blühen von außen nach innen auf. Das Köpfchen wird von 2 Reihen Hüllblättern umgeben.* **34,3:** *Schemazeichnung des längsgeschnittenen Blütenstands.*

## 34 Der Löwenzahn (Taraxacum officinale)

**Vorkommen.** Während der Hauptblütezeit (Ende April bis Anfang Mai) gibt der *Löwenzahn* **(34,8)** gut gedüngten Wiesen, auf denen er besonders zahlreich vorkommt, eine gelbe Farbe. Außerdem wächst die Pflanze auf Äckern, in Gärten und an Wegrändern. Sie wird vom Weidevieh gerne gefressen (Kuhblume), gibt jedoch ein minderwertiges Heu.



**Blüte.** Die „Blüte" entpuppt sich bei näherem Zusehen als *Blütenstand*, der aus vielen *Einzelblüten* zusammengesetzt ist **(34,1–34,3).** Er ist außen von *Hüllblättern* umgeben, ähnelt einem Körbchen und wird daher auch so genannt. Wegen ihres zungenförmigen Blütenblatts heißen die Einzelblüten *Zungenblüten* **(34,4).** Die äußeren Hüllblätter des Körbchens sind schon vor dem Aufblühen nach unten geschlagen, während die inneren die Blüten umschließen. Im Sonnenschein öffnen sie sich. Die Öffnungsbewegung wird durch Licht und Wärme hervorgerufen. Bei Beschattung und abends schließen sich die Köpfchen wieder; bei schlechtem Wetter öffnen sie sich überhaupt nicht. Obwohl die Blüten reichlich Nektar absondern, ist die Bestäubung bedeutungslos, da sich die Früchte ohne Bestäubung entwickeln *(Jungfernfrüchtigkeit)*.

**34,8:** *Der Löwenzahn bildet eine grundständige Blattrosette, aus der die Blütenschäfte emporwachsen.* **34,9:** *Pfahlwurzel des Löwenzahns. Aus Knospen des Wurzelhalses entstehen kurze Stengel mit Blattrosetten.* **34,10:** *Links Schatten- und rechts Sonnenblatt des Löwenzahns. Die Sonnenblätter besitzen schmale Blattzipfel und verdunsten deshalb weniger Wasser; die Schattenblätter sind dagegen groß und zart. Ursache für die abweichende Blattgestalt ist die verschiedene Belichtung am Standort.*

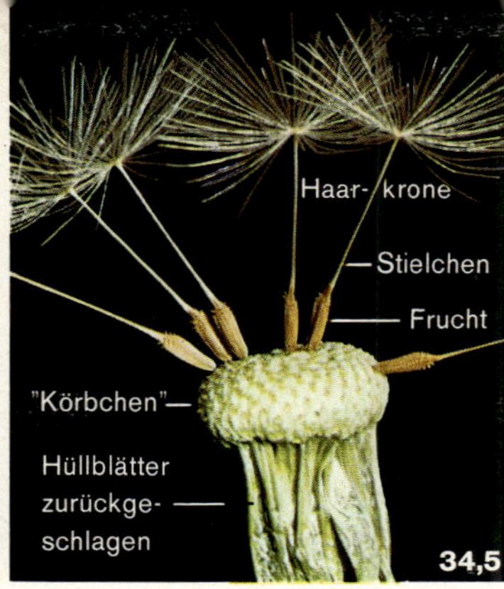

**34,4:** *Die Einzelblüte besitzt ein zungenförmiges, aus 5 verwachsenen Blütenblättern zusammengesetztes Blütenblatt, das unten zur Röhre geschlossen ist. Aus dieser ragt der Griffel mit der zweiästigen Narbe hervor. Die 5 Staubbeutel sind miteinander zu einer Röhre verklebt, die den Griffel umschließt. Unter der Blütenkrone befindet sich eine aus umgewandelten Kelchblättern bestehende Haarkrone. Am unteren Ende eines Stielchens sitzt der unterständige Fruchtknoten.* **34,5:** *Fruchtstand mit Fallschirmfrüchtchen.* **34,6:** *Einzelne Früchte.* **34,7:** *Gewebespannung des Schaftes.*

**Frucht.** Die von den Hüllblättern umschlossenen Fruchtknoten entwickeln sich zu einsamigen *Schließfrüchten* (Nüßchen), die beim Löwenzahn und seinen Verwandten *Achäne* genannt werden. An dem verlängerten Stielchen hat sich gleichzeitig die Haarkrone vergrößert. Bei Sonnenschein öffnet sich der Fruchtstand, die Haare der Haarkrone spreizen sich **(34,5),** und der Wind kann die Früchtchen weit übers Land wehen. Sie segeln wie ein kleiner Fallschirm durch die Luft *(Schirmflieger)*. Sobald die Frucht auf den Boden gelangt, wird sie dort mit ihren kleinen Häkchen verankert **(34,6).**

**Sproß und Wurzel.** Die lange Hauptwurzel, die man *Pfahlwurzel* nennt, erreicht Tiefen bis zu 1,50 m. Aus Knospen des Wurzelhalses (Übergangsbereich zwischen Sproß und Wurzel) entwickeln sich alljährlich kurze Stengel mit Blattrosetten **(34,9).** Die Pfahlwurzel ist ein *Dauerorgan*. Auch auf der Schnittfläche abgeschnittener Wurzeln bilden sich Knospen, die Blattrosetten hervorbringen. Die Blätter sind fiederspaltig **(34,10).** Deren spitze Blattzähne haben der Pflanze den Namen gegeben. Man kann das Blatt auch mit einer Schrotsäge (Waldsäge) vergleichen und nennt es daher *schrotsägeförmig*. Die fiederspaltigen Blätter und die Pfahlwurzel, die die tieferen, wasserreicheren Bodenschichten erreicht, ermöglichen es dem Löwenzahn, an trockenen Standorten zu wachsen. Wenn man Stücke des Blütenschafts am Ende kreuzweise einschneidet und in Wasser legt, dann rollen sich die Spaltstücke nach außen auf. Offenbar suchen sich die inneren Schichten auszudehnen, woran sie von den äußeren gehindert werden. Dadurch entsteht eine Spannung *(Gewebespannung)*, die die Festigkeit des Schaftes erhöht **(34,7).** Die Pflanze enthält einen weißen, klebrigen *Milchsaft*, in dem sich unter anderem Kautschuk findet. Aus Blättern und Wurzeln gewinnt man Heilmittel gegen Erkrankungen von Magen, Darm, Leber und Nieren. Junge Löwenzahnblätter werden als Wildgemüse verzehrt.

**Merkstoff.** Der Blütenstand des Löwenzahns ist ein Köpfchen, das von Hüllblättern umgeben ist und Körbchen genannt wird. Die Einzelblüten sind Zungenblüten. Die Nüßchen werden vom Wind verbreitet und haben als Flugorgan eine Haarkrone. Die schrotsägeförmigen Blätter sind zu Rosetten vereinigt. Als Dauerorgan dient eine Pfahlwurzel.

**35,1:** *Blühende Sonnenblume. Die Pflanze blüht im Sommer; ihre Blütenstände wenden sich der Sonne zu. Sie sind von grünen Hüllblättern umgeben. In der Anordnung der Blüten liegen reizvolle Muster verborgen, wie Stern-, Bogen- und Spiralmuster.* **35,2:** *Längsschnitt durch den Blütenstand mit Blüten verschiedenen Alters. Die äußersten Blüten sind am weitesten aufgeblüht, während sich die Blüten in der Mitte noch im Knospenzustand befinden.* **35,3:** *Blütenknospe, Längsschnitt. Die Staubbeutel sind geschlossen, der Griffel ist noch kurz. Neben der Blüte befindet sich ein Spreublatt.* **35,4:** *Blüte nach Abgabe des Blütenstaubs in die Staubbeutelröhre.* **35,5:** *Blüte mit reifen Narben.* **35,6:** *Früchte.*



## 35 Sonnenblume und Wiesen-Flockenblume
(Helianthus annuus und Centaurea jacea)

Die *Sonnenblume* **(35,1)** stammt aus den warmen Gebieten Nordamerikas. Die stattliche Zierpflanze lebt nur eine Wachstumsperiode lang. Nur die Früchte mit den Samen überdauern den Winter. Deshalb gehört die Sonnenblume zu den *einjährigen Pflanzen.* Der mit lockerem Mark erfüllte Stengel trägt große, herzförmige, wechselständige Blätter. Stengel und Blätter sind mit steifen Haaren bedeckt. Oben verzweigt sich der Stengel. Die Zweige schließen mit einer „Blüte“ ab. In unseren Gärten wird sie in mehreren Sorten angepflanzt, die einfache oder gefüllte, gelbe, purpurrote oder braune Blüten haben.

**Blüte.** Der kopfige *Blütenstand* ist wie beim Löwenzahn ein Korb **(35,1** und **35,2).** An seinem Rand finden sich große, gelbe *Zungenblüten.* Diese Zungenblüten bringen keine Früchte hervor, sie dienen nur zur Erhöhung der Schauwirkung. Es sind Schaublüten. Innerhalb dieses Kranzes von Zungenblüten entspringen auf der Scheibe des Korbes kleinere Blüten. Sie stehen dicht nebeneinander in den Achseln kleiner Blätter, der *Spreublätter* **(35,3).** Aus ihnen entstehen die Früchte. Zwischen unfruchtbaren Rand- und fruchtbaren Scheibenblüten besteht also eine Arbeitsteilung. Die Krone der Scheibenblüten ist zu einer Röhre verwachsen, die in 5 gleiche Zipfel ausläuft und unten kugelig erweitert ist. Solche Blüten nennt man *Röhrenblüten.* Unter der Blütenkrone sitzen 2 kleine Kelchblätter. Der Fruchtknoten ist unterständig. Die Staubbeutel der 5 mit ihren Staubfäden am Grund der Kugel angewachsenen Staubblätter sind zu einer Röhre verklebt. Geschlossene Staubbeutel gibt es nur in Blütenknospen **(35,3).** Die Narbenäste des noch kurzen Griffels sind eng aneinander gelegt. Später entleeren die Staubbeutel den Blütenstaub in die Staubbeutelröhre. Der behaarte Griffel wächst in diese hinein und schiebt

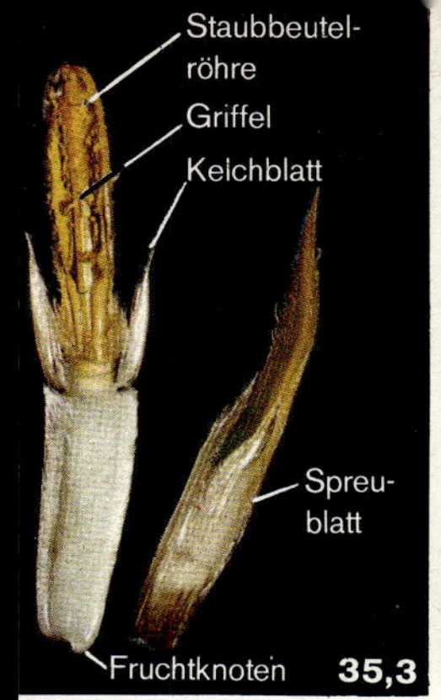

35,3

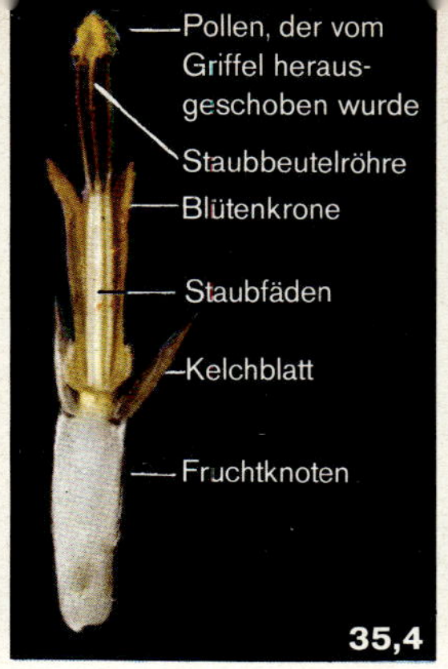

35,4

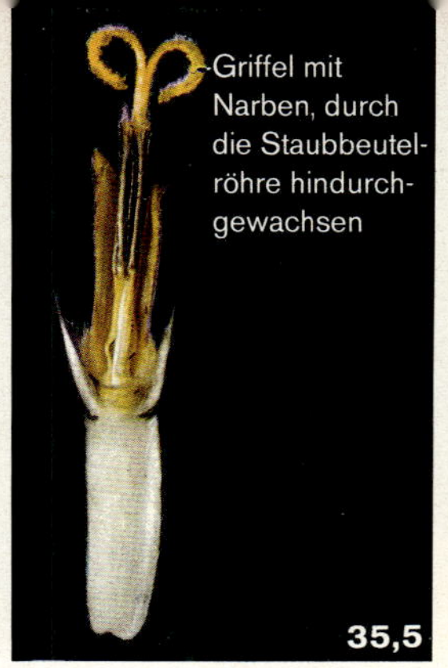

35,5

35,6

den Pollen vor sich her **(35,4).** Jetzt öffnet sich die Blüte. Staubfäden und Griffel wachsen weiter und die Staubbeutelröhre wird aus der Blütenkrone herausgehoben. Der Pollen wird aus der Röhre gedrückt und bleibt am Bauch der blütenbesuchenden Bienen hängen, die den reichlich vorhandenen Nektar aus der Kronröhre saugen. Nun durchwächst der Griffel die Staubbeutelröhre, die beiden Narbenäste spreizen sich und die Besucher können den von jungen Blüten stammenden Blütenstaub auf deren Innenfläche abstreifen **(35,5).** Da sich die Narbenäste später nach außen umrollen, wobei ihre Innenfläche mit noch am Griffel hängenden Pollen in Berührung kommt, ist *Selbstbestäubung* möglich. Nach der Bestäubung zieht sich der Griffel durch Verkürzung in die Kronröhre zurück.
**35** Die Staubfäden liegen zusammengeknäuelt in der kugeligen Erweiterung. Die Blüten blühen in einer von außen nach innen laufenden Spirale auf.

**Frucht.** Beim Heranreifen der Früchte fallen die oberen Teile der Blüte ab; es bleiben nur die junge Frucht und das Spreublatt übrig. Die Frucht ist eine einsamige *Schließfrucht*, die man wie bei den anderen Korbblütlern *Achäne* nennt **(35,6).** Sie enthält einen eiweiß- und ölhaltigen Samen. Durch Auspressen wird das schmackhafte und bekömmliche Sonnenblumenöl gewonnen. Wegen des Öls wird die Sonnenblume in Rußland auf riesigen Flächen feldmäßig angebaut.

**Wiesen-Flockenblume (35,7).** Das Körbchen der Flockenblume ist von mehreren Reihen Hüllblättern mit braunen fransigen Anhängseln umschlossen. Es enthält *nur Röhrenblüten* und keine Zungenblüten wie die Sonnenblume. Die am Rande des Körbchens sitzenden Röhrenblüten sind jedoch anders gestaltet als die übrigen; es sind unfruchtbare Schaublüten mit langen Kronzipfeln. Die weiter innen sitzenden Blüten tragen nur eine unscheinbare Blütenkrone. Sie weisen einen ähnlichen Bau auf wie die der Sonnenblume. Auch hier wird der Blütenstaub in die Staubbeutelröhre abgegeben, die von dem in sie hineinragenden Griffel unten abgeschlossen wird. Die gebogenen Staubfäden besitzen Haare. Sobald diese von Besuchern berührt werden, verkürzen sich die Staubfäden, die Staubbeutel werden nach unten gezogen und der Griffel drückt den Blütenstaub auf den Bauch der Biene. Später durchwächst der Griffel die Staubbeutelröhre und die Narben spreizen sich.

35,7

**35,7:** *Sproßstück und Blütenstand der Wiesenflockenblume.*

**36,1–36,3: Röhrenblütige Korbblütler. 36,1:** *Der Rainfarn (Chrysanthemum vulgare), ein Schuttunkraut, besitzt gelbe, flache Blütenstände, die nur Röhrenblüten enthalten. Die Pflanze ist auch Zier- und Arzneipflanze (Wurmmittel, verdauungsförderndes Mittel).* **36,2:** *Die Gewöhnliche Kratzdistel (Cirsium vulgare). Blattzipfel und Hüllblätter sind bei den Disteln stachelig gezähnt.* **36,3:** *Große Klette (Arctium lappa). Die Hüllblätter der Fruchtstände besitzen hakig umgebogene Spitzen. Daher bleiben die Fruchtstände im Fell von Tieren hängen und werden so verbreitet. Aus Klettenwurzeln stellt man Heilmittel gegen Hautkrankheiten her.*

**36,4–36,6: Zungenblütige Korbblütler. 36,4:** *Die Wegwarte (Cichorium intybus) wächst an Wegrändern. Ihre blauen Köpfchen sind nur vormittags geöffnet und abends verblüht. Aus den Wurzeln stellt man Kaffee-Ersatz (Zichorie) her. Die bleichen Blattrosetten von in Kellern gezogenen Pflanzen werden als Salat (Chicorée) genossen. Mit ihr ist die Winterendivie verwandt.* **36,5:** *Kopfsalat (Lactuca sativa) beim Blühen. Nur vor dem Blühen sind die Blätter zu einem Kopf zusammengeschlossen.* **36,6:** *Die Dornige Gänsedistel (Sonchus asper) ist ein verbreitetes Unkraut.*

**36,7–36,9: Strahlenblütige Korbblütler. 36,7:** *Gänseblümchen (Bellis perennis). Das Pflänzchen, das fast das ganze Jahr hindurch blüht, hat grundständige Blattrosetten.* **36,8:** *An trockenen Standorten wächst die Schafgarbe (Achillea millefolium). Die zu Doldenrispen vereinigten Körbchen enthalten nur wenige Blüten. Aus der Pflanze gewinnt man Heilmittel gegen Asthma und Bronchitis.* **36,9:** *Die Echte Kamille (Matricaria chamomilla) ist eine Pflanze der Äcker und Schuttplätze. Echt heißt sie deshalb, weil ihre Blütenköpfchen als Arznei gesammelt werden. Sie liefern einen entzündungshemmenden und darmberuhigenden Tee.*

36,4

36,5

36,6

## 36 Die Familie der Korbblütler (Compositae)

36 Die Pflanzen der *Korbblütler* besitzen ein *Körbchen* als Blütenstand. An diesem bezeichnenden Blütenstand sind die Angehörigen der Familie leicht zu erkennen. Es sind Köpfchen, die von *Hüllblättern* umgeben sind. Man teilt die Familie in 2 Unterfamilien ein. Zur Unterfamilie der *Röhrenblütigen Korbblütler* gehören Pflanzen, die nur *Röhrenblüten* besitzen, wie z. B. die Flockenblume **(36,1–36,3),** und auch solche, deren Röhrenblüten von einem Kranz Zungenblüten umgeben sind, wie z. B. die Sonnenblume **(36,7–36,9).** Die mit den außen liegenden Zungenblüten nennt man manchmal auch Strahlenblütige Korbblütler. Die Unterfamilie der *Zungenblütigen Korbblütler* haben nur *Zungenblüten*, wie z. B. der Löwenzahn **(36,4–36,6).** Zwischen den Einzelblüten sitzen oft Spreublätter, die aber auch fehlen können. Die röhrenförmige, fünfzipflige Krone der Röhrenblüten besteht aus 5 verwachsenen Blütenblättern. Auch die Zunge der Zungenblüten kann aus 5 Blütenblättern entstanden sein, was man an den 5 Zähnchen am Ende der Zunge ablesen kann (Wegwarte **36,4**). Zungen mit 3 Zähnchen werden dementsprechend nur von 3 Blütenblättern gebildet (Kamille **36,9**). Die Blüten besitzen 5 Staubblätter, deren Staubbeutel zu einer Röhre verwachsen sind. Durch diese wächst der Griffel hindurch. Seine zweiästige Narbe spreizt sich erst nach Abgabe des Blütenstaubs *(vorstäubende Blüten)*. Der Kelch ist zurückgebildet oder fehlt ganz. Oft ist er zu einem Haarkranz umgewandelt, der der Verbreitung der Früchte durch den Wind dient. Diese gehen aus dem unterständigen Fruchtknoten hervor und sind *einsamige Nüßchen (Achänen)*. Die Randblüten können unfruchtbar sein. Oft sind auch nur ihre Staubblätter zurückgebildet (Kamille). Der Blütenstand ist einer Einzelblüte vergleichbar (Scheinblüte). Die Hüllblätter übernehmen die Aufgaben des Kelchs. Oft erhöhen große Randblüten lediglich die Schauwirkung, während die unscheinbaren Scheibenblüten der Samenbildung dienen. Bei Zierpflanzen kommen auch „gefüllte" Blütenstände vor, bei denen die röhrenförmigen Scheibenblüten zu Zungenblüten umgewandelt sind. So züchten die Gärtner gefüllte Gänseblümchen, die Tausendschönchen heißen. Mit über 300 Arten ist die Familie die artenreichste in Mitteleuropa. Auf der Erde umfaßt sie etwa 14 000 Arten.

**37,1:** *Blüten des Besenginsters. Vor dem Insektenbesuch sind Staubblätter und Stempel im Schiffchen eingeschlossen (oben). Danach liegen sie der Fahne an (unten).* **37,2:** *Blüten des Hornklees. Der Pollen liegt im Hohlraum der Spitze des Schiffchens. Beim Insektenbesuch drücken die Staubblätter den Blütenstaub durch eine Öffnung an der Schiffchenspitze nach außen.*

## 37 Die Familie der Schmetterlingsblütler (Papilionaceae)

Schon mehrfach wurden Pflanzen mit *Schmetterlingsblüten* beschrieben (Erbse S. 12, Bohne S. 13, Klee S. 31). Schmetterlingsblüten sind zweiseitig symmetrisch, haben 5 Blütenblätter, nämlich 1 Fahne, 2 Flügel und ein aus 2 verwachsenen Blättern bestehendes Schiffchen **(37,1).** Das Schiffchen umschließt 10 Staubblätter und einen Stempel. Pflanzen mit solchen Blüten gehören zur *Familie der Schmetterlingsblütler*. Bestäubt werden die Schmetterlingsblüten hauptsächlich von Bienen und Hummeln. Von den Bestäubungseinrichtungen haben wir die *Bürstenvorrichtung* (Erbse) und die *Klappvorrichtung* (Klee) kennengelernt. Als Beispiel für eine *Schnellvorrichtung* wählen wir die Blüten des Besenginsters **(37,1).** Hier haben die Staubblätter das Bestreben, sich nach oben zu krümmen, werden jedoch vom Schiffchen zurückgehalten. Beim Insektenbesuch wird das Schiffchen nach unten gedrückt, Staubblätter und Griffel schnellen nach oben und schlagen dem Besucher gegen den Bauch. Dieser wird dabei mit Pollen eingestäubt, der bei der nächsten Blüte an der Narbe hängenbleibt. Eine *Pumpvorrichtung* weist z. B. der Hornklee auf **(37,2).** Sobald Blütenbesucher das Schiffchen niederdrücken, pressen die Staubblätter den Pollen durch eine Öffnung der Schiffchenspitze. Wenn der Blütenstaub abgeholt ist,



**37,4:** *Der Besenginster (Sarothamnus scoparius) wird vornehmlich an Waldrändern und auf Waldlichtungen angetroffen.* **37,5:** *Auf trockenen Wiesen wächst der Gewöhnliche Hornklee (Lotus corniculatus).* **37,6:** *Die Frühlings-Platterbse (Lathyrus vernus) ist ein Frühblüher unserer Wälder.*

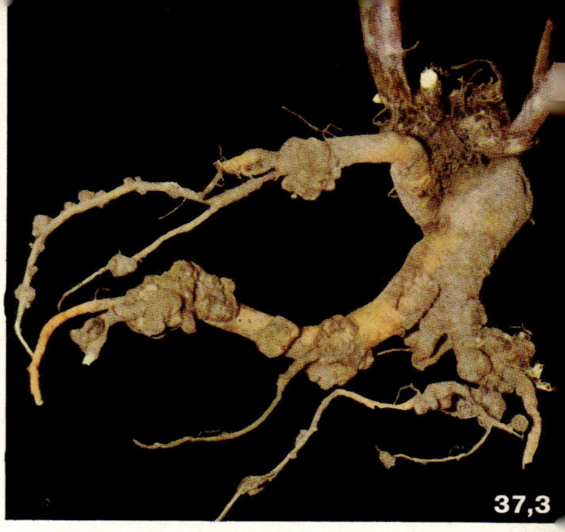

37,3

**37,3:** *Wurzelknöllchen der Lupine. Aus dem Boden dringen Bakterien in die Wurzeln ein und regen diese zur Bildung von Knöllchen an. Bakterien sind sehr kleine Lebewesen, die nur bei starker Vergrößerung zu sehen sind. Bekanntlich brauchen die Pflanzen Bodensalze, darunter auch solche, die Stickstoff enthalten. Vier Fünftel der Luft bestehen aus gasförmigem Stickstoff, der jedoch von den grünen Pflanzen nicht verwertet werden kann. Die Knöllchenbakterien vermögen aber den Luftstickstoff zu binden. Dieser gebundene Stickstoff kann dann von der Wirtspflanze aufgenommen werden. Wurzelknöllchen finden sich auch bei anderen Schmetterlingsblütlern. Sie gedeihen daher auch auf stickstoffarmem Boden und werden zur Bodenverbesserung angepflanzt.*

kommt die Narbe zum Vorschein und berührt den Bauch des Insekts an derselben Stelle, an der auch der Blütenstaub abgelagert wird.

Die Früchte der Schmetterlingsblütler sind *Hülsen* (vgl. S. 19). Diese bestehen aus einem Fruchtblatt, das sich an der Bauch- und Rückennaht öffnet. Die Samen sitzen an den Rändern des Fruchtblatts. Traubige Blütenstände treten in der Familie häufig auf, wie bei Frühlings-Platterbse **(37,6),** Goldregen **(37,8)** und Lupine **(37,9).** Der Klee besitzt Köpfchen **(31,5),** der Hornklee Dolden **(37,5).** Die in der Familie vorkommenden Blattformen lassen sich von unpaarig gefiederten Blättern ableiten. Durch Verlust der Endblättchen entstehen paarig gefiederte Blätter (Platterbse). Ist außer dem Endblättchen nur ein Blattpaar vorhanden, dann ist das Blatt dreizählig (Besenginster, Goldregen, Klee, Bohne). Durch Verkürzung der Blattachse entstehen gefingerte Blätter (Lupine). Fiederblättchen können zu Ranken umgebildet sein (Zaunwicke, Erbse). Zur Familie gehören wichtige Nutzpflanzen. Bohne, Erbse und Linse liefern Nahrungsmittel. Als Futterpflanzen sind u. a. die Kleearten und die Luzerne von Bedeutung. Da die Futterpflanzen Stickstoffsammler sind **(37,3),** kann man mit ihnen durch Unterpflügen auch den Boden düngen (Gründüngung).



**Merkstoff.** Schmetterlingsblütler besitzen Schmetterlingsblüten und Hülsen. In Wurzelknöllchen leben stickstoffbindende Bakterien. Zur Familie gehören viele Nutzpflanzen.

**37,7:** *Auf Wiesen, an Zäunen und dergl. ist die Zaunwicke (Vicia sepium) häufig.* **37,8:** *Der giftige Goldregen (Laburnum anagyroides) ist eine beliebte Zierpflanze.* **37,9:** *Zur Bodenverbesserung (Stickstoffsammler) wird die Lupine (Lupinus polyphyllus) vielfach auf Waldschlägen angepflanzt.*

37,7

37,8

37,9

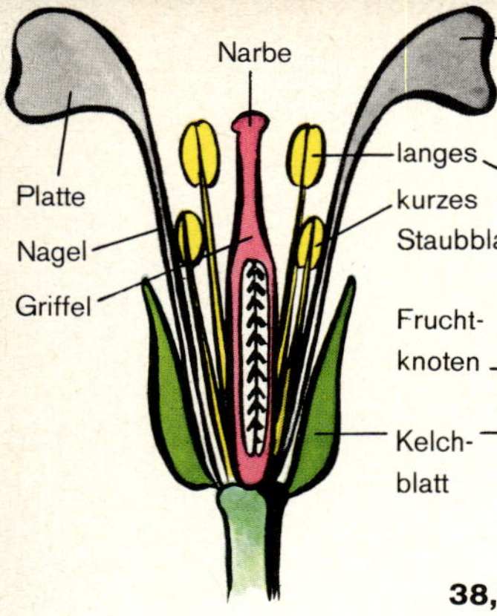


38,1

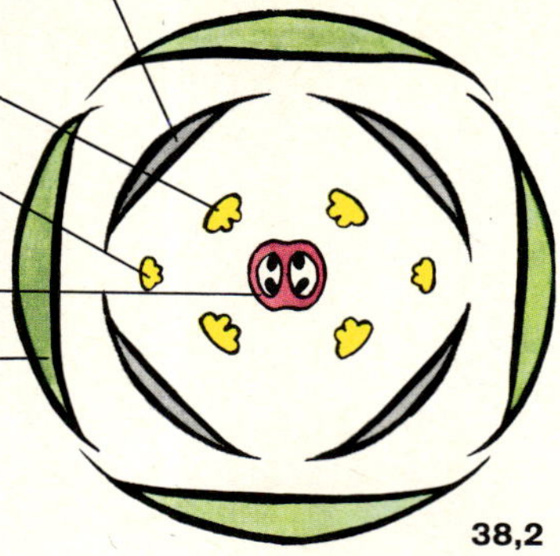

38,2

**38,1:** *Längsschnitt durch eine Kreuzblüte. Die Nägel der Blütenblätter und die Kelchblätter bilden eine Röhre. Die Platte lockt Insekten an und dient ihnen als Sitzplatz. Der Nektar wird von Nektardrüsen am Grunde des Fruchtknotens abgeschieden.* **38,2:** *Über die Stellung der einzelnen Blütenteile gibt der Blütengrundriß Auskunft.*

## 38–39 Die Familie der Kreuzblütler (Cruciferae)

**Familienmerkmale.** Die Blüten des Rapses (S. 4) und des Wiesenschaumkrauts (S. 23) nannten wir *Kreuzblüten*. Kreuzblüten **(38,1** und **38,2)** sind regelmäßig gebaut und besitzen je 4 übers Kreuz stehende Kelchblätter und Blütenblätter. Kelch- und Blütenblätter stehen auf Lücke. Ein wichtiges Erkennungsmerkmal sind auch die 6 Staubblätter, von denen die 2 äußeren kurz und die 4 inneren lang sind. Der oberständige Fruchtknoten wird von 2 Fruchtblättern gebildet. Die Blüten sondern Nektar ab und werden von Insekten bestäubt. Solche Blüten finden wir bei etwa 170 weiteren Pflanzenarten in Mitteleuropa (auf der ganzen Erde sind es rund 3000 Arten). Alle diese Pflanzen faßt man zur Familie der Kreuzblütler zusammen. Einen Kreuzblütler erkennt man außer am Bau der Blüte auch am Bau der Frucht. Die Früchte der Kreuzblütler sind *Schoten* **(38,3).** Schoten springen bei der Fruchtreife mit 2 Klappen auf. Die Samen sitzen am Rand einer Scheidewand, die die Frucht der Länge nach durchzieht. Schoten, die nur 3× so lang wie breit oder noch kürzer sind, heißen *Schötchen* **(38,5).** Die Schote des Hederichs ist zwischen den Samen eingeschnürt **(38,4).** Bei der Reife zerbricht sie an diesen Stellen, wodurch einsamige Teilfrüchte entstehen. Eine solche Schote heißt *Gliederschote*.



**38,6:** *Kohlrübe (Brassica napus var. napobrassica). Die Rübe trägt eine Rosette fiederspaltiger, blaugrüner Blätter.* **38,7:** *Beim Rettich (Raphanus sativus var. nigra) ist die Hauptwurzel und der untere Stengelabschnitt verdickt;* **38,8:** *beim Radieschen (var. radicula) nur der Stengel.*

38,6

38,7

38

**38,3:** *Schote des Ackersenfs. Schoten sind lang und schmal. Sie springen mit 2 Klappen auf. Die Samen sitzen am Rand der Scheidewand.* **38,4:** *Die Gliederschote des Hederichs ist zwischen den Samen eingeschnürt und zerfällt bei der Reife in einsamige Teilfrüchte.* **38,5:** *Schötchen des Hirtentäschelkrauts. Schötchen sind kurz und breit.*

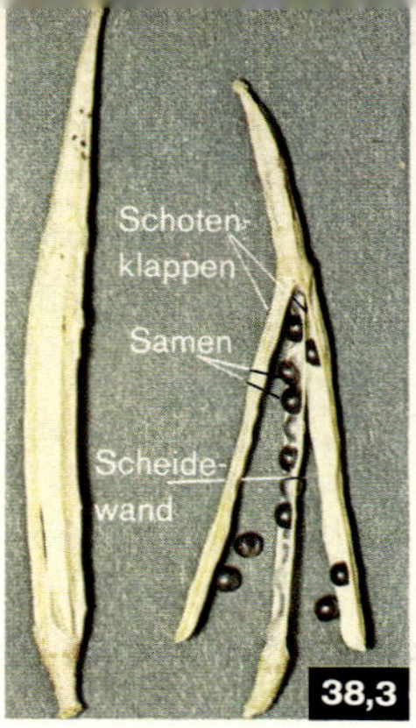

**Einige Kreuzblütler.** Die *Kohlrübe* **(38,6)** ist eine Futter- und Gemüsepflanze. Sie ist eine Spielart des Rapses, an der sich eine fleischige Rübe ausbildet. Diese entsteht teils durch Verdickung der Hauptwurzel und teils durch Verdickung des Stengelabschnitts unterhalb der Keimblätter. An dem von der Wurzel gebildeten Teil der Rübe entspringen Nebenwurzeln. Eine gleichartig gebaute Rübe besitzt der *Rettich* **(38,7).** Beim Radieschen dagegen wird die Rübe nur von dem unteren Stengelabschnitt gebildet, die Wurzel beginnt erst darunter **(38,8).** Auch der *Meerrettich* (Armoracia rusticana) hat Rüben, die als Gewürz verwendet werden. Beim Meerrettich verdicken sich auch einzelne Seitenwurzeln. Die Rüben von Rettich und Meerrettich enthalten Senföle. Diese sind es, die den scharfen Geschmack verursachen. Der *Ackersenf* **(38,9)** ist einerseits ein lästiges Unkraut, andererseits eine wertvolle Bienenweide, weil er viel Nektar bildet. Die Samen des Ackersenfs sind senfölhaltig. Senf stellt man jedoch aus den Samen des *Weißen* und *Schwarzen Senfs* (Sinapis alba und Brassica nigra) her. Auch der *Hederich* **(38,10)** ist ein häufiges Unkraut. Im Unterschied zum Ackersenf sind seine weißen oder blaßgelben Blütenblätter violettadrig. Die Kelchblätter stehen aufrecht, während sie beim Ackersenf abstehen (**H**ederich **h**ebt, **S**enf **s**enkt den Kelch). Das *Hirtentäschelkraut* **(38,11)** ist ein Unkraut. Der Name bezieht sich auf die Form der Früchte. Die Keimpflanzen der *Gartenkresse* (Lepidium sativum 63,8) werden als Salat gegessen.



**38,9:** *Der Ackersenf (Sinapis arvensis) ist ein Ackerunkraut, das Lehm anzeigt.* **38,10:** *Auf bodensaueren Äckern wächst der Hederich (Raphanus raphan strum).* **38,11:** *Das Hirtentäschelkraut (Capsella bursa-pastoris) gedeiht auf Äckern, in Gärten und auf Schuttplätzen.*

**Die Spielarten des Gemüsekohls** (Brassica oleracea)

Eine für unsere Ernährung wichtige Pflanze aus der Familie der Kreuzblütler ist der *Gemüsekohl*, der in verschiedenen Rassen oder Spielarten auftritt. Der **Grünkohl (39,1)** ist ein Beispiel für einen *Blattkohl*, bei dem die Blätter keinen Kopf bilden. Ein hoher Stengel trägt stark gekräuselte Blätter. Die Pflanze ist winterhart und nach dem 1. Frost besonders schmackhaft. Beim *Kopfkohl* **(39,5–39,7)** schließen sich die Blätter zu einem Kopf zusammen. Da der Stengel kurz bleibt, stehen die Blätter dicht beieinander. Diese wachsen auf der Unterseite stärker als auf der Oberseite und krümmen sich infolgedessen empor. Ein solcher Kopf ist eine riesige Knospe. Er ist entweder abgerundet **(39,5)** oder spitz zulaufend **(39,7)**. Der Kopfkohl ist zweijährig. Im 1. Jahr bildet sich der Kopf, im 2. wächst der die Blüten tragende Stengel in die Länge. Zum Kopfkohl gehören der **Weißkohl** (Weißkraut – **39,5**), der **Rotkohl** (Blaukraut – **39,6**) und der **Spitzkohl** (Filderkraut – **39,7**). Die Blätter des Blaukrauts enthalten einen
39 blauen Farbstoff, der rot wird, wenn er mit Säuren (z. B. Essig) zusammenkommt. Aus dem Weißkohl stellt man Sauerkraut her. Die Blätter werden mit dem Krauthobel oder maschinell fein geschnitten und kommen dann zusammen mit Kochsalz in Töpfe oder große Bottiche, wo sie festgestampft werden. Das Kraut bedeckt man mit einer Lage Blätter und einem mit Steinen beschwerten Holzdeckel. Bei der nun einsetzenden Gärung entsteht Milchsäure, die dem Kraut den saueren Geschmack verleiht und es haltbar macht. Der **Wirsing (39,4)** vermittelt den Übergang vom Blattkohl zum Kopfkohl. Der Stengel ist zwar gestaucht, doch bilden die blasigen Blätter nur einen lockeren Kopf. Rosenkohl und Kohlrabi gehören zum *Stengelkohl*. Vom **Rosenkohl (39,3)** verzehren wir die Seitenknospen, die sich in den Achseln bilden. Beim **Kohlrabi (39,2)** ist der untere Stengelteil knollig verdickt. Auf der Knolle bemerkt man die Narben abgefallener Blätter. Die oberen Blätter und die Blütenstiele des **Blumenkohls (39,8)** sind fleischig. Wenn man die Pflanze bis zum Herbst stehen läßt, entwickeln sich Blüten und Samen. Der Blumenkohl ist einjährig.

**39,1:** *Der Grünkohl (Brassica oleracea var. acephala) trägt an langem Stiel krause Blätter.* **39,2:** *Der Stengel des Kohlrabi (var. gongylodes) ist zu einer Knolle (Sproßknolle) verdickt, die ein schmackhaftes Gemüse liefert.* **39,3:** *Vom Rosenkohl (var. gemmifera) werden die Seitenknospen in den Blattachseln gegessen.*

39,4

39,5

39,6

39,7

39,8

**39,4:** *Die blasigen Blätter des Wirsings (var. sabauda) bilden einen lockeren Kopf.* **39,5–39,7:** *Vom Kopfkohl (var. capitata), zu dem Weißkohl* **(39,5),** *Rotkohl* **(39,6)** *und Spitzkohl* **(39,7)** *gehören, verzehren wir die inneren zarten Blätter. Der Kopf ist eine Endknospe mit dicht zusammenschließenden Blättern.* **39,8:** *Die fleischigen oberen Blätter und Blütenstiele des Blumenkohls (var. botrytis) werden als wohlschmeckendes Gemüse geschätzt.*

**Entstehung der Kulturrassen.** Obwohl die Rassen des Kohls sehr verschieden aussehen, gehören sie doch zu nur einer Pflanzenart. Sie stammen nämlich alle vom *Wildkohl* ab, der an steinigen und felsigen Standorten der Mittelmeer- und Atlantikküste gedeiht. Mit diesem zusammen bilden sie die *Art Gemüsekohl.* Im allgemeinen gleichen nun die Nachkommen den Eltern in hohem Grade, denn gerade die Körpergestalt ist es, die vererbt wird. Manchmal aber treten unter den Nachkommen einer Pflanzenart Pflanzen mit einem veränderten Aussehen auf, das auch bei deren Nachkommen erhalten bleibt. So war es auch beim Wildkohl. Die Veränderungen kamen den Wünschen des Menschen zustatten, und deshalb las er diese Pflanzen aus und baute sie an,
**39** wodurch sie erhalten blieben. So entstanden die *Kulturrassen des Gemüsekohls.* Meist handelte es sich dabei um Mißbildungen (Kopfkohl, Blumenkohl), die ohne die Pflege des Menschen sich nicht am Leben erhalten hätten. Der Gemüsekohl ist aber schon eine alte Kulturpflanze. Schon die alten Römer bauten verschiedene Spielarten von ihm an.

**Gemüse als Nahrungsmittel.** Da Gemüse viel Wasser enthält, ist es nicht besonders nahrhaft. Deshalb wird es auch nicht als Hauptkost, sondern nur als Beigabe zu anderen Speisen zubereitet. Trotzdem ist das Gemüse ein wichtiger Nahrungsbestandteil, da es unentbehrliche Vitamine und Salze liefert, die manchen anderen Nahrungsmitteln fehlen.

**Merkstoff.** Pflanzen mit Kreuzblüten gehören zur Familie der Kreuzblütler. Kennzeichen der Kreuzblüten sind 4 Kelchblätter, 4 Blütenblätter, 2 kurze und 4 lange Staubblätter und ein oberständiger Fruchtknoten. Die Früchte sind Schoten. Besondere Formen der Schote sind das Schötchen und die Gliederschote. Manche Kreuzblütler besitzen Rüben. Diese entstehen durch Verdickung der Hauptwurzel und des unteren Stengelabschnitts, der auch allein verdickt sein kann. Der Gemüsekohl tritt in verschiedenen Kulturrassen auf, die durch Auslese und Weiterzucht abgeänderter Pflanzen gewonnen wurden. Gemüse ist als Vitamin- und Salzlieferant für unsere Ernährung wichtig.

## 40 Die Familie der Storchschnabelgewächse
(Geraniaceae)

**Der Wiesenstorchschnabel** (Geranium pratense)

**Sproß.** Nach der Heuernte entwickelt sich auf manchen Wiesen der ausdauernde *Wiesenstorchschnabel.* Da die Pflanze sehr lichthungrig ist, meidet sie den Schatten der Gebüsche. Die großen, langstieligen Grundblätter weisen geteilte Spreiten auf **(40,3).** Je höher am Stengel die Blätter stehen, desto kleiner und kurzstieliger sind sie. So können die oberen Blätter die unteren nicht beschatten. Die Pflanze ist stark behaart. Dadurch wird die Wasserabgabe gedrosselt, was für eine im vollen Licht wachsende Pflanze von Bedeutung ist. Oben am Stengel und auf den Kelchblättern finden sich außerdem köpfchentragende Haare *(Drüsenhaare).* In den Köpfchen bildet sich ein klebriger Saft, welcher nach außen abgegeben wird. Diese Haare sollen kleinen Tieren, die den Stengel emporklettern und unrechtmäßig Nektar naschen wollen, den Zugang zur Blüte verwehren.



**Blüte.** Die hängenden Blütenknospen richten sich vor der Entfaltung der Blüte auf. Die geöffnete Blüte schließt sich bei Verdunklung (Wolken, Sonnenuntergang) wieder und neigt sich. Blütenstaub und Nektar werden dadurch vor den Unbilden der Witterung geschützt. Die fünfzählige Blüte ist regelmäßig gebaut **(40,2).** Sie besteht aus 5 Kelchblättern, 5 blauen Blütenblättern, $2 \times 5$ Staubblättern und einem oberständigen Fruchtknoten, der von 5 Fruchtblättern gebildet wird. Am 1. Blütentag richten sich die 10 Staubblätter auf, die Staubbeutel öffnen sich und geben Blütenstaub ab, der an blütenbesuchenden Bienen und Fliegen hängenbleibt. Diese Tiere saugen Nektar von den Nektardrüsen am Grund der Staubblätter. Am 2. Tag spreizen sich die 5 Narbenäste, die nun mit Blütenstaub aus jüngeren Blüten belegt werden. Die Blüte ist also *vorstäubend.*

**Frucht.** Nach der Bestäubung fallen Blütenblätter und Staubblätter ab, der Blütenstiel krümmt sich nach unten und richtet sich erst bei der Fruchtreife wieder auf. Die 5 langen, verwachsenen Fruchtblätter bilden unten je 1 Fruchtfach, das 1 Samen enthält **(40,1).** Der obere, spitz zulau-

**40,1:** *Früchte des Wiesenstorchschnabels. Die Grannen der Teilfrüchte lösen sich ruckartig von der Mittelsäule, wobei die Samen aus den Fruchtfächern geschleudert werden.* **40,2:** *Die blauen Blüten des Wiesenstorchschnabels stehen paarweise beieinander.* **40,3:** *Sproß des Wiesenstorchschnabels mit Blättern und Blüten.*

**40,4:** *Blüten und Früchte des Reiherschnabels. Die kleinen Blüten haben rote Blütenblätter, die oft gestreift oder gefleckt sind. Mehrere Blüten sind an den Sproßenden zu Dolden vereinigt.* **40,5:** *Teilfrucht des Reiherschnabels. Die Teilfrüchte werden bei der Reife fortgeschleudert. Die untere Hälfte der behaarten Granne rollt sich bei Befeuchtung auf und dreht das Früchtchen in den Boden.*

40,4

40,5

fende Teil der Frucht wird *Schnabel* genannt (Name der Pflanze!). Bei der Reife lösen sich die Fruchtblätter von der Mittelsäule ab, mit der sie durch eine Granne verbunden sind. Die Granne biegt sich plötzlich nach oben um. Dadurch wird der Same aus dem Fruchtfach geschleudert, welches auf der Innenseite eine Öffnung aufweist.

**Der Reiherschnabel** (Erodium cicutarium)



Der *Reiherschnabel* **(40,4)** wächst auf warmen, trockenen Äckern, an Wegen und an Böschungen. Im Herbst entwickelt sich aus den Samen eine Blattrosette, mit der die Pflanze überwintert. Sie ist *einjährig überwinternd.* Die tiefgehende Pfahlwurzel, die zerteilten Blätter (sie sind unpaarig gefiedert) und die starke Behaarung sind Anpassungen an den trockenen Standort. Die roten Blüten ähneln denen des Wiesenstorchschnabels, doch tragen nur 5 der 10 Staubblätter Staubbeutel. Auch die Frucht stimmt bei beiden Pflanzen weitgehend überein **(40,4).** Beim Reiherschnabel wird aber die ganze Teilfrucht samt der Granne fortgeschleudert. Die trockenen Grannen sind geradegestreckt. Bei Befeuchtung rollen sie sich spiralig auf. Wird das obere Ende der Granne durch ein Hindernis an der Drehung gehindert, dann kann sie sich nur aufrollen, wenn sich das Früchtchen mitdreht, welches dabei in den Boden gebohrt wird **(40,5).**

**Merkstoff.** Wiesenstorchschnabel, Reiherschnabel, Ruprechtskraut und Pelargonie (Geranie) gehören zur Familie der Storchschnabelgewächse. Die regelmäßigen Blüten sind fünfzählig. Nektarsammelnde Insekten übertragen den Blütenstaub. Die Frucht erinnert an einen Storchschnabel. Bei der Reife zerfällt sie in 5 Teilfrüchte. Entweder werden diese als Ganzes weggeschleudert, oder es wird nur der Same aus dem Fruchtfach geschnellt.

**40,6:** *Das Ruprechtskraut (Geranium robertianum) ist eine Schattenpflanze. Man findet das einjährige Kraut im Wald, an Mauern und auf beschattetem Schutt. Die Blätter bestehen meist aus 3 getrennten, doppelt fiederspaltigen Blättchen.* **40,7:** *Die aus dem Kapland stammenden Pelargonien (vielfach Geranien genannt) sind beliebte Topfpflanzen.*

40,6

40,7

## 41–42 Die Familie der Doldengewächse (Umbelliferae)

### Der Wiesenkerbel (Anthriscus silvestris)

Im Frühjahr blüht auf unseren Wiesen der *Wiesenkerbel* **(41,4).** Die Pflanze gedeiht besonders bei reichlich vorhandenem Stickstoff und tritt daher auf gut gedüngten Wiesen oft massenhaft auf. Die weißen Blüten sind nur klein. Da sie aber in großer Zahl beieinander stehen, sind die Blütenstände recht auffällig. Der Blütenstand ist eine *zusammengesetzte Dolde* oder *Doppeldolde* **(41,3).** Im Gegensatz zur einfachen Dolde tragen die etwa gleich langen Nebenachsen oder Strahlen keine Einzelblüten, sondern noch einmal kleine Dolden, die man *Döldchen* nennt **(41,2).** Die Hochblätter am Grund der Doldenstrahlen bilden die *Hülle*, die am Grund der Döldchenstrahlen das *Hüllchen*. Beim Wiesenkerbel fehlt gewöhnlich die Hülle. Die Einzelblüten **(41,1)** besitzen 5 weiße Blütenblätter, 5 Staubblätter und einen unterständigen Fruchtknoten. Der fünfblätterige Kelch ist stark zurückgebildet. Der Fruchtknoten besteht aus 2 Fruchtblättern. Eine Scheidewand teilt ihn in 2 Fruchtfächer mit je 1 Samenanlage. Auf dem Fruchtknoten findet sich ein rundliches Polster, das die beiden Griffel trägt und deshalb *Griffelpolster* genannt wird. Das Griffelpolster scheidet den Nektar ab. Da dieser offen dargeboten wird, ist er auch Insekten zugänglich, die keinen langen Rüssel haben, wie z. B. Fliegen und Käfern. Zuerst reifen die Staubblätter. Sie richten sich der Reihe nach auf und geben ihren Blütenstaub ab. Ist aller Blütenstaub abgegeben, dann verwelken die Staubblätter und fallen ab. Inzwischen sind die beiden Griffel mit den Narben herangewachsen. Die Blüten sind *vorstäubend* und sichern so die *Fremdbestäubung* **(41,1).** Die reife Frucht spaltet sich der Länge nach in 2 einsamige Teilfrüchtchen. Sie ist eine *Spaltfrucht* (Tab. S. 42). Die Teilfrüchtchen hängen zunächst am zweischenkeligen *Fruchthalter*, fallen später aber ab.

**4**

**41,1–41,4:** *Wiesenkerbel.* **41,4:** *Der gefurchte Stengel trägt zwei- bis dreifach gefiederte Blätter und viele Blütenstände.* **41,3:** *Zusammengesetzte Dolde des Wiesenkerbels. Von der Hauptachse gehen viele Nebenachsen ab, die alle Döldchen tragen.* **41,2:** *Die Blüten eines Döldchens bilden ein hübsches Sternmuster, ohne sich gegenseitig zu verdecken. Die Randblüten haben außen größere Blütenblätter, wodurch die Schauwirkung vergrößert wird.* **41,1:** *Junge Blüte mit reifen Staubblättern (links) und alte Blüte mit Griffeln (rechts). Die inneren Blüten der Döldchen enthalten nur Staubblätter und sind daher unfruchtbar.*

**41,5:** *Doppelt gefiedertes Blatt der Wilden Möhre. Im Schutz des zur Blattscheide verbreiterten Blattstiels entwickeln sich die jungen Seitensprosse.*

**41,6:** *Im 1. Jahr entsteht aus dem Möhrensamen eine verdickte Pfahlwurzel (Rübe) mit einer Blattrosette. Mit der Rübe überdauert die Pflanze den Winter. Im 2. Jahr entwickelt sich aus der Sproßknospe ein verzweigter Stengel mit Blättern und Blüten. Die Rübe gibt Nährstoffe ab und schrumpft.*

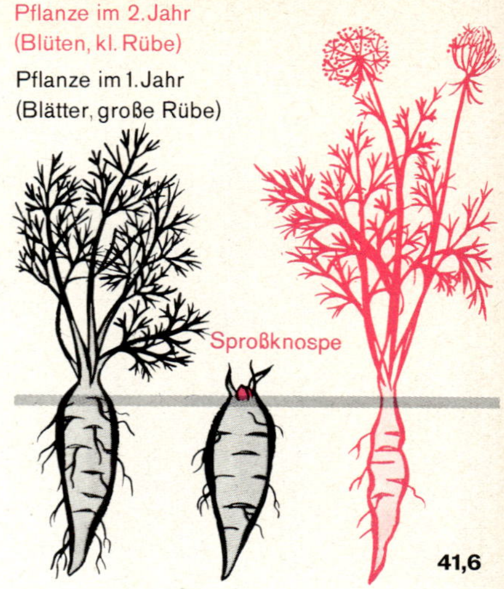


**Die Wilde Möhre** (Daucus carota)

41 **Standort.** Die *Wilde Möhre* findet sich hauptsächlich in Halbtrockenrasen, in Steinbrüchen und an Dämmen. Dies sind trockene, warme Standorte. Welche Einrichtungen ermöglichen es der Pflanze, solche trockenen Stellen zu besiedeln? Die tiefgehende Pfahlwurzel kann noch Wasser aufnehmen, wenn die oberen Bodenschichten ausgetrocknet sind. Sodann sind die Blätter stark zerteilt, wodurch die Gesamtblattfläche klein ist **(41,5).** Daher verdunsten die Blätter nur wenig Wasser. Der Stengel ist holzig und zäh. Er wird deshalb bei Wassermangel nicht schlaff.

**Lebensdauer.** Aus den im Frühjahr keimenden Samen geht im 1. Jahr eine Rübe hervor, die eine *Blattrosette* trägt **(41,6).** Die von den Blättern erzeugte Nahrung wird in der Rübe gespeichert. Die gespeicherten Nährstoffe werden im nächsten Jahr beim Aufbau des Sprosses verbraucht. Nach der Fruchtreife im Herbst des 2. Jahres stirbt die Pflanze ab. Die Wilde Möhre ist eine *zweijährige Pflanze.*

**Blüte und Frucht.** Die zusammengesetzte Dolde weist *Hülle* und *Hüllchen* auf **(41,8).** Die fiederspaltigen Hüllblätter sind Erkennungsmerkmal der Möhre. Das mittelste Döldchen des Blütenstands ist meist verkümmert und trägt nur 1 dunkelrote Blüte **(41,7).** Vielleicht hat von diesem „Möhrchen“ die Pflanze ihren Namen bekommen. Der Blütenbau-

**41,7:** *Der Blütenstand der Wilden Möhre ist eine zusammengesetzte Dolde. In der Mitte des Blütenstands sitzt oft eine dunkelrote Blüte. Die Randblüten sind vergrößert.* **41,8:** *Fruchtstand der Wilden Möhre. Vor der Fruchtreife und im feuchten Zustand schließt sich der Fruchtstand zum „Vogelnest“ zusammen.* **41,9:** *Die Spaltfrucht der Möhre trägt mit Widerhaken versehene Stacheln.*

42,1

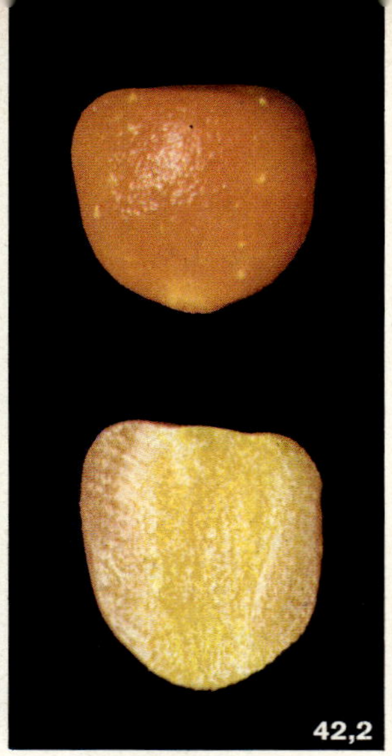
42,2

**42,1:** *Mohrrübe ganz und längsgeschnitten. Die Rübe entsteht durch Verdickung der Hauptwurzel und des untersten Stengelabschnitts. Die Wurzel trägt Seitenwurzeln, die in 4 Reihen angeordnet sind. Der oberste wurzelfreie Teil der Rübe entspricht dem Stengel. Der sehr kurze Stengel schließt mit einer Endknospe ab, aus der sich später der Sproß entwickelt.* **42,2:** *Karottenrübe ganz und im Längsschnitt. Während die Mohrrübe eine langgestreckte Rübe besitzt, ist die ihrer Spielart, der Karotte, kurz und dick.*

plan stimmt mit dem der Kerbelblüte überein. Auch hinsichtlich der Bestäubung gleichen sich die beiden Pflanzen. Die Wilde Möhre blüht von Juni bis September. Die späte Blütezeit hängt mit der Tageslänge zusammen. Erst wenn diese 12 Stunden überschreitet, bildet unsere Pflanze Blüten. Sie ist eine *Langtagspflanze*. Andere Pflanzen, die *Kurztagspflanzen*, blühen schon bei kürzerer Beleuchtungsdauer (für manche das ganze Jahr über blühende Pflanzen ist die Tageslänge für die Blütenbildung ohne Bedeutung). Die Schließbewegungen des Fruchtstands **(41,8)** werden durch die Feuchtigkeitsverhältnisse hervorgerufen. Mit der Fruchtreife trocknen die Doldenstrahlen aus und strecken sich. Der Fruchtstand ist ausgebreitet. Bei Befeuchtung krümmen sich die Strahlen einwärts, der Fruchtstand schließt sich zum „Vogelnest" zusammen. Die *Spaltfrüchte* tragen Stacheln mit Widerhaken **(41,9).** Sie werden von Tieren verbreitet, an denen sie hängen bleiben.

Die *Mohrrübe* oder *Gelbe Rübe* ist eine Unterart der Wilden Möhre. Ihre Rübe **(42,1** und **42,2)** ist dicker und fleischiger als die der Wildpflanze, mit der sie sonst weitgehend übereinstimmt. Der gelbe Farbstoff der Rübe heißt *Karotin*; er ist für unsere Ernährung wichtig. Die Mohrrüben geben daher ein gesundes Gemüse. Die großen Rüben der Riesenmöhre dienen als Viehfutter.

42,3

42,4

**42,3:** *Nach dem 1. Schnitt erscheint auf der Wiese der Bärenklau (Heracleum sphondylium).* **42,4:** *Der Geißfuß (Aegopodium podagraria) ist ein wegen seiner unterirdischen Ausläufer schwer auszurottendes Unkraut.* **42,5:** *Der Dill (Anethum graveolens) ist eine alte Gewürz- und Heilpflanze.* **42,6:** *Der auf Schuttplätzen wachsende Gefleckte Schierling (Conium maculatum) enthält ein gefährliches Gift.* **42,7:** *Die Sterndolde (Astrantia major) ist eine Waldpflanze.*

**Familienmerkmale der Doldengewächse**

Der Blütenstand ist fast immer eine zusammengesetzte Dolde. Die Hochblätter sind zur Hülle und bei den Döldchen zum Hüllchen zusammengedrängt.

Die regelmäßigen Blüten weisen 5 Blütenblätter und 5 Staubblätter auf. Der Kelch ist meist zurückgebildet. Der Fruchtknoten ist unterständig.

Die beiden Fruchtblätter der Spaltfrucht trennen sich bei der Fruchtreife. Die zwei einsamigen Teilfrüchte hängen am zweischenkeligen Fruchthalter.

**Die Familie der Doldengewächse.** Wiesenkerbel und Wilde Möhre gehören zu den *Doldengewächsen.* Die Merkmale dieser Pflanzenfamilie sind in der Tabelle zusammengestellt. Weitere Vertreter zeigen die Abbildungen **42,3** bis **42,7.** Zur Familie gehören viele Nutzpflanzen. Aus den Rüben des *Selleries* wird Salat bereitet. Früchte und andere Pflanzenteile von Doldengewächsen weisen beim Zerreiben vielfach einen würzigen Geruch auf. Dieser rührt von flüchtigen Ölen her, die in allen Pflanzenteilen enthalten sind. Wegen dieser Öle dienen viele Doldengewächse als Gewürz. Von *Kümmel* und *Anis* verwendet man die Früchte, von *Dill* **(42,5)** und *Fenchel* Blätter und Früchte und von *Petersilie, Sellerie* und *Liebstöckel* (Maggikraut) die Blätter. Auch Giftpflanzen gehören zur Familie. Am bekanntesten ist der *Gefleckte Schierling* **(42,6).** Sein bläulich bereifter Stengel ist rot gefleckt. Der Pflanze entströmt ein Geruch nach Mäusen. Im alten Athen wurden Menschen mit Schierlingssaft hingerichtet, so auch der bekannte Philosoph Sokrates.

**Merkstoff.** Die Familie der Doldengewächse ist durch doldige Blütenstände ausgezeichnet. Die unscheinbaren Blüten werden von Fliegen und Käfern besucht, die den vom Griffelpolster ausgeschiedenen Nektar verzehren. Die Blüten sind vorstäubend. Die Spaltfrucht zerfällt bei der Reife in 2 Teilfrüchte. Die meist zerteilten, wechselständigen Blätter umfassen den Stengel mit einer Blattscheide. Die Familie enthält 2600 Arten. Darunter befinden sich viele Nutzpflanzen.

42,5

42,6

42,7

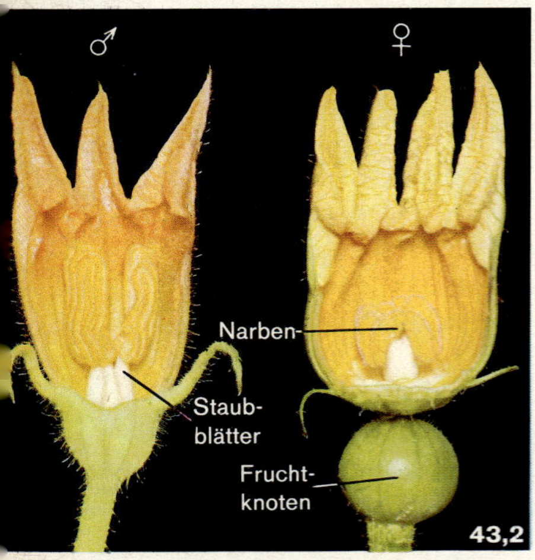

**43,1:** *Kürbispflanze mit Blüten und Früchten. Die gelben Blüten stehen in den Blattachseln. Die Achselsprosse sind zu verzweigten Ranken umgebildet.* **43,2:** *Männliche ♂ und weibliche ♀ Kürbisblüte.* **43,3:** *Die bei uns wildwachsende, ausdauernde Zweihäusige Zaunrübe besitzt Blütenstände mit gelbgrünen Blüten und rote Beerenfrüchte. Die Blätter sind fünflappig.*



## 43 Die Familie der Kürbisgewächse (Cucurbitaceae)

### Der Kürbis (Cucurbita pepo)

**Sproß.** Der *Kürbis* stammt aus dem tropischen Amerika. Seine Herkunft aus warmen Ländern zeigt sich an dem Wärmebedürfnis und an der Frostempfindlichkeit der Pflanze. Auch die Samen brauchen zum Keimen Wärme. Deshalb werden sie erst im Mai ausgesät. Aus dem Samen geht ein Sproß mit einem saftigen, hohlen, behaarten Stengel hervor. An ihm sitzen wechselständige Blätter. Ihre herzförmige Blattspreite ist fünflappig **(43,1).** Durch Krümmungen des Blattstiels kann sie senkrecht zum Lichteinfall eingestellt werden. Der schwache Stengel liegt entweder dem Boden auf, oder klettert mit Ranken an geeigneten Stützen empor. Die Ranken sind umgewandelte Blätter von Achselsprossen; es sind *Blattranken.* Die Rankenspitzen führen kreisende Suchbewegungen aus. Sobald sie einen nicht zu dicken Gegenstand berühren, umgreifen sie diesen und wickeln sich mehrmals um ihn herum. Der rückwärtige Teil der Ranke rollt sich spiralfederartig auf, so daß der Sproß federnd mit der Stütze verbunden ist.

**Blüte und Frucht.** Die gestielten Blüten sitzen einzeln in den Blattachseln. Der fünfzipfelige Kelch und die ebenfalls fünfzipfelige, gelbe Blumenkrone sind verwachsenblättrig. Die Blüten enthalten entweder nur Staubblätter oder nur einen Stempel **(43,2).** Wir müssen also *Staubblüten* oder männliche Blüten und *Stempelblüten* oder weibliche Blüten unterscheiden. Jede Pflanze bringt beiderlei Blüten hervor. Sie „wohnen in einem Haus": der Kürbis ist *einhäusig*. Die männlichen Blüten enthalten 5 Staubblätter. Vier der Staubfäden sind paarweise miteinander verwachsen. In den weiblichen Blüten befindet sich ein unterständiger, dreiblättriger Fruchtknoten mit Griffel und dreilappiger

**43,4:** *Gurkenpflanze. Der dem Boden aufliegende Sproß trägt fünflappige Blätter. Im Gegensatz zum Kürbis sind die Ranken unverzweigt. Die Blüten weichen im Bau wenig von der Kürbisblüte ab. Männliche und weibliche Blüten kommen auf einer Pflanze vor. Die Gurke ist einhäusig. Die männlichen Blüten sind oft gebüschelt. Die Gurke ist eine einjährige Pflanze.*

Narbe. Honigbienen, die den im Blütengrund abgeschiedenen Nektar saugen, bestäuben die Blüten. Aus dem Fruchtknoten entwickelt sich eine fleischige, vielsamige, derbschalige und runde *Beerenfrucht*, die zentnerschwer werden kann. Nach der Fruchtbildung stirbt die Kürbispflanze ab. Sie ist *einjährig*. Der Kürbis wird in vielen Sorten angebaut. Die Früchte werden gegessen oder dienen zur Zierde (Zierkürbisse – **43,5**).

**Weitere Kürbisgewächse.** Rund 800 Pflanzenarten sind mit dem Kürbis verwandt. Sie bilden die *Familie der Kürbisgewächse*. Die bekannte *Gurke* (Cucumis sativa) besitzt langgestreckte Beeren **(43,4)**. Diese werden als Salat genossen oder als Gewürz verwendet (Gewürzgurken, Essiggurken). Bei manchen Gurkensorten entwickeln sich Früchte ohne

Bestäubung *(Jungfernfrüchtigkeit)*. Solche Früchte sind aber dann samenlos. Die wärmebedürftige Pflanze stammt aus Vorderindien. In wärmeren Ländern gedeihen die Melonen, deren Früchte als Obst beliebt sind. Die Frucht der *Zuckermelone* (Cucumis melo – **43,6**) schmeckt süß und aromatisch. Bei der *Wassermelone* (Citrullus vulgaris) sind die schwarzen Samen in das rote, besonders saftige Fruchtfleisch eingebettet. Einheimische Kürbisgewächse sind nur die *Weiße* und die *Zweihäusige Zaunrübe* (Bryonia alba und dioica). Die Zweihäusige Zaunrübe wächst in Hecken, an Waldrändern und an Zäunen **(43,3)**. Sie klettert mit einfachen Ranken. Männliche und weibliche Blüten finden sich auf verschiedenen Pflanzen. Man kann daher männliche und weibliche Pflanzen unterscheiden. Wie schon der Name sagt, ist die Pflanze *zweihäusig*. Ihre Beeren sind rot. Dagegen hat die seltene, einhäusige Weiße Zaunrübe schwarze Beeren.

**Merkstoff.** Die regelmäßigen, fünfzähligen Blüten der Kürbisgewächse sind in der Regel männlich oder weiblich. In der Familie kommen einhäusige und zweihäusige Arten vor. Aus dem unterständigen Fruchtknoten entstehen Beerenfrüchte. Oft klettern die rauhhaarigen Kräuter mit einfachen oder verzweigten Blattranken.

**43,5:** *Zierkürbisse sind wegen ihrer eigenartigen Früchte beliebt.*
**43,6:** *Frucht der Zuckermelone ganz und längs geschnitten. Das Fruchtfleisch ist gelb. Die Früchte dienen als erfrischendes Obst. Die Pflanze gleicht der Gurke. Sie kann bei uns nur in den wärmsten Gegenden angebaut werden.*

**44,1:** *Der Gewöhnliche Dost (Origanum vulgare) ist eine Pflanze der Wald- und Heckenränder und lichter Eichen- und Kiefernwälder.* **44,2:** *Die Große Brunelle (Brunella grandiflora) wächst in Wiesen, an Wegen und auf Waldlichtungen.* **44,3:** *Sonnige Orte bewohnt der Feldthymian (Thymus serpyllum).*

## 44 Die Familie der Lippenblütler (Labiatae)

44

**Familienmerkmale.** Bei der *Taubnessel* (S. 9) und beim *Wiesensalbei* (S. 31) haben wir zweiseitig symmetrische Blüten mit Ober- und Unterlippe vorgefunden. In diesen *Lippenblüten* sind gewöhnlich 2 lange und 2 kurze Staubblätter vorhanden, und der Fruchtknoten ist vierteilig. Die Blüten scheinen oft quirlförmig rings um den Stengel zu sitzen. Bei genauer Betrachtung zeigt sich jedoch, daß nur die Blattachseln Blütenstände tragen *(Scheinquirle)*. Pflanzen mit solchen Blüten gehören zur *Familie der Lippenblütler*, die sehr artenreich ist. Die wichtigsten Familienmerkmale sind in der Tabelle nebenan zusammengestellt. Vielfach entströmt den Lippenblütlern ein mehr oder weniger angenehmer Duft, der von flüchtigen Ölen (ätherischen Ölen) herrührt. Diese hinterlassen auf Papier einen Fettfleck, der mit der Zeit verschwindet, da das Öl verdunstet. Flüchtige Öle werden z. B. in Drüsenhaaren erzeugt **(44,4).** Das Öl wird im Köpfchen gebildet und später nach außen abgegeben. Auf dem Gehalt an flüchtigen Ölen beruht die Verwendung vieler Lippenblütler als Küchenkräuter und Heilpflanzen.

**Einige Vertreter der Familie.** Die *Pfefferminze* (Mentha piperita) wird als Arzneipflanze häufig angebaut **(44,5).** Die Pflanze verbreitet einen starken Pfefferminzgeruch. Der

**44,4:** *Drüsenhaare. Drüsenhaare besitzen ein endständiges Köpfchen, in dem bei den Lippenblütlern flüchtige Öle gebildet werden.* **44,5:** *Blüte der Pfefferminze. Obwohl die Minzen zu den Lippenblütlern gehören, sind ihre Blüten keineswegs deutlich 2-lippig, sondern haben fast regelmäßige Blumenkronen.*

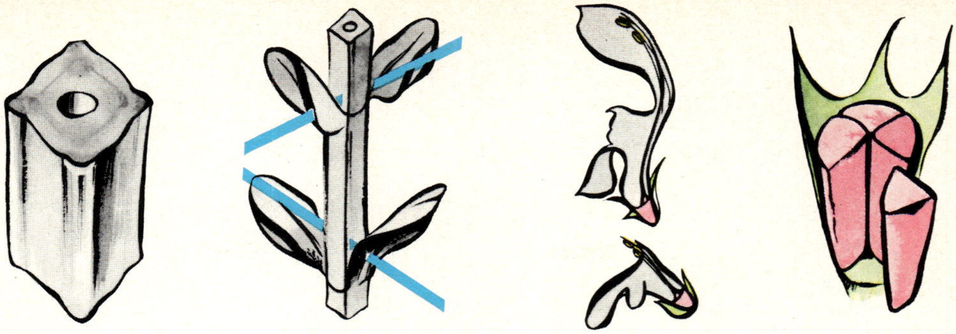

**Familienmerkmale der Lippenblütler**

Der Stengel ist vierkantig. Die Kanten sind versteift. Oft sind die Stengelglieder hohl.

An den Knoten stehen sich immer 2 Blätter gegenüber. Je 2 Blattpaare stehen übers Kreuz (kreuzgegenständige Blätter)

Die Lippenblüten haben gewöhnlich eine Ober- und eine Unterlippe. Manchmal ist die Oberlippe zurückgebildet.

Der vierteilige Fruchtknoten zerfällt bei der Reife in 4 Teilfrüchte. (Klausen).

Hauptbestandteil des in der Pflanze enthaltenen Pfefferminzöls ist das *Menthol*, das uns von den Papiertaschentüchern her bekannt ist. Pfefferminzöl benützt man zur Herstellung von Zuckerwaren, Likör, Mundwasser und Zahnpasta. Aus den getrockneten Pflanzenteilen wird der Pfefferminztee zubereitet. Er wird als Heiltee bei Erkrankungen von Magen, Darm, Leber und Gallenblase eingenommen, ist aber auch als Getränk beliebt. Eine Heilpflanze ist ferner der *Feldthymian* oder *Quendel* **(44,3).** Er zeigt bei verschiedenen Krankheiten (z. B. Husten, Darmerkrankungen) Heilwirkung. Weitere Gewürz- und Heilpflanzen sind *Bohnenkraut*, *Majoran* und *Melisse* (Melissengeist), die im Garten gezogen werden. *Gundermann* **(44,7)** und *Kriechender Günsel* **(44,6)** pflanzen sich außer durch Samen auch noch durch Ausläufer fort. Bei dieser Art der samenlosen Vermehrung entwickeln sich aus den unteren Achselknospen eines aufrechten Sprosses lange, waagrechte, auf dem Boden kriechende Seitensprosse. Diese Ausläufer wachsen in die Länge durch starke Streckung der Sproßglieder. Nach außen zu nimmt deren Länge ab. Die Knoten sind hier eng zusammengerückt und die Blätter rosettenartig gehäuft. Außerdem sind die Ausläufer am Ende verdickt und aus dem verdickten Ausläuferende entspringen Wurzeln. Am Ende des 1. Jahres werden die Tochterpflanzen selbständig und überwintern mit der Blattrosette. Im 2. Jahr erhebt sich aus der Rosette ein aufrechter Blütentrieb. Gleichzeitig entstehen neue Ausläufer, und der geschilderte Vorgang wiederholt sich. Da von einer Pflanze immer mehrere Ausläufer gebildet werden, ist mit dieser Art der Fortpflanzung auch eine Vermehrung der Pflanze verknüpft.

**44,6:** *Der Kriechende Günsel (Ajuga reptans) ist eine Wiesen- und Waldpflanze. Die Oberlippe der blauen Blüten ist sehr kurz. Aus Knospen bilden sich Ausläufer.*
**44,7:** *Ebenfalls Ausläufer bringt der Gundermann (Glechoma hederaceum) hervor, der an ähnlichen Standorten wie der Günsel wächst.*

## 45 Blütenstände

Es sind verhältnismäßig wenige Pflanzen, die an einem Sproß nur eine einzige Blüte tragen. Häufig sind viele Blüten zu *Blütenständen* vereinigt. Blütenstände sind auffälliger als Einzelblüten. Für Pflanzen, deren Blüten von Insekten bestäubt werden, ist dies nicht ohne Bedeutung.

Die Anordnung der Blüten zu Blütenständen geschieht nach bestimmten Plänen. Bei den verzweigten Blütenständen unterscheidet man zwischen einer *Hauptachse* und *Nebenachsen*, die ihrerseits wieder verzweigt sein können. Die Nebenachsen gehen aus Achselknospen von *Hochblättern* hervor; jede Achse schließt mit einer Blüte ab.

Die *traubigen Blütenstände* kann man als Umbildungen der **Traube** auffassen. Bei der Traube sitzen an der Hauptachse unver-
45 zweigte Nebenachsen. Durch Zurückbildung der Nebenachsen entsteht die **Ähre** mit sitzenden Blüten (obere Reihe). Von dieser unterscheidet sich der **Kolben** durch Verdickung der Hauptachse. Verkürzung der Hauptachse führt zum **Köpfchen,** das **Körbchen** heißt, wenn es von einer Hülle umgeben ist. Eine Traube, bei der alle Blüten etwa in gleicher Höhe stehen, heißt **Doldentraube** (mittlere Reihe). Bleiben die Stengelglieder der Hauptachse zwischen den Nebenachsen kurz, dann liegt eine **Dolde** vor. Durch Verzweigung der Nebenachsen entsteht aus der Traube die **Rispe** (untere Reihe). Diese heißt **Doldenrispe,** wenn alle Blüten in gleicher Höhe stehen. Durch Verkürzung der Stengelglieder von Hauptachse und Nebenachsen entsteht die **zusammengesetzte Dolde** oder **Doppeldolde.**

Bei der **Trugdolde** schließt die Hauptachse mit einer Endblüte ab, unter der an einem Punkt mehrere Nebenachsen entspringen, die sich wie die Hauptachse weiterverzweigen können. Bei der **zweigliedrigen Trugdolde** sind es jeweils 2 Nebenachsen.

*Von der Traube kann man verschiedene Blütenstände ableiten. Die obere Reihe führt über die Ähre zum Kolben und Köpfchen, die mittlere über die Doldentraube zur Dolde und die untere über die Rispe und Doldenrispe zur zusammengesetzten Dolde. Damit soll nicht gesagt sein, daß diese Blütenstände tatsächlich so entstanden sind. Die Trugdolde, der ein ganz anderer Bauplan zugrunde liegt, kann nicht an die Traube angeschlossen werden. Von ihr leiten sich weitere Blütenstände ab.*

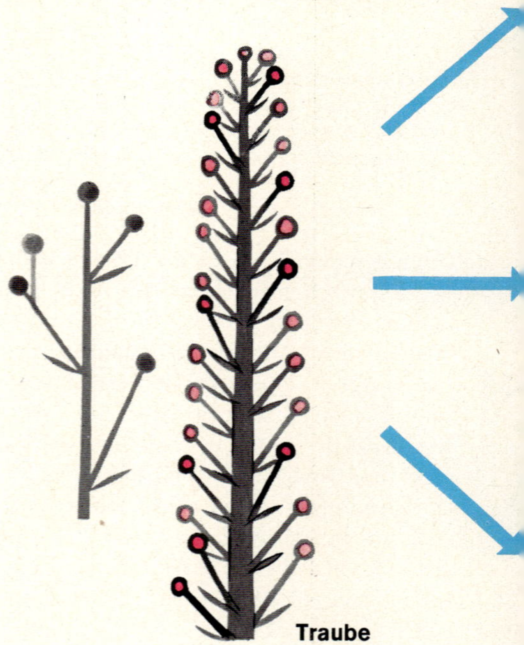

**Traube**

**Trugdolde**

Wolfsmilch

Zweigliedrige Trugdolde:

Mieren u.a. Nelkengewäch

**Ähre**
Wegerich
Ährengräser

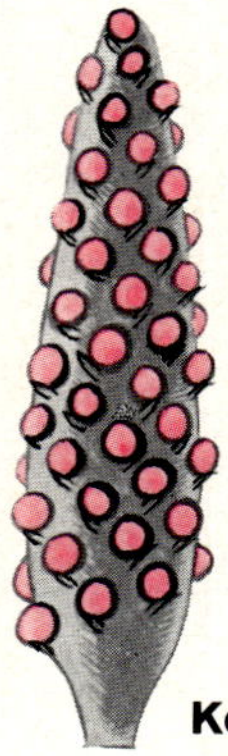

**Kolben**
Aronstab

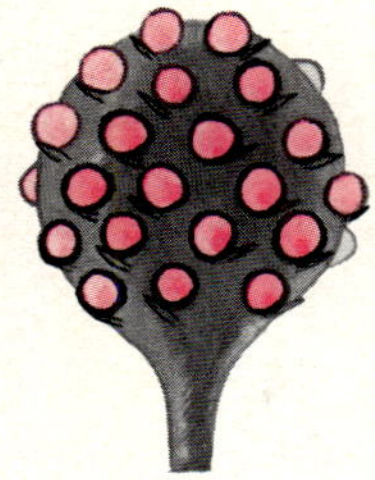

**Köpfchen**
Klee
Großer Wiesenknopf

**Körbchen**
Löwenzahn
Flockenblume
und andere
Korbblütler

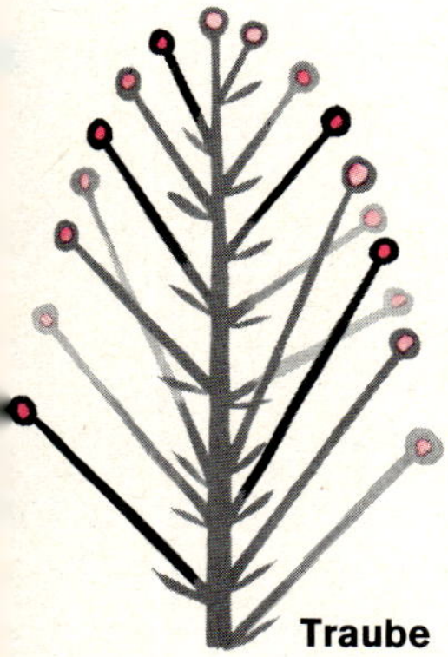

**Traube**
Raps, Odermennig,
Goldregen, Besenginster, Feuerbohne

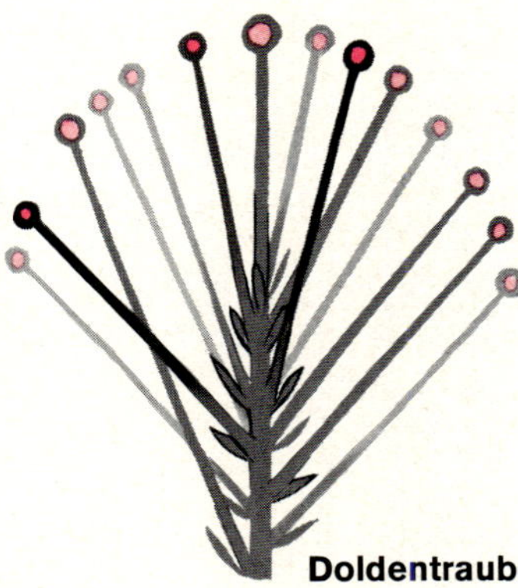

**Doldentraube**
Zahnwurz

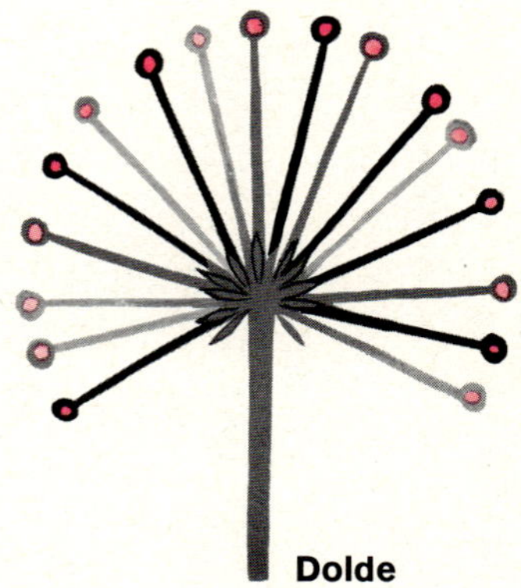

**Dolde**
Schlüsselblume
Reiherschnabel
Hornklee
Laucharten

**Rispe**
Rispengräser
Weinrebe

**Doldenrispe**
Eberesche
Weißdorn

**Doppeldolde**
Wiesenkerbel
Wilde Möhre
und andere
Doldengewächse

46,1

46,5

46,4

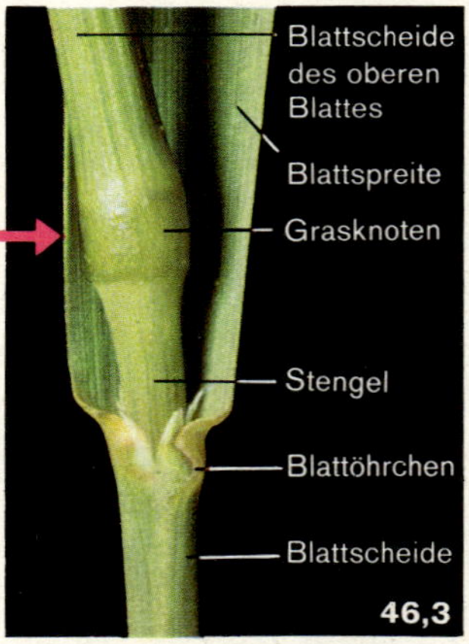


46,3

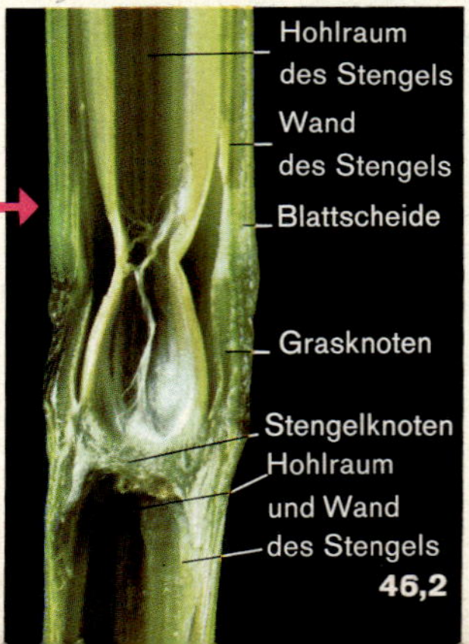


46,2

**46,1:** *Halm des Glatthafers mit sproßbürtigen Wurzeln und Blütenrispe. Die Blätter sind zweizeilig angeordnet.* **46,2:** *Längsschnitt durch einen Knoten.* **46,3:** *Grasknoten und Blattscheide.* **46,4:** *Am Übergang der Blattspreite in die Blattscheide sitzt das Blatthäutchen.*

## 46 Der Glatthafer (Arrhenaterum elat.)

Der *Glatthafer* **(46,1)** ist unser häufigstes Wiesengras. Im Frühjahr, wenn die Gräser nur Blätter tragen, können wir ihn von anderen Gräsern schwer unterscheiden. Jedoch an den Blüten und Blütenständen können wir die Grasarten leichter erkennen. 46

**Blütenbau.** Der Blütenstand des Glatthafers ist eine *Rispe*. Die Rispenäste tragen jedoch keine Einzelblüten, sondern zweiblütige *Ährchen* **(46,5; 46,6).** Die trockenhäutigen Blättchen, die die Blüten umgeben, heißen *Spelzen*. Das Ährchen beginnt unten mit 2 *Hüllspelzen*. Zu jeder Blüte gehören 2 Spelzen, die äußere *Deckspelze* und die innere *Vorspelze*. Sie umschließen 3 Staubblätter und den Fruchtknoten, der 2 *federartige Narben* trägt **(46,6).** Der Fruchtknoten der unteren Blüte ist beim Wiesenhafer meist verkümmert. In der Blüte finden sich außerdem 2 kleine Schüppchen, die *Schwellkörper* **(46,7).** Auf dem Rücken der Deckspelze der unteren Blüte entspringt eine knieförmig gebogene Borste, die *Granne* genannt wird.

**Bestäubung (46,9).** Die Blüten öffnen sich bei trockenem Wetter morgens gegen 7 Uhr.

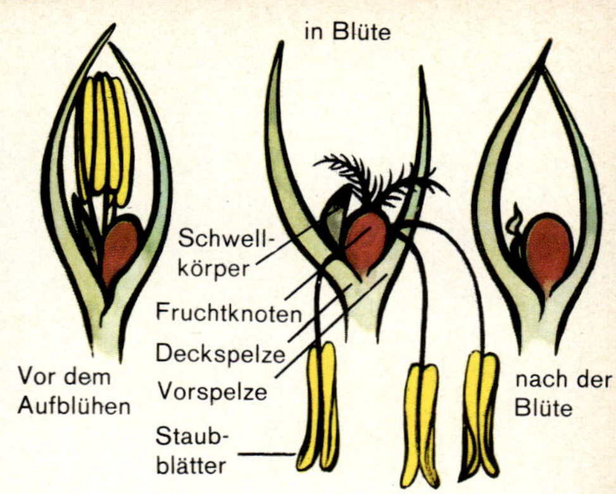


46,9

**46,5:** *Schemazeichnung des Ährchens vom Glatthafer. Unten am Ährchen sitzen die beiden Hüllspelzen. Die zwei Blüten sind in verschiedener Höhe an der Ährenachse festgewachsen. An der Blütenachse folgt auf die Deckspelze die Vorspelze, dann die beiden Schwellkörper, die 3 Staubblätter und der Fruchtknoten.* **46,6:** *Ährchen des Glatthafers.* **46,7:** *Schwellkörper.* **46,8:** *Staubbeutel des Glatthafers mit dem Löffelchen zur Aufnahme des Blütenstaubes.* **46,9:** *Blühvorgang. Von links nach rechts: Geschlossene Blüte vor dem Aufblühen, geöffnete Blüte, Blüte nach dem Blühvorgang.*

Die Schwellkörper nehmen Wasser auf, schwellen an und drücken die Spelzen auseinander. Innerhalb von 20 Minuten wachsen die Staubfäden auf das Drei- bis Vierfache ihrer ursprünglichen Länge heran. Sie kippen nach außen, so daß die Staubbeutel aus der Blüte heraushängen. Ihre beiden Hälften weichen an der Spitze etwas auseinander und biegen
46 sich nach oben um **(46,8)**. Dadurch entstehen 2 kleine Löffelchen, in die der Blütenstaub aus den Staubbeuteln herunterrieselt. Der Wind bläst ihn aus den Löffelchen fort. Er wird von den federartigen Narben, die aus den Blüten herausragen, aufgefangen. Bei den Gräsern wird die Bestäubung also nicht von Tieren, sondern *vom Wind* besorgt. Der in großer Menge abgeschiedene trockene, staubartige Pollen kann leicht verweht werden. Die großen Narben sind zum Auffangen des Blütenstaubs gut geeignet. Nach 2 Stunden schrumpfen die Schwellkörper und die Blüten schließen sich. Staubblätter und Narben welken und fallen ab. Aus dem Fruchtknoten entsteht eine *einsamige Schließfrucht*.

**Grashalm.** Der runde Stengel der Gräser heißt *Halm* **(46,1)**. Sein unterster Abschnitt erzeugt die *sproßbürtigen Wurzeln*. Die Blätter sitzen auf 2 Seiten des Halms übereinander, sie sind *zweizeilig* angeordnet. Die Blattspreiten sind lang und schmal. Ihre Nerven verlaufen parallel. Nach unten zu geht die Spreite in eine stengelumfassende Blattscheide über. An der Grenze zwischen Blattspreite und Blattscheide findet sich das feine *Blatthäutchen* **(46,4)**. Die Blattscheide entspringt am *Stengelknoten* **(46,2)**. Dicht über dem Stengelknoten ist sie zum *Grasknoten verdickt* **(46,3)**. Der hohle Halm wird durch Querwände der Stengelknoten in einzelne Abschnitte unterteilt **(46,2)**. Wie kann der lange, verhältnismäßig dünne Halm den Blütenstand tragen und dem Wind widerstehen? Die schmalen Blätter setzen dem Wind wenig Widerstand entgegen. Durch die Gliederung des Halms in kleine Abschnitte wird er nicht so leicht geknickt (lange Hölzchen kann man leichter zerbrechen als kurze). Auch die Blattscheiden tragen zur Festigung bei. Sie schützen die weichste Stelle des Halms, die *Wachstumszone*, die unmittelbar über dem Knoten liegt. Von dieser Stelle aus geht das Wachstum des Halmes vor sich. Liegende Halme richten sich mit Hilfe der Grasknoten auf. Die Unterseite der Wachstumszone an den Knoten wächst schneller als die Oberseite, wodurch sich der Halm aufrichtet.

Ähren-
gräser

47,1

**47,1: Ährengräser (obere Reihe)**

*47,1 l.: Englisch Raygras (Lolium perenne)*
*47,1 r.: Quecke (Agropyron repens)*

**47,2–47,3: Ährenrispengräser (mittl. Reihe)**

*47,2 l.: Ruchgras (Anthoxanthum odoratum)*
*47,2 r.: Kammgras (Cynosurus cristatus)*
*47,3 l.: Wiesenfuchsschwanz (Alopecurus pratensis)*
*47,3 r.: Wiesenlieschgras (Phleum pratense)*

**47,4–47,7: Rispengräser (untere Reihe)**

*47,4 l.: Goldhafer (Trisetum flavescens)*
*47,4 r.: Knäuelgras (Dactylis glomerata)*
*47,5 l.: Wiesenschwingel (Festuca pratensis)*
*47,5 r.: Weiche Trespe (Bromus mollis)*
*47,6 l.: Honiggras (Holcus lanatus)*
*47,6 r.: Straußgras (Agrostis tenuis)*
*47,7 l.: Wiesenrispengras (Poa pratensis)*
*47,7 r.: Zittergras (Briza media)*

**47**

Ähren-
rispen-
gräser

47,2

47

Rispen-
gräser

47,4

47

## 47 Die Familie der Gräser (Gramineae)

Um die Vielzahl der Gräser besser übersehen zu können, unterscheidet man nach den Blütenständen die 3 Gruppen der *Ährengräser*, *Ährenrispengräser* und *Rispengräser*. Bei den **Ährengräsern** sitzen die Ährchen unmittelbar an der Ährenachse oder sind nur kurzgestielt (*Englisches Raygras* und *Quecke* – **47,1**). Beim Raygras kehren die Ährchen der Ährenachse die schmale Seite zu, bei der Quecke die breite. Das Raygras ist trittfest. Es eignet sich daher zum Bepflanzen von Rasen und Sportplätzen. Die Quecke ist ein sehr lästiges Unkraut. Selbst aus Bruchstücken der langen, unterirdischen Ausläufer entwickeln sich neue Pflanzen. Die **Ährenrispengräser (47,2; 47,3)** weisen einen walzlichen Blütenstand auf, der einer Ähre gleicht. Beim Umbiegen bemerkt man jedoch, daß die Ährchen auf verzweigten Stielchen sitzen. Das getrocknete *Ruchgras* verleiht dem Heu
47 den bezeichnenden Duft. Die Ährchen des *Kammgrases* haben eine kammförmige Hülle. *Wiesenfuchsschwanz* und *Wiesenlieschgras* werden oft miteinander verwechselt. Die Ährchen des Fuchsschwanzes sind einspitzig, die des Lieschgrases zweispitzig. Bei den **Rispengräsern** ist der Blütenstand eine *Rispe* **(47,4–47,7).** An verzweigten Rispenästen sitzen ein- oder mehrblütige Ährchen. Die Wiesengräser sind *ausdauernde Pflanzen.*

Hohe Gräser nennt man Obergräser, niedrige Untergräser. Wichtige Obergräser sind *Wiesenfuchsschwanz*, *Wiesenlieschgras*, *Knäuelgras*, *Wiesenschwingel* und *Glatthafer*. Alle fünf sind gute Futtergräser. *Wiesenrispengras*, *Goldhafer* und *Englisches Raygras* gehören zu den Untergräsern. Auch diese Pflanzen liefern ein gutes Futter.

Die Grasarten bilden die *Familie der Gräser* (Gramineae). Diese enthält etwa 4000 Arten. Davon wachsen 220 in Mitteleuropa. Zu den Gräsern gehören die Getreidearten, unsere wichtigsten Nutzpflanzen. Die Futtergräser ermöglichen die Viehhaltung. Die Gräser sind daher für unsere Ernährung von besonderer Bedeutung. In Steppen und Savannen, die große Teile der Erdoberfläche bedecken, sind Gräser die herrschenden Pflanzen.

**Merkstoff.** Die Blütenstände der Gräser sind Ähren, Rispen oder Ährenrispen. Die Grasblüte wird von der Deck- und Vorspelze umhüllt. Sie enthält 3 Staubblätter, einen Fruchtknoten mit 2 federartigen Narben und 2 Schwellkörper. Die Blüten werden vom Wind bestäubt. Die Frucht ist eine einsamige Schließfrucht. Der Grashalm ist durch Grasknoten unterteilt. Die Blätter bestehen aus der Blattscheide und der parallelnervigen Blattspreite. Zur Familie der Gräser gehören unsere wichtigsten Nutzpflanzen.

47,6

47,7

**48,1:** *Wiese vor der Heuernte. Sie befindet sich zu dieser Zeit im 1. Hochstand. Mit zunehmender Wärme im Frühjahr ergrünt die Wiese. Ende April ist sie gleichmäßig grün. Knapp 2 Monate später ist die Hauptblütezeit der Wiesenpflanzen. Daher gewährt die Wiese vor der Heuernte den schönsten Anblick.*

## 48–51 Die Wiese

Im Mai und Juni prangen unsere Wiesen in saftigem Grün **(48,1),** das von den bunten Farbflecken der Wiesenblumen anmutig belebt wird. Untersuchen wir den Pflanzenbestand einer solchen Wiese, so zeigt sich, daß *Gräser* vorherrschen. Daneben findet sich eine Reihe *Kräuter*. Sträucher und Bäume fehlen jedoch gänzlich, falls sie nicht absichtlich 48
gepflanzt worden sind. Dies ist deshalb erstaunlich, weil Deutschland ein Waldland ist und unsere Wiesen auf ehemaligem Waldboden (oder Moorboden) stehen. Warum bleiben Holzgewächse der Wiese fern? Wiesen werden alljährlich ein- bis zweimal *gemäht*. Auf der Wiese können sich deshalb nur solche Pflanzen halten, die nach dem Schnitt wieder ausschlagen oder dem Schnitt auf irgendeine Weise entgehen. Holzgewächse ertragen den Schnitt ganz und gar nicht und sind deshalb auf der Wiese nicht zu finden. Sie würden sich jedoch alsbald dort einstellen, wenn man das Mähen unterlassen würde. Im Lauf der Jahre entstünde dann ein Wald. *Durch die Mahd werden die Wiesen geschaffen und erhalten.* Natürliche Wiesen gibt es in Deutschland nicht. Sie verdanken ihr Dasein allein dem Menschen. Wiese heißt daher ein solches Grasland, das mindestens einmal im Jahr gemäht wird.

**48,2–48,4:** *Leitpflanzen der trockenen Fettwiese.* **48,2:** *Echtes Labkraut (Galium verum).* **48,3:** *Tauben-Skabiose (Scabiosa columbaria).* **48,4:** *Wundklee (Anthyllis vulneraria). Diese Trockenlandpflanzen besitzen Blätter mit kleiner Fläche. Dadurch wird die Wasserverdunstung herabgesetzt.*

**Die Fettwiese**

Die Wiesenpflanzen dienen frisch oder getrocknet als Viehfutter. Man kann den Ertrag einer Wiese wesentlich steigern, wenn man *düngt*. Vielfach wird dazu Jauche oder Stalldünger verwendet. Da viele Wiesenpflanzen, z. B. Glatthafer, Goldhafer, Knäuelgras, Weißklee, Wiesenkerbel und Bärenklau *düngerliebend* sind, wird der Pflanzenwuchs durch die Düngung üppiger. Solche gedüngten Wiesen heißen *Fettwiesen*. Fettwiesen können zweimal im Jahr gemäht werden. Der 1. Schnitt erfolgt im Juni und wird *Heuernte* genannt. Die getrockneten Futterpflanzen bezeichnet man entsprechend als Heu. Im Sommer, meist im August, wird nochmals gemäht. Dieser 2. Schnitt heißt *Öhmd-Ernte*. Er liefert das Öhmd. Die Fettwiese ist die weitaus häufigste Wiesenform. Daher wollen wir uns nur mit ihr beschäftigen und andere, seltenere Wiesenformen vernachlässigen. Die Fettwiese ist durch eine Reihe von Pflanzen gekennzeichnet, die nur auf ihr vorkommen. Man kann an solchen *Leitpflanzen* eine Fettwiese erkennen. Zu den Leitpflanzen der Fettwiese gehören: Glatthafer (46,1), Wiesenschwingel, Wiesenfuchsschwanz, Weiche Trespe, Lieschgras (s. Gräser 47,1–7), Wiesenkerbel (41,4), Bärenklau (42,3), Wiesenschaumkraut (23,1) und Wiesenstorchschnabel (40,3). Die Fettwiesen sind jedoch in ihrem Pflanzenbestand durchaus nicht einförmig. Manche Pflanzen gedeihen nur in trockenen Fettwiesen, andere nur in feuchten. Sie können daher als Leitpflanzen für die trockene und die feuchte Fettwiese dienen. Die *trockene Fettwiese* ist durch starkes Auftreten des Wiesensalbeis (31,4) gekennzeichnet *(Salbeiwiese)*. Andere Leitpflanzen für diese Wiesenform sind das Echte Labkraut **(48,2)**, die Tauben-Skabiose **(48,3)** und der Wundklee **(48,4)**. Die *feuchte Fettwiese* enthält viel Honiggras (47,6). Wir können sie deshalb als Honiggraswiese bezeichnen. Als weitere Leitpflanzen sind die Kohldistel **(48,5)**, die Kuckucksnelke **(48,6)** und die Sumpfdotterblume (21,3) zu erwähnen. Bei stockender Nässe treten auch Sauer- oder Riedgräser auf, die nur ein minderwertiges Futter liefern und daher beim Bauern nicht beliebt sind **(48,7)**. Manche Wiesen enthalten so reichlich Doldengewächse, daß deren weiße Blütenfarbe vorherrscht. Da diese Pflanzen düngerliebend sind, weist ihr Massenvorkommen auf übermäßige Düngung hin. Die mit Obstbäumen bestandenen Baumwiesen, die während der Baumblüte besonders schön sind, weichen in ihrem Pflanzenbestand von der normalen Fettwiese nicht wesentlich ab. Da sie meist in Siedlungsnähe liegen und daher in der Regel gut gedüngt werden, werden sie oft von Doldengewächsen beherrscht.

**48,5–48,7:** *Leitpflanzen der feuchten Fettwiese.* **48,5:** *Die Kohldistel (Cirsium oleraceum) ist ein Korbblütler.* **48,6:** *Kuckucksnelke (Lychnis flos-cuculi).* **48,7:** *Sauergras (Carex). Die Sauergräser unterscheiden sich von den Süßgräsern u. a. durch den knotenlosen, dreikantigen Stengel.*

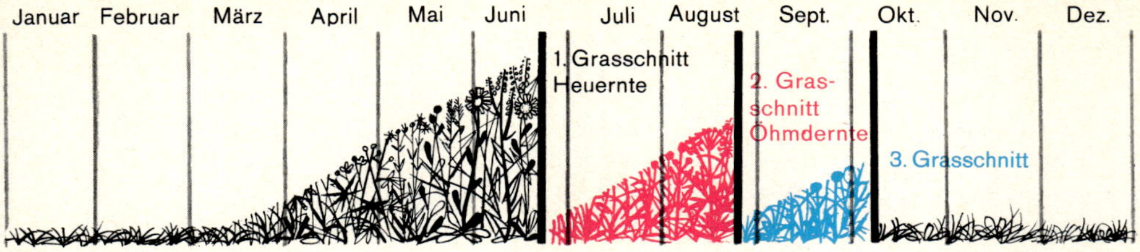


49,1

**49,1:** *Die Wiese im Jahreslauf. Während des Winters und im Vorfrühling ist die Wiese niedrig. Vom März an wachsen die Wiesenpflanzen und erreichen im Juni ihre größte Höhe (1. Hochstand). Nach der Heuernte im Juni folgt ein zweiter, kurzdauernder Tiefstand, der im August in den 2. Hochstand übergeht. Dieser wird durch die Öhmdernte beendet. Manchmal gibt es im September noch einen 3. Hochstand mit einer 3. Mahd. Ab Oktober geht die Wiese in den Wintertiefstand über.*

## Die Wiese im Jahreslauf

Das Aussehen der Wiese ändert sich im Ablauf des Jahres außerordentlich stark. Dies hat verschiedene Ursachen. Einmal blühen die Wiesenpflanzen zu verschiedenen Zeiten. Damit ist ein dauernder, verhältnismäßig rasch ablaufender Farbwechsel verbunden. Ferner ist auch zu bedenken, daß die Entwicklung durch den Schnitt mehrmals unterbrochen wird. Auch während der Winterruhe zeigen die Pflanze nicht ihren gewohnten Anblick. Wir wollen nun die Veränderungen der Wiese im Jahreslauf näher betrachten **(49,1).**

Nach der Schneeschmelze im Frühjahr sind die Wiesenpflanzen, die vielfach mit oberirdischen Pflanzenteilen überwintert haben, noch niedrig. Dies gilt insbesondere auch für die Gräser. Die Wiese befindet sich im **1. Tiefstand.** Als erste Pflanzen blühen das Gänseblümchen und das Schneeglöckchen, denen bald Veilchen und Schlüsselblumen folgen. Die Hauptmasse der Wiesenpflanzen treibt junge, grüne Sprosse, sobald die zunehmende Temperatur dazu den Anstoß gibt. Um Georgi (23. April) ist die Wiese ganz mit frischem Grün geschmückt. Von diesem Zeitpunkt an dürfen die Wiesen nicht mehr betreten werden. In wenigen Wochen wachsen von nun an die Wiesenpflanzen in die Höhe und die Wiese nähert sich dem **1. Hochstand (48,1).** Während der Entwicklung bis zum 1. Hochstand macht eine Reihe Pflanzen ihre Hauptblütezeit durch. Zuerst färben die Löwenzahnblüten (34,8) die Wiese leuchtend gelb. Dann überziehen die Blüten des Wiesenschaumkrauts (23,1) die Wiesen mit einem zarten, blaßvioletten Schleier. Sobald der Hahnenfuß (3,1) und die Wiesenfeste (Wiesenpippau, Crepis biennis) aufblühen, ist die Wiese wieder gelb. Manche Wiesen zeigen jetzt auch reichlich das Weiß des Wiesenkerbels (41,4). Von da ab wird die Wiese immer farbenprächtiger. Das Blau der Glockenblumen, des Salbeis (31,4) und des Wiesenstorchschnabels (40,3) mischt sich mit dem Gelb des Wiesenbocksbarts, dem Rot von Kuckucksnelke (48,6), Lichtnelke (33,8), Klee (31,5) und Esparsette und dem Weiß von Wucherblume (Marguerite – 50,6) und Wiesenlabkraut (32,11). Zuletzt entfalten sich die feinen Rispen der Gräser. In dem dichten Pflanzengewirr finden Pflanzen mit schwachen Stengeln Halt, so etwa die Zaunwicke (37,7), die sich mit Ranken festhält, oder das Labkraut, das seine Seitentriebe abspreizt und sich so verankert (Spreizklimmer). In der 2. Junihälfte (oder früher) bereitet der 1. Schnitt der ganzen Pracht ein Ende. Unter den günstigen Wachstumsbedingungen des Sommers (hohe Temperatur, reichliche Niederschläge) dauert der nun folgende **2. Tiefstand** nur kurze Zeit **(49,1).** Die Wiesenpflanzen wachsen wieder, bleiben aber niedriger als vor der Heuernte. Manche Pflanzen des 1. Hochstands kommen nochmals zum Blühen, andere,

**49,2:** *Wiese im 2. Hochstand. Viele Wiesengräser und andere Wiesenpflanzen, wie etwa der Salbei, der Hahnenfuß und der Wiesenstorchschnabel, haben neue Triebe gebildet. Die Wiese zeigt im 2. Hochstand mehr trübe Farben und bleibt niedriger als im 1. Hochstand.*

wie der Bärenklau, die Kohldistel, der Augentrost und der Große Wiesenknopf entfalten jetzt erst ihre Blüten. Doch wird im **2. Hochstand** die alte Farbenpracht nicht wieder erreicht **(49,2).** Schon in der 2. Augusthälfte kann zum zweitenmal geschnitten werden. Dem 2. Hochstand folgt der **3.. Tiefstand.** Jetzt erst blüht als letzte Wiesenblume die Herbstzeitlose (50,7). Auf den 3. Tiefstand folgt entweder die Winterruhe oder unter günstigen Umständen ein **3. Hochstand (49,1).** Dieser ist jedoch nur noch schwach ausgebildet. Die Pflanzen werden nochmals geschnitten oder vom Vieh abgeweidet.



**Winterruhe.** Im Winter sind die Pflanzen nicht nur der *Gefahr des Erfrierens*, sondern vor allem auch der *Gefahr des Austrocknens* ausgesetzt. Blätter verdunsten nämlich auch winters Wasser, das bei gefrorenem Boden nicht ersetzt werden kann. Wie begegnen die Pflanzen diesen Gefahren? Einjährige Pflanzen überwintern mit den sehr *widerstandsfähigen Samen*, die gegen die Kälte wie gegen das Austrocknen gleichermaßen geschützt sind. Bei den mehrjährigen Stauden sterben die oberirdischen Pflanzenteile ganz oder teilweise ab. Im ersten Fall überwintern die Pflanzen im Schutz des Bodens mit unterirdischen *Wurzelstöcken*, *Zwiebeln* oder *Knollen*. An diesen Organen befinden sich die Erneuerungsknospen, die im nächsten Frühjahr austreiben. Im zweiten Fall bleiben die *unteren Sproßteile*, an denen die Erneuerungsknospen sitzen, erhalten. Die Erneuerungsknospen befinden sich in der Nähe der Erdoberfläche, wo sie vom Schnee bedeckt werden. So sind sie vor Austrocknen und Erfrieren einigermaßen geschützt. Die Abb. **49,3** bringt Beispiele für die erwähnten Überwinterungsmöglichkeiten.

**49,3:** *Die Abbildung zeigt von links nach rechts die Überwinterung mit Samen und unterirdischen Organen. Die 3 rechten Pflanzen überwintern mit Knospen in Bodennähe. Vielfach überdauern auch bodennahe Blätter den Winter (Pflanzen mit Rosetten und Ausläufern, Gräser).*

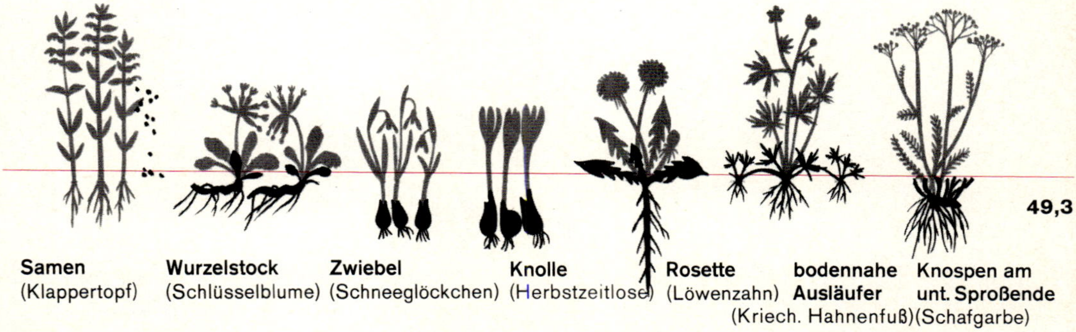

## Die Anpassung der Wiesenpflanzen an den Schnitt

Wie schon eingangs erwähnt, können sich auf der Wiese nur solche Pflanzen halten, die den Schnitt ertragen. Welche *Anpassungen an den Schnitt* weisen diese nun auf? Die Hauptmasse der Wiesenpflanzen besitzt die Fähigkeit, nach der Mahd wieder auszutreiben. Die Ersatzsprosse entstehen aus Knospen, die an unterirdischen Sproßteilen oder am oberirdischen Stengelstumpf sitzen. So verhalten sich die *Gräser* **(50,4** Foto und Zeichnung**)**, die Kleearten, der Bärenklau, der *Salbei* **(50,2)**, das Wiesenlabkraut u. a. Der *Weißklee* treibt einen auf dem Boden kriechenden Sproß, der an den Knoten Wurzeln bildet und sich nur an der Spitze erhebt. Bei der Mahd werden lediglich die langgestielten Blätter und Blütenköpfchen abgeschnitten, während der Stengel selbst unverletzt bleibt **(50,5** Foto und Zeichnung**)**. Andere Pflanzen treiben zwar nur einmal aus, ihre Früchte reifen jedoch schon vor dem Schnitt. Zu dieser Gruppe gehören die Frühblüher, wie die Schlüsselblumen und das Wiesenschaumkraut. Die Früchte des Schneeglöckchens, des Märzenbechers, des Wohlriechenden Veilchens und des Rauhen Veilchens liegen auf dem Erdboden und können daher auch bei frühem Schnitt nicht beschädigt werden. Es gibt außerdem Wiesenpflanzen, die zwischen Heu- und Öhmdernte blühen und fruchten. Eine weitere Pflanze, die zufällig in die Entwicklung der Wiese hineinpaßt, ist die *Herbstzeitlose*. Sie blüht erst im 3. Tiefstand **(50,7** Foto**)**. Im Frühjahr bildet die Herbstzeitlose Blätter und Fruchtkapseln **(50,3)**. Die Früchte reifen schon vor der Heuernte. Den Sommer überdauert die Pflanze als Knolle im Boden. So ist sie zu keiner Zeit durch den Schnitt gefährdet **(50,7** Zeichnung**)**. Manche Anpassungsformen sind erst durch den Schnitt entstanden. Bei der *Wucherblume* kann man eine Ackerform und eine Wiesenform unterscheiden. Die langsamwüchsige Ackerform treibt Seitenzweige, die mit einer Korbblüte abschließen **(50,1)**. Die raschwüchsige Wiesenform besitzt einen einfachen Stengel mit nur einem Blütenkörbchen **(50,6** Foto**)**. Auf dem Acker ist die Ackerform im Vorteil, da sie mehr Früchte erzeugt. Dagegen kann sie sich wegen der langsamen Entwicklung auf der Wiese, die früher als der Acker abgemäht wird, nicht halten. Dort ist die Wiesenform begünstigt, die ihre Entwicklung vor der Heuernte abschließt **(50,6** Zeichnung**)**. So bleibt sie dort erhalten.

**50,1:** *Ackerform der Wucherblume.* **50,2:** *Wiesensalbei mit Ersatzsprossen.* **50,3:** *Blätter und Fruchtkapsel der Herbstzeitlose im Frühjahr.* **50,4 Zeichnung:** *Bildung von Ersatzsprossen beim Ruchgras. Die nach der Heuernte gebildeten Ersatzsprosse sind rot, die nach der Öhmdernte gebildeten blau gezeichnet.* **50,4 Foto:** *Ersatzsprosse bei einem Gras.* **50,5 Zeichnung:** *Der Weißklee treibt nach dem Schnitt aus dem unverletzten Stengel neu aus.* **50,5 Foto:** *Kriechender Stengel des Weißklees mit Blättern und Blütenköpfchen.* **50,6 Zeichnung:** *Die Wucherblume blüht noch vor der Heuernte.* **50,6 Foto:** *Wiesenform der Wucherblume.* **50,7 Zeichnung:** *Die Herbstzeitlose fügt sich in die Entwicklung der Wiese ein.* **50,7 Foto:** *Blüte der Herbstzeitlose.*

50,4

50,5

50,6

50,7

## Die Lebensbedingungen auf der Wiese

**Pflanzen.** Die Wiesenpflanzen wachsen nicht beziehungslos nebeneinander. Jede übt vielmehr einen entscheidenden *Einfluß* auf ihre Nachbarn aus. Wir wollen das an einigen Beispielen betrachten. Alle Mitglieder der *Pflanzengesellschaft* zusammen schaffen erst die Bedingungen, die für das Gedeihen dieser Pflanzen wichtig sind. Manche Pflanzen fördern ihre Nachbarn durch Abscheidung von meist noch unbekannten Stoffen. Neben fördernden Stoffen werden jedoch auch Hemmstoffe abgegeben. Sodann stehen die Pflanzen untereinander im *Wettbewerb* um *Raum*, *Licht*, *Wasser* und *Nährstoffe*. Der Wettbewerb wirkt sich besonders unter den Artgenossen aus, da ja alle die gleichen Lebensansprüche haben. Allein die hohen Samenzahlen mancher Pflanzen zeigen, wieviel Keime im Wettbewerb unterliegen. Zwischen den Arten ist der Wettbewerb durch verschiedene Einrichtungen gemildert, so etwa durch die *Höhenschichtung* der Wiesenpflanzen. Auf eine dünne Moosschicht folgt eine untere Krautschicht (Rosettenpflanzen, kriechende Pflanzen), eine mittlere Krautschicht und eine obere Krautschicht (Unter- und Obergräser!). Durch diese Schichtung wird eine bessere Ausnützung der Raum- und Lichtverhältnisse ermöglicht. Eine *Schichtung* ist auch *im Wurzelbereich* festzustellen **(51,1),** wodurch eine bessere Versorgung mit Wasser und Nährsalzen gewährleistet ist. Die Wurzelstöcke und Wurzeln der rasenbildenden Gräser sind miteinander verflochten und verfilzt *(Grasnarbe)*. In den Wurzeln der Orchideen und mancher Gräser (z. B. Honiggras) leben Pilzfäden, die diese Pflanzen mit Nährstoffen versorgen. *Wirt* und *Gast* haben von diesem Zusammenleben Vorteile *(Symbiose)*. Es gibt jedoch auch Fälle, bei denen der Wirt einseitig ausgenützt wird. Sommerwurz und Kleeseide **(51,2; 51,3)** entziehen dem Klee alle ihre zum Leben nötigen Nährstoffe, sie sind *Schmarotzer*. Dagegen entnehmen die *Halbschmarotzer* Klappertopf und Augentrost (32,9) den Graswurzeln nur Wasser und Nährsalze.



**Tiere.** Die Wiese beherbergt eine reiche *Tierwelt*. Es bestehen Beziehungen zwischen Pflanze und Tier und zwischen den Tieren untereinander. Blütenbesucher, wie Bienen, Hummeln, Schmetterlinge, Käfer vermitteln die *Bestäubung* und finden in den Blüten ihre *Nahrung*. Andere Blütengäste fressen lediglich Blütenteile ohne Gegenleistung (z. B. viele Käfer). Manche Tiere, die wir auf Blüten finden, haben es auf diese *Pflanzenfresser* abgesehen (Wespen, Raubfliegen, Weichkäfer, Spinnen). Die Blätter der Wiesenpflanzen

**51,2–51,3:** *Auf Klee schmarotzt die Kleeseide (Cuscuta epithymum). Sie besitzt keine Wurzeln und Blätter, sondern nur Blüten* **(51,3).** *Mit Saugorganen entzieht sie der Wirtspflanze Wasser und Nährstoffe* **(51,2). 51,4:** *Blütenstand eines Doldengewächses mit Blattwespe als Blütengast.*

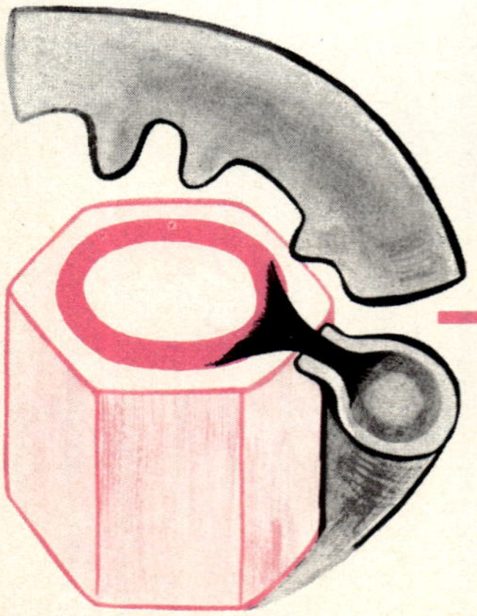

Anzapfstelle eines Seidenstengels (am Hopfen) **51,2**

**51,3**

**51,**

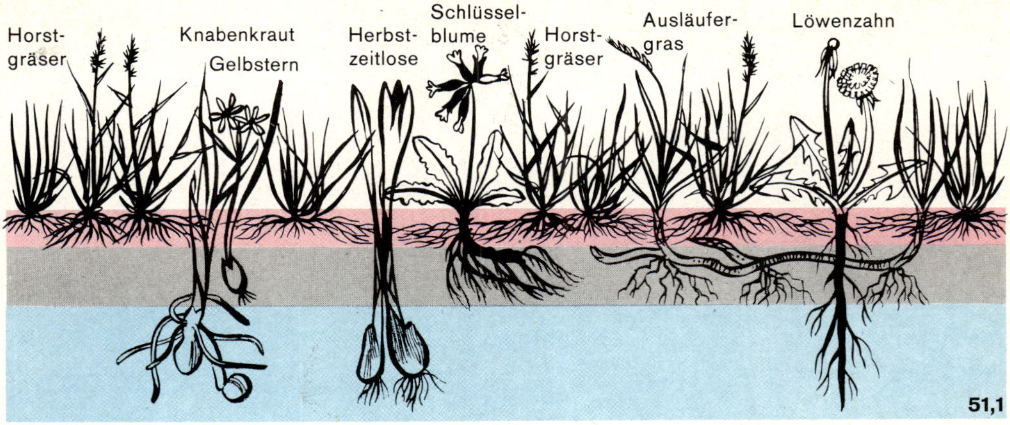


**51,1:** *Die Durchwurzelung des Wiesenbodens. Manche Wiesenpflanzen, wie die Gräser, wurzeln flach (Flachwurzler, rot). Andere sind Tiefwurzler, z. B. Löwenzahn, Doldengewächse, Orchideenarten und die Herbstzeitlose (blau). Flach- und Tiefwurzler sind durch Übergänge verbunden (grau).*

liefern Schmetterlingsraupen, Heuschrecken, Schnecken, Käfern und Käferlarven Nahrung. Die bekannten Blattläuse und andere Insekten saugen Pflanzensäfte. Von den süßen Ausscheidungen der Blattläuse leben Ameisen. Die Läuse selbst werden von Marienkäferchen und ihren Larven verzehrt. Die Engerlinge des Maikäfers und anderer Käfer, sowie die Maulwurfgrille leben von Pflanzenwurzeln. Die Regenwürmer, die als Bodenlockerer wichtig sind, ernähren sich von abgestorbenen Pflanzenteilen. Diesen Bodenbewohnern stellt der Maulwurf nach. Ihn und die Wühlmäuse, die ebenfalls im Boden hausen, fressen wiederum die Wiesel. Fleischnahrung finden auf der Wiese außerdem der Grasfrosch, die Zauneidechse und viele Vögel, die jedoch mit Ausnahme von Feldlerche, Wiesenpieper und Wiesenschmätzer keine Wiesenbewohner sind.



Die Tiere der Wiese ernähren sich teils von Pflanzen und teils von anderen Tieren. Sie bilden ein Verhältnis von Nährern zu Zehrern. Doch werden die Pflanzen auch von den Tieren gefördert (Bestäubung der Blüten, Verbreitung von Samen, Verbesserung und Lockerung des Bodens durch Bodenbewohner). *Die Lebewesen der Wiese, Pflanzen und Tiere, sind aufeinander angewiesen, sie bilden eine Lebensgemeinschaft.*

**51,5:** *Die Ameisen der Wiese verbreiten die Samen von Schneeglöckchen und Veilchen. Besondere Samenanhängsel dienen den Tieren als Nahrung.* **51,6:** *Feldheuschrecken leben von Pflanzenkost.* **51,7:** *Die Wiesenschnake saugt Pflanzensäfte. Ihre Larven leben im Boden, wo sie Wurzeln benagen.*

**52,1:** *Fruchtstand des Wiesenbocksbarts (Tragopogon pratensis). Bei schönem Wetter ist die Haarkrone mit den federartigen Haaren ausgebreitet.* **52,2:** *Weidenröschen (Epilobium). Aus dem unterständigen Fruchtknoten entwickelt sich eine Kapsel. die mit 4 Klappen aufspringt.* **52,3:** *Samen des Weidenröschens tragen Samenhaare, welche als Flugorgan dienen.* **52,4:** *Die Kapseln der Wiesenglockenblume (Campanula patula) öffnen sich bei trockenem Wetter mit 3 Klappen, die herabgeschlagen werden.*

## 52 Die Verbreitung von Samen und Früchten

52

Für die Pflanzen ist es von großer Bedeutung, daß ihre Samen oder Früchte *verbreitet* werden. Wenn nämlich die jungen Pflanzen alle in unmittelbarer Nähe der Mutterpflanze aufwachsen müßten, würde ihnen die größere Pflanze Platz, Licht und Nahrung wegnehmen. Auch untereinander würden sie dann in Wettbewerb treten, da sie alle die gleichen Lebensansprüche haben. Außerdem können Pflanzen nur durch Ausbreitung ihrer Früchte und Samen „wandern“ und neue Räume besiedeln. Als Transportmittel kommen der *Wind*, das *Wasser* und *Tiere* in Frage. Ferner besitzen viele Pflanzen Einrichtungen, die es ihnen ermöglichen, Früchte oder Samen *fortzuschleudern*. Innerhalb dieser verschiedenen Arten der Pflanzenverbreitung gibt es zahllose Möglichkeiten, von denen wir nur einige als Beispiele für die Verbreitung durch Wind, durch Schleudervorrichtungen und durch Tiere auswählen.

**Verbreitung durch den Wind.** Der Wind führt Samen oder ganze Früchte mit sich fort. Bei manchen Pflanzen sind die Samen so *klein*, daß sie ohne besondere Einrichtungen vom Wind verweht werden. Dies gilt z. B. für die Sommerwurz (Orobanche). Andere vom Wind verbreitete Samen weisen *Auswüchse* verschiedener Art oder *Hüllen* auf, die eine derartige Verbreitung erleichtern. So tragen die kleinen Samen des Weidenröschens **(52,2; 52,3)** zahlreiche *Samenhaare*, die wie ein Fallschirm wirken. Der Wind trägt diese Samen oft weit übers Land. Andere Samen besitzen *Flügelchen* (Klappertopf) oder eine *ballonartige Hülle* (Knabenkräuter). Vorrichtungen, die das Windwandern fördern, finden sich auch bei vielen Früchten. Bei einem großen Teil der Korbblütler ist der Kelch zu einer *Haarkrone* umgewandelt, die am oberen Ende der Frucht sitzt. Bei trockenem Wetter spreizen sich deren Haare, welche einfach wie beim Löwenzahn (34,5) oder federartig wie beim Wiesenbocksbart **(52,1)** sein können. An diesem Schirm segelt die Frucht durch die Luft. Andere Früchte, wie etwa die vom Bärenklau, sind flach und *geflügelt* und bieten dadurch dem Wind eine größere Angriffsfläche. Bei der Glockenblume werden die Samen vom Wind aus der Kapsel geschüttelt und verbreitet **(52,4).**

**52,5:** *Das Springkraut (Impatiens noli-tangere) wächst in feuchten Wäldern. Bei Berührung lösen sich plötzlich die 5 Fruchtblätter der Frucht und rollen sich ein, wobei die Samen fortgeschleudert werden.* **52,6:** *Färberginster (Genista tinctoria). Die Fruchtklappen rollen sich auf und schleudern die Samen weg.* **52,7:** *Der Odermennig (Agrimonia eupatoria) trägt am Blütenboden Widerhaken, welche am Fell von Tieren haften bleiben.*



**Früchte mit Schleudervorrichtungen.** Der die Fruchtkapsel tragende Stengel wird bei Klatschmohn (8,5), Schlüsselblume u. a. elastisch. Wenn er abgebogen wird, etwa vom Wind, schnellt er wieder in die Ruhelage zurück, wodurch die Samen aus der Kapsel geschleudert werden. Die Kapsel des Veilchens (22,8) öffnet sich mit 3 Klappen, welche in der Mitte 2 Reihen von Samen tragen. Die aufgebogenen Klappenränder drücken gegen die glatten, runden Samen, die dadurch bis zu 5 m weit weggeschnellt werden. Bei Hornklee, Wicke, Platterbse und Ginster **(52,6)** springen die reifen Hülsen plötzlich mit 2 Klappen auf und schleudern die Samen mehrere Meter weit weg. Weitere Schleudereinrichtungen gibt es bei den Storchschnabelgewächsen (40,1). Das Springkraut oder „Rühr mich nicht an" **(52,5)** besitzt eine fünffächerige Frucht, deren Wände unter hoher Spannung stehen. Bei reifen Früchten wird der Schleudermechanismus schon durch eine leichte Berührung ausgelöst. Die 5 Fruchtblätter trennen sich voneinander, rollen sich plötzlich ein und schleudern dadurch die Samen fort.

**Verbreitung durch Tiere.** Viele Früchte bleiben an Tieren hängen und werden so verschleppt. Diese Früchte weisen Haken auf, mit denen sie am Fell haften *(Klettfrüchte)*. Bei der Klette (36,3) sind die Spitzen der Hüllblätter hakenförmig umgebogen, während beim Odermennig der Blütenboden Widerhaken trägt **(52,7).** Auch auf den Früchten selbst können Haken sitzen, wie es bei der Wilden Möhre (41,9) der Fall ist. Andere Früchte sind fleischig und oft auffällig gefärbt. Sie werden von Tieren (Vögel, Fuchs, Dachs u. a.) verzehrt, welche die von derben Schalen umgebenen Samen nicht verdauen können und sie deshalb mit dem Kot unversehrt abscheiden. Solche Früchte sind beispielsweise die Beeren, die Steinfrüchte, das Kernobst sowie Erdbeeren und Hagebutten. Manche Samen besitzen ein öl- oder eiweißhaltiges *Anhängsel*, das von den Ameisen verzehrt wird. Die Tierchen tragen dabei die Samen fort und verbreiten sie dadurch. Taubnesseln (9,6), Veilchen (21,8), Schöllkraut u. a. haben derartige Samen. Vielfach bleiben auch Samen mit Erdteilchen zusammen an den Füßen von Tieren und am Schuhwerk des Menschen hängen und gelangen auf diese Weise an neue, günstige Standorte.

**53,1:** *Weizenfeld.* **53,2:** *Blattöhrchen, Ähren und Körner des Weizens.*

## 53–56 Getreide



**Weizen** (Triticum aestivum; **53,1** und **53,2**). Unsere Getreidearten gehören zur *Familie der Gräser*. Sie sind daher wie die Wiesengräser gebaut. Der *Weizen* stammt wahrscheinlich aus Afghanistan. Er wird in verschiedenen Sorten angebaut, und zwar hauptsächlich im Süden unseres Landes (54,4). Der bis 1½ m hohe Halm trägt eine vierseitige *Ähre*. Auf den Absätzen der *Ährenspindel* sitzt je 1 vierblütiges *Ährchen*. Die *Spelzen* sind bauchig und eiförmig. Meist tragen sie keine *Grannen*. Doch gibt es auch begrannte Sorten (Bartweizen). Als *Langtagspflanze* blüht der Weizen im Juni. In der Regel findet *Selbstbestäubung* statt. Die reifen Körner fallen aus den Spelzen heraus. Da sie von diesen nicht umschlossen sind, heißen sie *nackt*. Am Übergang von der Blattspreite zur Blattscheide finden sich 2 *Öhrchen* mit steifen Haaren. Daran kann man junge Weizenpflanzen erkennen. Der Weizen wird als *Sommer*- oder *Winterfrucht* gebaut.

**Gerste** (Hordeum; **53,5** und **53,6**). Die *Gerste* gehört zu den *Ährengräsern*. Sie stammt aus Abessinien oder Südostasien. Auf jedem Absatz der *Ährenspindel* sitzen 3 einblütige *Ährchen*. Bei der *Zweizeiligen Gerste* (H. distichum) bilden nur die mittleren Ährchen Früchte, die dann in 2 Zeilen stehen. Bei der *Vierzeiligen Gerste* (H. vulgare) sind auch die seitlichen Ährchen fruchtbar. Die Ährchen tragen lange *Grannen*. Im Juni oder Juli blüht die Pflanze *(Langtagspflanze)*. Ihre Blüten bestäuben sich selbst. Das Korn ist von den mit ihm *verwachsenen Spelzen* eingeschlossen. Die Gerste ist unser niedrigstes Getreide. Ihre langen, unbehaarten *Blattöhrchen* umfassen den Halm. Die Zweizeilige Gerste wird bei uns als *Sommerfrucht* gebaut, die Vierzeilige als *Winterfrucht*.

**53,5:** *Gerstenfeld.* **53,6:** *Lange, stengelumfassende Blattöhrchen, Ähren und Körner der Gerste.*

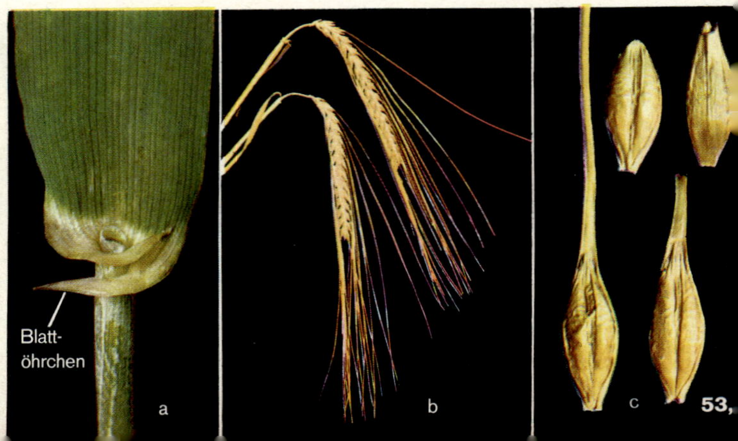

53,3: *Roggenfeld.* 53,4: *Der Roggen besitzt nur kleine Blattöhrchen. Roggenähren und -körner.*

**Roggen** (Secale cereale; **53,3** und **53,4**). Der aus Iran stammende *Roggen* war ursprünglich ein Unkraut im Weizenfeld. Mit dem Weizenbau breitete sich auch der Wildroggen aus. Der Roggen ist ein *Ährengras.* Auf den Absätzen der *Ährenspindel* sitzen einzelne *Ährchen* mit 2 fruchtbaren Blüten. Ihre *Hüllspelzen* sind pfriemenförmig. Die *Deckspelzen* der Blüten weisen einen scharfen Kiel und eine 1 bis 3 cm lange Granne auf. Die *Ähre* ist vierkantig. Im reifen Zustand wird sie nickend. Die *Langtagspflanze* blüht Ende Mai. Im Gegensatz zu anderen Getreidearten findet *Fremdbestäubung* statt (Wind!). Die grauen Körner sind *nackt.* Der Roggen ist unser höchstes Getreide, wird doch sein Halm bis 2 m hoch. Halm und Blätter tragen einen blauen Wachsüberzug. Keimpflanzen des Roggens kann man an ihrer rötlichen Färbung erkennen. Die unbehaarten *Blattöhrchen* sind nur klein. Roggen wird als *Winterfrucht*, manchmal auch als *Sommerfrucht* gebaut. Winterfrucht wird im Herbst gesät, überwintert als niedere Pflanze und wächst im Frühjahr in die Höhe. Dagegen wird Sommerfrucht erst im Frühjahr ausgesät (55,9).

**Hafer** (Avena sativa; **53,7** und **53,8**). Möglicherweise ist der *Hafer* in Mitteleuropa aus dem Windhafer (A. fatua), einem Getreideunkraut, entstanden. Als *Rispengras* ist der Hafer leicht von den übrigen Getreidearten zu unterscheiden. Die *Ährchen* sind zweiblütig. Die *Deckspelzen* tragen eine auf ihrem Rücken entspringende *Granne*, die aber auch fehlen kann. Von Juni bis August blüht der Hafer, ist also wie die anderen Getreidearten eine *Langtagspflanze.* Es findet *Selbstbestäubung* statt. Die langgestreckten Früchte sind von den *Spelzen* umhüllt. Der Haferhalm erreicht etwa die Höhe des Weizenhalms. *Blattöhrchen* fehlen der Pflanze. Da der Hafer wenig winterhart ist, wird er meist als *Sommerfrucht* angebaut (55,9).

53,7: *Haferfeld.* 53,8: *Der Hafer hat keine Blattöhrchen. Rispe und Körner des Hafers.*

***54,1:** Bruchspindel (Dinkel) und feste Spindel (Weizen). Bei der Bruchspindel brechen die Spindelstücke mitsamt den Ährchen auseinander.* ***54,2:** Nackt- und Spelzfrucht der Gerste. Nacktfrüchte lösen sich leicht aus den Spelzen.* ***54,3:** Mehrzeilige und zweizeilige Gerste. Die mehrzeilige Gerste ist eine sehr alte Kulturpflanze. Die zweizeilige Gerste wurde im Gegensatz zur mehrzeiligen in den Pfahlbauten nicht gefunden, sie scheint also erst später angebaut worden zu sein.*

## Entstehung und Anbauzonen unserer Getreidearten

**Entstehung der Getreidearten.** Das Getreide, wie wir es heute kennen, entstand im Laufe von Jahrtausenden aus Wildgräsern, die vom Menschen als Nahrungspflanzen angebaut wurden. Er förderte zunächst durch unbewußte Auslese solche Eigenschaften, die den Ertrag verbesserten. Ein Beispiel dafür bietet die *Festigkeit der Ährenspindel*. Die Wildgräser, von denen der Weizen abstammt, haben Spindeln, die bei der Reife in Teilstücke zerfallen, wie es heute noch beim Dinkel oder Spelz der Fall ist **(54,1)**. Für die Pflanzen war das ein Vorteil, weil der Wind die Bruchstücke samt den eingeschlossenen Körnern verbreitete. Für die Ernte war es ein Nachteil, weil der Ertrag gemindert wurde. Gelegentlich kamen aber doch Pflanzen vor, die eine feste Spindel hatten, und weil von diesen bei der Ernte keine Körner verloren gingen, kamen sie auch bevorzugt zur Aussaat. Allmählich verdrängten die Pflanzen mit fester Spindel die anderen, so daß zuletzt Weizenarten mit fester Spindel entstanden waren. Ebenfalls durch Auslese entstanden die *nacktfrüchtigen Formen*, bei denen die Körner sich leicht aus den Spelzen lösen, während sie bei den *spelzfrüchtigen Formen* fest von den Spelzen umschlossen bleiben **(54,2)**, oder ein höherer Körnerertrag, sowohl durch die Anzahl der Körner in der Ähre **(54,3)** wie



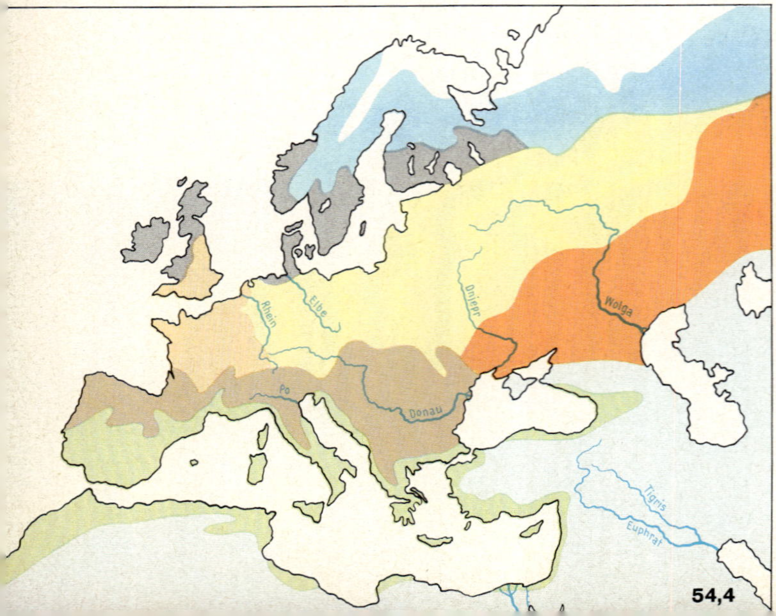


***54,4:** Karte der Anbaugebiete für Getreide und Oliven in Europa.*
*blau: nördl. Gerstenanbaugebiet.*
*grau: Haferanbaugebiet.*
*gelb: Roggen- und Winterweizenanbaugebiet Mittel- und Osteuropas.*
*hellbraun: Winterweizenanbaugebiet Westeuropas.*
*orange: russisches Sommerweizenanbaugebiet.*
*braun: Weizen-Mais-Anbaugebiet.*
*hellblau: Gerstenanbaugebiet Nordafrikas und Vorderasiens.*
*olivgrün: Olivenanbaugebiet.*

auch durch ihre Größe. Neben der Züchtung durch Auslese wird seit rund 100 Jahren bei der Pflanzenzüchtung auch die *Kreuzung* angewendet. Wenn 2 Sorten je eine erwünschte Eigenschaft aufweisen, bestäubt man die Narben der einen Sorte mit dem Blütenstaub der anderen. Unter den Nachkommen finden sich dann oft Pflanzen, die beide erwünschten Eigenschaften zeigen. Durch Züchtung entsprechender Sorten können Getreidearten in Ländern angebaut werden, wo dies vorher wegen der Ungunst des Klimas nicht möglich war. Roggen und Hafer entstanden als Getreidearten erst nach dem viel älteren Weizen. Ursprünglich waren sie Unkräuter im Weizenfeld. Aus ihnen wurden durch Auslese der Kulturroggen und der Kulturhafer gezüchtet. Über den Ursprung der Gerste weiß man nichts Sicheres. Alle 4 Getreidearten sind alte Kulturpflanzen, die schon in vorgeschichtlicher Zeit bei uns angebaut wurden.

**Landbauzonen.** Das Kärtchen **(54,4)** gibt uns Auskunft über die Anbauzonen der Getreidearten in Europa. Die *Gerste* bildet im Norden die Getreidegrenze. In der subarktischen Gerstenzone wird Vierzeilige Sommergerste **(54,3)** gepflanzt, die auch in kühlen Sommern gedeiht. Nach Süden folgt die Haferzone. Dort ist der *Hafer* das wichtigste Brotgetreide. Er liebt kühle Sommer und viel Feuchtigkeit. Beides ist in seinem Hauptanbaugebiet gegeben. In Mittel- und Osteuropa wird *Roggen* und *Winterweizen* angebaut. In West- und Südeuropa herrscht Winterweizen, in Südrußland *Sommerweizen* vor. Der Weizen verlangt hohe Sommerwärme und gute Böden, während der Roggen auch in rauherem Klima gedeiht. Der *Mais* braucht warme Sommer und geht daher nicht weit nach Norden. Er meidet aber auch das eigentliche Mittelmeerklima (Olivenzone), weil die Sommer dort für ihn zu trocken sind. In Nordafrika und Vorderasien ist wiederum *Gerste* die Hauptfrucht.



**Mais** (Zea mays). Der *Mais* ist eine indianische Kulturpflanze, über deren Wildform nichts bekannt ist. Zu uns kam er über die Mittelmeerländer (Welschkorn!). Er wird wegen seines hohen Wärmeanspruchs nur in den wärmeren Gegenden Süddeutschlands hauptsächlich als Grünfutter angebaut. Der markhaltige Stengel einer blühenden Maispflanze schließt oben mit einer Blütenrispe ab **(54,5).** Sie enthält nur *Staubblüten.* In Blattachseln sitzen kolbenförmige Blütenstände mit *Stempelblüten.* Diese Kolben sind von Hochblättern umhüllt, aus denen die langen Griffel mit den Narben für die Windbestäubung herausragen. Die reifen, meist gelben Früchte **(54,6)** werden zu Süßspeisen, Maisbrei oder Polenta verarbeitet, oder sie werden verfüttert.

**54,5:** *Blühende Maispflanze. Die Blütenrispe am oberen Ende des Halms enthält nur Staubblüten (männliche Blüten). Die Stempelblüten (weibliche Blüten) sind zu kolbenförmigen Blütenständen vereinigt, die in einer Blattachsel am Stengel sitzen und von Hochblättern eingehüllt sind. Aus jedem Blütenstand hängt ein Griffelbüschel heraus.* **54,6:** *Maiskolben mit reifen Früchten. Am Grund des Kolbens sind die vertrockneten Hochblätter zu sehen.*

54,5

54,6

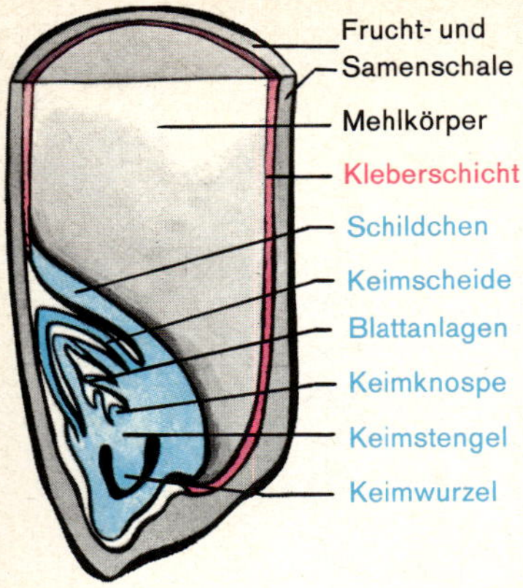

55,1

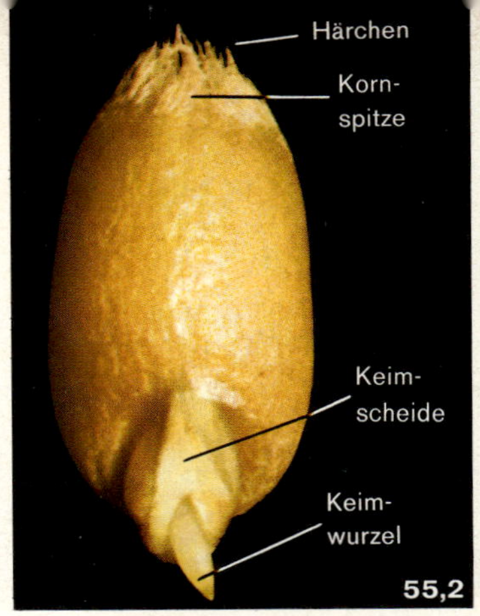

55,2

55

**55,1:** *Aufbau des Getreidekorns (Längsschnitt).* **55,2:** *Bei der Keimung bricht zuerst die Keimwurzel hervor.* **55,3:** *Danach erscheint auch der Sproß, der noch von der Keimscheide umhüllt ist. Inzwi-*

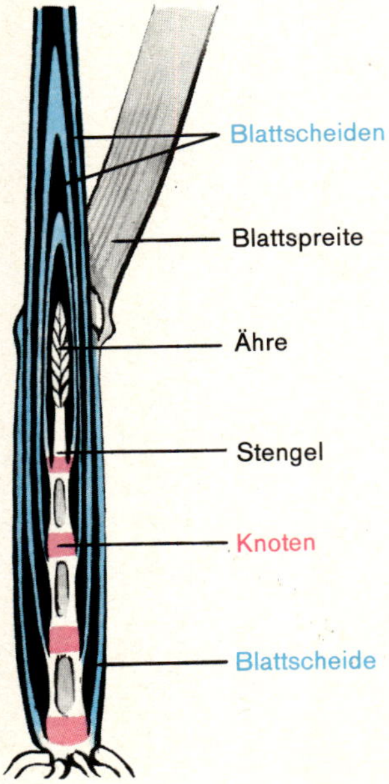

55,7

## Getreidekorn – Keimung und Entwicklung des Getreides

**Getreidekorn.** Die Ähren von Weizen, Roggen und Gerste und die Rispe des Hafers bauen sich aus den Ährchen auf, in denen die *Getreidekörner* liegen. Handelt es sich bei den Körnern um Samen oder Früchte? Die Frage ist für uns schwer zu entscheiden, wenn wir nicht die Entstehung der Körner berücksichtigen. Da sie von einem Fruchtknoten gebildet werden, können es nur Früchte sein. Die *Grasfrucht* enthält nur 1 Samen, dessen *Samenschale* mit der *Fruchtschale* verwachsen ist. Sie ist also eine besondere Form der Nuß. Durchbrechen wir ein Getreidekorn, dann bemerken wir, daß es fast ganz vom weißen *Mehlkörper* ausgefüllt ist **(55,1).** Dieser enthält reichlich Stärke für den Aufbau der jungen Getreidepflanze. Zwischen Mehlkörper und Samenschale wird in einer dünnen Schicht, der *Kleberschicht*, auch Eiweiß gespeichert. Am unteren Ende des Korns befindet sich der *Keimling*. Seine Lage ist schon bei äußerlicher Betrachtung des Korns festzustellen, da die Schale dort besondere Figuren aufweist. Der Längsschnitt unserer Abbildung soll uns über den Bau des Keimlings unterrichten. Der *Keimstengel* schließt oben mit der *Keimknospe* ab, an der man mehrere *Blattanlagen* erkennen kann. Die Keim-



**55,7:** *Junge Getreidepflanze vor dem Schossen (Längsschnitt). Schon im jungen Halm sind die Halmglieder und der Blütenstand angelegt. Die Stengelglieder brauchen nur noch in den Blattscheiden emporzuwachsen.* **55,8:** *Junge Getreidepflanze nach der Bestockung. Außer dem Haupthalm können sich auch Seitenzweige bestocken. So entstehen aus einem Korn mehrere Halme. Der Haupthalm ist am kräftigsten ausgebildet und entwickelt sich zuerst.*

55,8

*schen haben sich Nebenwurzeln gebildet.* **55,4:** *Bei weiterem Wachstum durchstößt die Spitze der Keimscheide die Erdoberfläche (Spitzkeimer).* **55,5:** *Das 1. Laubblatt durchbricht die Keimscheide.* **55,6:** *Das 2. Laubblatt erscheint. Das ausgesogene Korn ist zusammengeschrumpft.*

knospe ist von einer Scheide, der *Keimscheide*, umgeben. Eine Scheide umschließt auch die *Keimwurzel*, in die der Keimstengel nach unten übergeht. Das dem Mehlkörper anliegende langgestreckte Gebilde heißt *Schildchen* und hat die Aufgabe, bei der Keimung die Nährstoffe aus dem Mehlkörper aufzusaugen und sie dem Keimling zuzuleiten. Das Schildchen ist das einzige, zum Saugorgan umgebildete Keimblatt. Gräser sind *Einkeimblättrige Pflanzen* (vgl. dazu den Keimling der Zweikeimblättrigen Bohne Abb. 14,3).



**Keimung.** Die Keimung wird durch Wasseraufnahme und Quellung eingeleitet. Ihren Verlauf zeigen die Bilder **55,2 bis 55,6.**

**Bestockung und Schossen.** Bevor der Getreidehalm in die Länge wächst, verzweigt er sich. Dieser Vorgang heißt die *Bestockung* des Getreides **(55,8).** Die Seitenzweige entstehen aus blattachselständigen Knospen. Nahe der Erdoberfläche sitzen einige Stengelknoten dicht beieinander, weil sich dort die Halmglieder nicht strecken. Da von hier aus die Bestockung erfolgt, heißt dieser Halmabschnitt *Bestockungsknoten*. Nach der Bestockung kommt es zu einem Entwicklungsstillstand. Dieser dauert beim Sommergetreide nur kurze Zeit, beim Wintergetreide den ganzen Winter **(55,9).** Danach wächst der Halm in die Höhe. Dieses Längenwachstum des Halms bezeichnet man als *Schossen* des Getreides **(55,7).** Oberhalb der Stengelknoten weist der Halm weiche Abschnitte auf. Von dort geht das Wachstum der Halmglieder aus. Auch der Blütenstand wächst weiter. Wenn er über die oberste Blattscheide emporgehoben wird, ist er ausgebildet.

**55,9:** *Entwicklung von Sommer- und Wintergetreide. Wintergetreide bestockt sich im Herbst und schoßt im Frühjahr. Sommergetreide durchläuft die ganze Entwicklung von Frühjahr bis Sommer.*

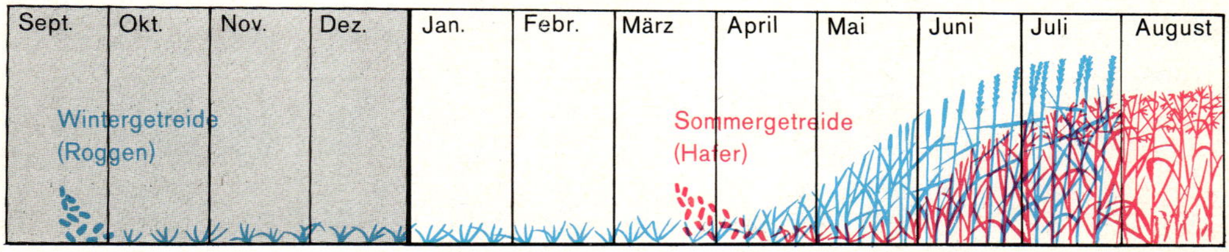

55,9

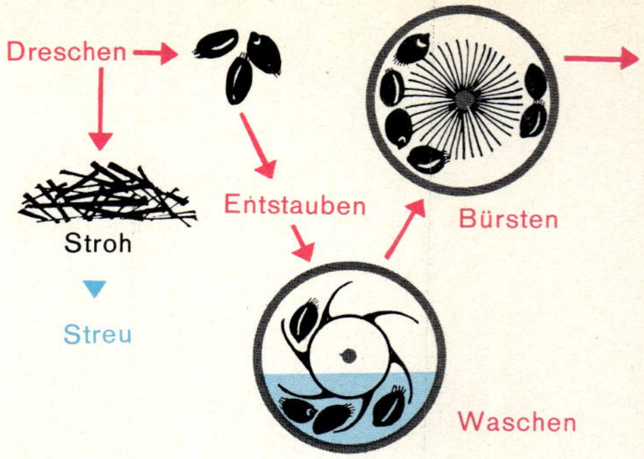


**56,1:** *Verarbeitung des Getreides. Auf der waagrechten Bildleiste sind das Dreschen und die Vorgänge in der Mühle dargestellt. Zunächst werden dort die Körner gereinigt und dann in mehreren Mahlgängen zu den verschiedenen Produkten vermahlen, die mit jedem weiteren Mahlgang feinkörniger werden. Unter den Mahlprodukten ist ihre Verwendung angegeben (blau). Die senkrechte Bildleiste zeigt die Arbeitsgänge beim Brotbacken.*

## Getreideerzeugnisse

Getreidekörner gehören zu den menschlichen Grundnahrungsmitteln. Aus ihnen stellt man das tägliche Brot her. Auch viele andere Speisen werden aus ihnen bereitet. Die schwer verdaulichen Körner werden erst nach entsprechender Behandlung bekömmlich. Wir wollen einen Einblick in ihre Verarbeitung gewinnen.

**In der Mühle.** Nach der Getreideernte muß man zunächst die Körner gewinnen. Dies geschieht beim *Dreschen.* Früher schlug man die Körner mit dem Dreschflegel aus den Spelzen. Heute verwendet man Dreschmaschinen. Als Nebenprodukte erhält man beim Dreschen das *Stroh* (Halme) und die *Spreu* (Spelzen, Ähren- und Halmstückchen). Die Körner kommen in die Mühle. Dort werden sie trocken gereinigt, gewaschen und wieder getrocknet **(56,1).** Auf die *Reinigung* folgt das *Mahlen.* Dabei werden die Körner zwischen Stahlwalzen zerrieben. Mühlsteine finden kaum mehr Verwendung. Zunächst entfernt man den Keimling und die Schale, an der ein Teil der Kleberschicht hängen bleibt. Die Abfallprodukte dieses Mahlgangs nennt man *Kleie.* Geschälte Körner heißen *Graupen.* Sie werden aus Gerste und Weizen hergestellt. Je nach Walzenstellung ist das Mahlgut gröber oder feiner. *Schrot* besteht aus grob zertrümmertem Korn. Nicht immer wird bei der Schrotherstellung die Schale vorher entfernt. Schrot aus geschältem Korn nennt man *Grütze. Grieß* ist ein feiner Schrot oder ein grobes Mehl (Weizengrieß, Gerstengrieß, Maisgrieß). Bei noch feinerem Zermahlen entsteht das *Mehl.* Die verschiedenen Mahlprodukte werden durch Siebe aus einem feinen Stoff (Müllergaze) voneinander getrennt.

**Beim Bäcker.** Mehl wird zum Kochen und Backen verwendet. Aus Roggenmehl wird Roggen- oder *Schwarzbrot*, aus Weizen *Weißbrot* gebacken **(56,1).** In manchen Ländern gibt es auch Hafer- und Gerstenbrot. Das Mehl wird mit Wasser zu einem Teig geknetet (Anlassen). Zum Teig kommt beim Schwarzbrot Sauerteig (und auch zusätzlich Hefe),

**56,2:** *Nährstoffgehalt von Weißbrot, Vollkornbrot und Haferflocken.*

56,2

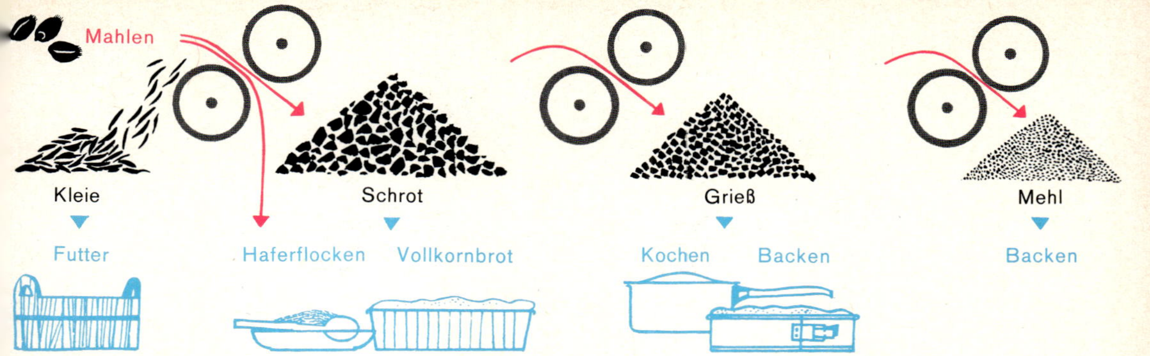


beim Weißbrot nur Hefe. Läßt man nun den Teig stehen, dann bläht er sich auf, er geht (Vorteig). Sauerteig und Hefe zerlegen den im Mehl enthaltenen Zucker in Alkohol und ein Gas (Kohlendioxyd), das den Teig auftreibt. Dadurch wird er locker. Dem Vorteig setzt man nach einiger Zeit Wasser und Kochsalz zu und läßt ihn wieder gehen (Hauptteig). Dann werden die Brote geformt (Wirken des Teigs) und im Backofen gebacken. Beim Backen gerinnt das Klebereiweiß, wodurch das Brot seine fest Gestalt erhält. Die Stärke verkleistert und wird dadurch leichter verdaulich (dies geschieht auch beim Kochen von Mehlspeisen). Der Hauptbestandteil des Brots ist Stärke **(56,2),** die im Körper zur Kraft- und Wärmeerzeugung verbrannt wird. Daneben finden sich etwas Eiweiß, wenig Fett, Mineralsalze und ein Vitamin. Das Korn weist mehr Eiweiß auf als das Mehl, weil ein Teil davon beim Schälen verloren geht. Auch der fett-, eiweiß- und vitaminhaltige Keimling wird entfernt. Deshalb schrotet man oft das ganze Korn und bäckt daraus *Schrotbrot*, oder vermahlt es zu Mehl (ohne Keimling) und erhält dann *Vollkornbrot* **(56,2).** Vollkornbrot und Schrotbrot sind nahrhafter als die übrigen Brotsorten. Sie enthalten auch Schalenbestandteile, die zwar unverdaulich sind, aber die Darmtätigkeit anregen.

**Anderweitige Verwendungsmöglichkeiten des Getreides.** *Haferflocken* sind geschälte und unter heißem Dampf zu Flocken ausgewalzte Haferkörner. Sie enthalten mehr Eiweiß und Fett als das Brot und sind daher ein sehr nahrhaftes Getreideerzeugnis **(56,2).** Aus den Körnern der Zweizeiligen Gerste gewinnt man Malz, aus dem man *Bier*, *Malzextrakt*, *Malzzucker* und *Malzkaffee* herstellen kann. Als *Futtermittel* dienen: Haferkörner (Pferde), Gerste, Schrot, Kleie, Spreu und klein zerschnittenes Stroh (Häcksel). Stroh benützt man ferner als *Stallstreu* für Pferde und Rinder und stellt *Seile*, *Matten*, *Strohhüte*, *Papier* und noch einige andere Waren daraus her.

**56,1**

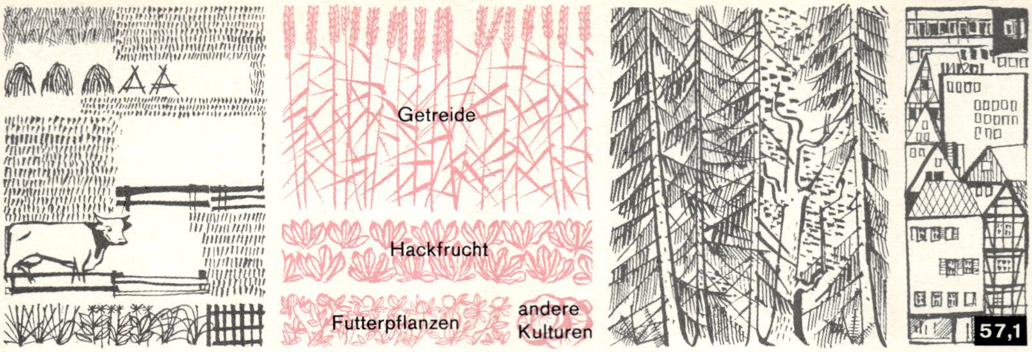


**57,1:** *Aufteilung der Bodenfläche in der Bundesrepublik. Rund 1/3 der Gesamtfläche entfällt auf das Ackerland, etwa 1/4 auf Wiesen und Gärten und etwas mehr als 1/4 auf den Wald. Nicht ganz 1/3 der Bevölkerung ist in der Landwirtschaft tätig (vor 150 Jahren waren es über 3/4).*

## 57–58 Ackerfeld und Unkräuter

Der heutige Ackerbau hat sich aus einfachen Anfängen entwickelt. Diese reichen in Mitteleuropa bis in den Anfang der Nacheiszeit zurück, die vor rund 10 000 Jahren begann. Vorher waren weite Gebiete mit Eis bedeckt, und auch in den eisfreien Landstrichen war wegen der tiefen Temperaturen Pflanzenbau nicht möglich. Dadurch wurde der Ackerbau bei uns erst verhältnismäßig spät aus dem Orient übernommen.

**Aus der Geschichte des Ackerbaus.** Die Leute, die nach der Eiszeit unser Gebiet bewohnten, waren Jäger, die auf ihren Jagdzügen auch allerlei genießbare Früchte, Samen, Wurzeln, Zwiebeln und Knollen fanden. Frauen und Kinder sammelten diese Zukost (Jäger und Sammler). Wenn in der Nähe der Wohnstätten Samen verloren gingen, keimten sie und neue Pflanzen wuchsen heran. Dabei lernten die Menschen der Vorzeit Keimung und Wachstum kennen. Sie gingen dazu über, Pflanzen mit genießbaren Teilen auf einem Stück Land auszusäen, statt sie mühsam zu suchen. Der Boden wurde dazu mit *Stöcken* vorbereitet, und später erfand man die *Hacke* zur Bearbeitung des Bodens. Solchen **Hackbau** findet man noch heute in den tropischen Gebieten Afrikas, Asiens und Amerikas. In Mitteleuropa spielte der Hackbau keine große Rolle, da Menschen, die vor etwa 5000 Jahren aus den ungarischen Steppen hierher einwanderten, mit dem Anbau von Weizen und Gerste auch den *Pflug* mitbrachten. In der damaligen Zeit war das Klima bei uns wärmer als heute, so daß der Weizen gut gedeihen konnte. Rund 2000 Jahre später aber trat eine Klimaverschlechterung ein. An Stelle des empfindlichen Weizens traten in Nord- und Ostdeutschland Roggen und Hafer, die sich aus Getreideunkräutern entwickelten, die mit dem Weizen und der Gerste eingeführt worden waren. 57

Beim vorgeschichtlichen **Pflugbau** wurde auf einem Acker ein- bis zweimal Getreide gebaut. Dann überließ man den Boden sich selbst, damit er sich erholen konnte. Während der Ruhezeit bedeckte er sich mit Gras. Für diese Wirtschaftsform, die **Feldgraswirtschaft,** die bis in die Römerzeit hinein üblich war, brauchte man eine große Feldmark. Der Boden konnte nur eine kleine Bevölkerung ernähren. Dies mag wohl mit ein Grund gewesen sein, daß germanische Volksstämme nach Süden abwanderten. Während dieser Völkerwanderungszeit (375–568 nach Christi Geburt) kam die **Dreifelderwirtschaft** auf. Die Dorfmark war in einzelne Gebiete aufgeteilt. Auf den einzelnen Gebieten, an denen jeder

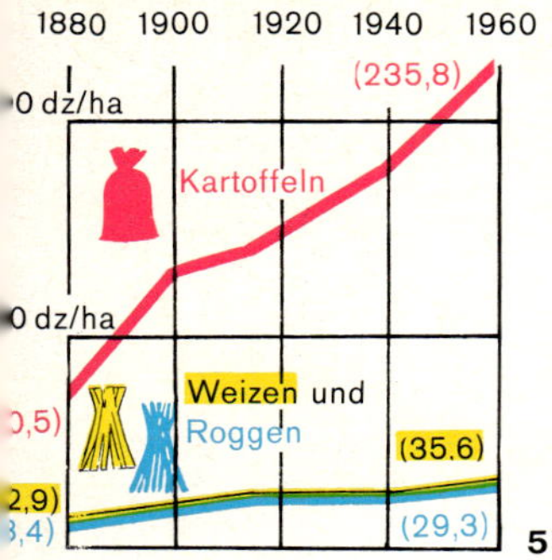

57,2

**57,2:** *Zunahme der Hektarerträge bei Weizen, Roggen und Kartoffeln seit 1880. Vergleiche den Hektarertrag der Kartoffeln mit dem der beiden Getreidearten!*

**57,3:** *Die Erntemengen in der Bundesrepublik in Mill. t. Die größten Ernten ergeben die Hackfrüchte. Unter den Getreidearten steht der Weizen an der Spitze.*

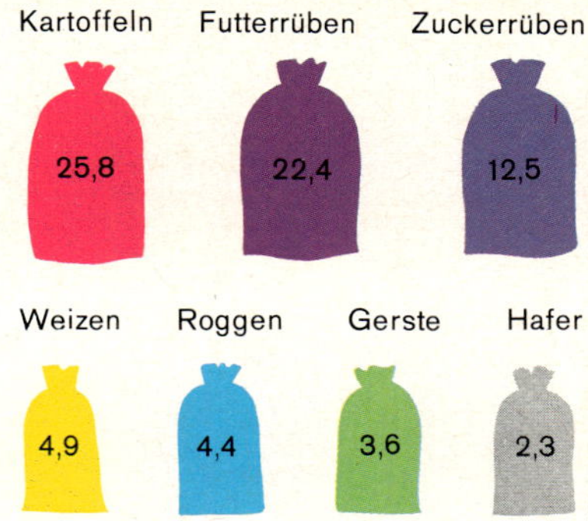

57,3

Bauer seinen Anteil hatte, mußte die gleiche Frucht angebaut werden; es herrschte *Flurzwang*. Dabei wurde eine bestimmte Reihenfolge eingehalten. Im 1. Jahr baute man *Winterfrucht*, im 2. *Sommerfrucht* und im 3. blieb der Acker *brach* liegen **(57,4).** Der Brachacker diente als Viehweide. In der *Brache* erholte sich der Boden und wurde durch die Ausscheidungen des Viehs etwas gedüngt. Die Dreifelderwirtschaft hat sich bis ins 18. Jahrhundert in dieser Form erhalten. Bei der geringen Bevölkerungszahl fiel der Nachteil, daß $\frac{1}{3}$ des Ackerlandes ständig brach lag, ursprünglich nicht ins Gewicht. Besonders im letzten Jahrhundert aber nahm die Bevölkerung stark zu (im Gebiet des Deutschen Reiches steigerte sich die Einwohnerzahl von 25 Millionen im Jahre 1816 auf 66 Millionen im Jahre 1913). Damit stieg auch der Bedarf an Nahrungsmitteln. Auf der Brache
57 wurden nun *Hackfrüchte* (Kartoffeln, Rüben) und *Klee* angebaut (verbesserte Dreifelderwirtschaft). Durch den Anbau von Klee konnte der Viehbestand erhöht werden. Der reichlichere Düngeranfall kam wieder dem Boden zugute. Zugleich gelang es den Pflanzenzüchtern, ertragreichere Kulturpflanzen zu züchten, so daß die Hektarerträge zum Teil beträchtlich anstiegen **(57,2).** Dadurch wurden dem Boden mehr Nährsalze entzogen, und der natürliche Dünger reichte bei weitem nicht aus, um die Verluste zu decken. Inzwischen konnte aber die chemische Forschung unter Führung des Chemikers Justus von Liebig feststellen, welche Nährsalze die Pflanzen brauchen. Nun ist man in der Lage, dem Boden die nötigen Salze zuzuführen. Dank dieser *künstlichen Düngung* und dank der *Flurbereinigung* (zweckmäßige Einteilung der Feldmark, Anlage von Zugangswegen) ist heute eine so intensive Wirtschaftsform wie die **Fruchtwechselwirtschaft (57,4)** möglich geworden. Durch den Fruchtwechsel wird eine gleichmäßige und ständige Ausnützung des Bodens erreicht.

**57,4:** *Dreifelderwirtschaft (oben) und Fruchtwechselwirtschaft (unten). Die Bilder zeigen die Fruchtfolge im Ablauf von 7 Jahren. Hackfrüchte und Klee fehlen der Dreifelderwirtschaft.*

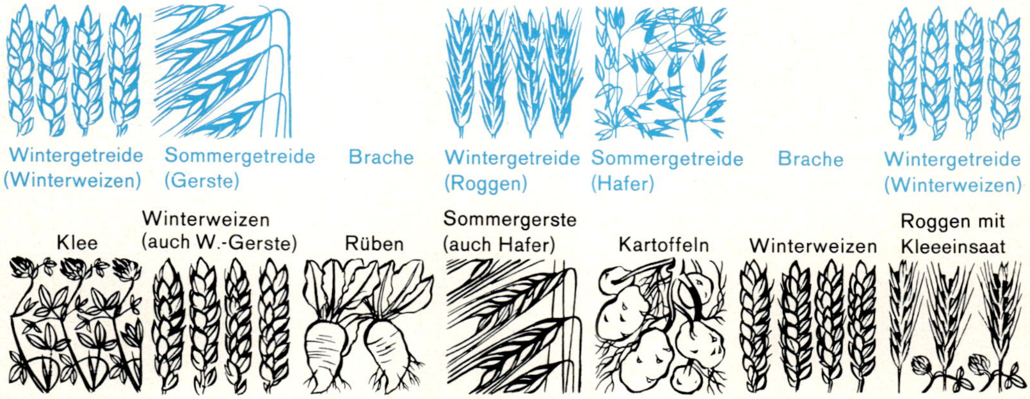

57,4

58,1

58,2

58,3

**58,1:** *Kornblume (Centaurea cyanus).* **58,2:** *Die Kornrade (Agrostemma githago) besitzt giftige Samen, die das Mehl ungenießbar machen können.* **58,3:** *Gauchheil (Anagallis arvensis).* **58,4:** *„Wurzelunkräuter". Der Pflug erfaßt nur die unterirdischen Ausläufer der Quecke völlig, nicht aber die Wurzeln von Distel und Winde und die tief liegenden, waagrechten Sprosse des Ackerschachtelhalms.*

## Die Unkräuter im Acker

Die Ackerunkräuter sind ein Schmuck unserer Felder, den wir nicht gerne missen möchten. Wenn die oft schönen Blumen trotzdem abwertend als Unkraut bezeichnet werden, so deshalb, weil sie der Bauer auf seinem Acker begreiflicherweise nicht gerne sieht. Die Zusammensetzung der Unkrautflora hängt von der Art der Bewirtschaftung (Getreide, Hackfrucht) und der Beschaffenheit des Bodens ab. Die Unkräuter geben daher wertvolle Hinweise auf die Bodengüte. Welche Pflanzen können nun auf dem Acker wachsen, und wie sind sie den dort herrschenden Lebensbedingungen angepaßt?

**Herkunft und Anpassungen der Unkräuter.** Viele Unkräuter sind mit dem Getreide aus den Steppen des Ostens bei uns eingewandert. Dort herrschen nur im Frühjahr und Frühsommer günstige Lebensbedingungen. Von Juli bis September fallen so wenig Niederschläge, daß die Pflanzen vertrocknen. Die Steppenpflanzen haben aber bis zum Eintritt der Trockenheit ihre Entwicklung abgeschlossen. Zum Teil überdauern sie diese und den Winter im Samenzustand. Dies gilt auch für unser Getreide, das bereits im Juli dürr wird. Da das Getreidefeld hinsichtlich seiner Pflanzen und seines Entwicklungsablaufs Steppencharakter aufweist, wird es auch als *Kultursteppe* bezeichnet. Wie das Getreide sind die meisten Ackerunkräuter *einjährige Pflanzen*, so z. B. Hirtentäschel (38,11), Reiherschnabel (40,4), Echte Kamille (36,9), Gänsedistel (36,6), Hohlzahn **(58,8),** Vogelmiere **(58,5),** Vogelknöterich (65,8), Ackerstiefmütterchen **(58,6),** Ehrenpreisarten, Hederich (38,10) und Gauchheil **(58,3).** Manche dieser Unkräuter reifen vor dem Getreide. Zur Zeit der Ernte sind ihre Samen ausgestreut, und weder Mahd noch Pflügen können ihnen etwas anhaben. Unsere schönsten Unkräuter, wie der Klatschmohn (8,1), die Kornblume **(58,1),** die Kornrade **(58,2)** und der Ackerrittersporn (25,3) reifen mit dem Ge-

**58,5:** *Die Vogelmiere (Stellaria media) gehört zur Familie der Nelkengewächse. In ihrem Namen kommt zum Ausdruck, daß sie gern von Stubenvögeln gefressen wird.* **58,6:** *Das Ackerstiefmütterchen (Viola tricolor) ist mit dem Veilchen verwandt. Von ihm stammen manche Gartenstiefmütterchen ab.* **58,7:** *Ackerkratzdistel (Cirsium arvense). Die Pflanze ist ein Korbblütler mit Röhrenblüten. Die tiefgehende Wurzel kennzeichnet sie als Wurzelunkraut. Die Blätter der Disteln sind mit Stacheln bedeckt.* **58,8:** *Ackerhohlzahn (Galeopsis tetrahit). Dieser Lippenblütler verdankt seinen Namen 2 kleinen, hohlen Zähnchen auf der Unterlippe.*

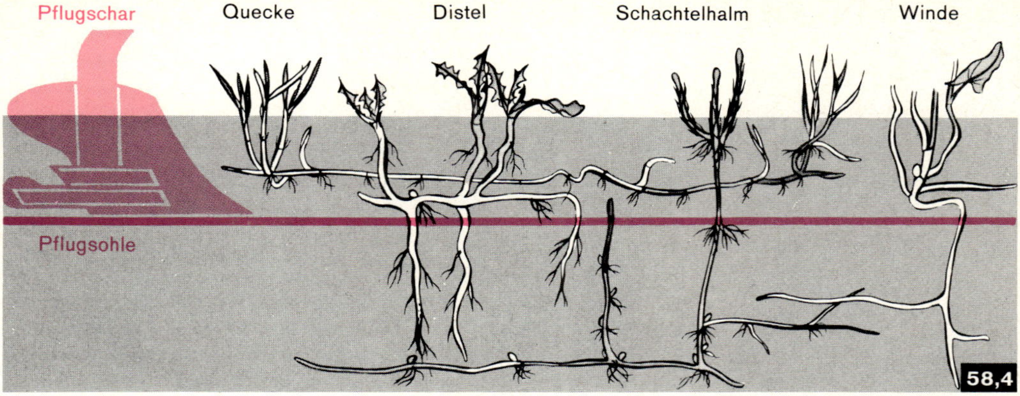

58,4

treide, werden mit ihm geerntet und mit den Getreidekörnern unabsichtlich wieder ausgesät. Im Winterfeld keimen die *einjährigen Unkräuter (Samenunkräuter)* schon im Herbst und überwintern mit dem Getreide. Im Sommerfeld keimen sie erst im Frühjahr. Ihr Bestand wird durch hohe Samenzahlen gesichert. Eine Kornblume erzeugt durchschnittlich 1500 Samen je Pflanze, die Ackerkratzdistel 2000 und das Hirtentäschel 3000. Da die Gesamtzahl dieser Pflanzen etwa gleich bleibt, kommt von diesen vielen Samen jeweils nur einer zur vollen Entwicklung.

*Ausdauernde Pflanzen* gibt es unter den Ackerunkräutern nur wenige. Holzgewächse werden durch die Mahd und den Pflug vom Acker ferngehalten. Einige Stauden jedoch entgehen der Vernichtung durch den Pflug mit Hilfe unterirdischer Pflanzenteile. Diese Pflanzen nennt man die *Wurzelunkräuter*. Ackerkratzdistel **(58,7)** und Ackerwinde besitzen tiefgehende Wurzeln, die vom Pflug nicht völlig erfaßt und getötet werden können **(58,4).** Die waagrechten unterirdischen Sprosse des Ackerschachtelhalms liegen unter der Pflugsohle und werden daher vom Pflug nicht beschädigt. Dagegen werden die unterirdischen Ausläufer der Quecke beim Pflügen regelmäßig zerschnitten. Die Teilstücke schlagen jedoch wieder aus.



**Bedeutung und Bekämpfung der Unkräuter.** Die Unkräuter nehmen den Kulturpflanzen Platz, Nahrung, Wasser und Licht weg. Dadurch sinkt der Ertrag des Ackers. Den Schaden, der alljährlich viele Millionen DM ausmacht, sucht man durch Bekämpfung der Unkräuter zu vermindern. Durch maschinelle Reinigung des Saatguts vermeidet man das Aussäen von Unkrautsamen. Auf dem Feld werden die Unkräuter durch Eggen, Hacken und Jäten vernichtet. Wurzelunkräuter sticht man mit langen Messern aus. Außerdem werden Unkräuter mit chemischen Mitteln getötet. Wie wirksam die moderne Unkrautbekämpfung ist, zeigt das starke Schwinden der Unkräuter in neuerer Zeit.

58,6

58,7

58,8

59,1

**59,1:** *Das Bild zeigt das Aussehen des Bodens in verschiedenen Tiefen (Bodenprofil). Wir können drei Schichten feststellen. Die oberste Schicht heißt Oberboden. Durch ihren Humusgehalt ist sie dunkel gefärbt. Sie ist von Pflanzenwurzeln durchzogen. Auf ihn folgt der Unterboden, der keinen Humus enthält. Der Unterboden liegt dem Ausgangsgestein auf. Dieses braucht kein Fels, sondern kann Sand oder Löß sein, die von den Bodenbildungsvorgängen unbeeinflußt sind. Da in unserem Klima die Bodensalze vom Regen ausgewaschen werden, ist eine Ergänzung des Salzvorrats im Boden wichtig. Diese erfolgt durch die dauernde allmähliche Verwitterung des Ausgangsgesteins. Unser Profil zeigt den Aufbau des Braunen Waldbodens, des häufigsten Bodentyps in Deutschland. Er ist unser wichtigster Ackerboden.*

## 59–60 Boden und Bodenbearbeitung

Alle bisher erwähnten Pflanzen wurzeln im Boden. Ihm entziehen sie wichtige Stoffe, wie Wasser und Nährsalze. Von der Bodenbeschaffenheit hängt die Fruchtbarkeit unserer Äcker, Wiesen und Gärten ab. Wir wollen uns deshalb diesen Boden ansehen.



**Entstehung des Bodens.** Der Boden ist die oberste Schicht der Erde. Steinbrüche, Baugruben und andere ,,Aufschlüsse" geben uns Gelegenheit, Beobachtungen über den Aufbau des Bodens anzustellen **(59,1).** Der Boden liegt meist dem Gestein auf. Durch Witterungseinflüsse zerfällt das Gestein allmählich, es verwittert. Die dabei entstehenden Zerfallsprodukte sind der Boden. Eine wichtige Rolle bei der Verwitterung spielt das Wasser. Wasser dehnt sich beim Gefrieren aus. Wenn sich daher in Gesteinsspalten Eis bildet, werden diese erweitert (Spaltenfrost). Außerdem wird durch Lösungsvorgänge das Gestein vom Wasser zersetzt. Doch nicht alle Böden sind *Verwitterungsböden.* Sie können auch anders zustande kommen. Jeder Wasserlauf führt Steine mit sich, die allmählich zerrieben werden, und Bodenteilchen, besonders nach Regenfällen. Werden diese Stoffe vom Wasser angeschwemmt, dann entstehen die fruchtbaren *Schwemmlandböden.*

**Untersuchung des Bodens.** Wir trocknen eine Bodenprobe. Dann lesen wir etwa vorhandene Steine aus (Bestandteile über 2 cm Durchmesser). Der Rest wird mit Wasser geschüttelt. Wenn man das Glas ruhig stehen läßt, setzen sich die Bodenteilchen ab, zuerst die groben, dann die feinen **(59,2).** Zuunterst lagern *Grobsand* und darüber *Feinsand.* Die oberste Schicht feinster Teile ist *Ton.* Je nach dem Vorherrschen einer dieser Bestandteile unterscheidet man verschiedene *Bodenarten.*

**Bodenarten.** Die Zusammensetzung der Bodenarten hängt vom Ausgangsgestein ab. So entstehen aus Sandsteinen die viel Sand und wenig Ton enthaltenden *Sandböden.* Bei *Tonböden* ist der Ton Hauptbestandteil, die Sandanteile treten stark zurück. *Lehmböden* sind eine Mischung von Ton und Sand. Ton- und Lehmböden gehen u. a. aus Granit, Gneis, Schiefer und Kalkstein hervor. Aus Kalkstein entstandene Böden heißen, wenn sie viel Kalk enthalten, *Kalkböden.* Mit Salzsäure kann man den Kalk im Boden leicht nachweisen. Wir befeuchten den Boden mit der Säure. Falls Gasbläschen auftreten, enthält er Kalk, und zwar umso mehr, je kräftiger und anhaltender die Gasentwicklung ist.

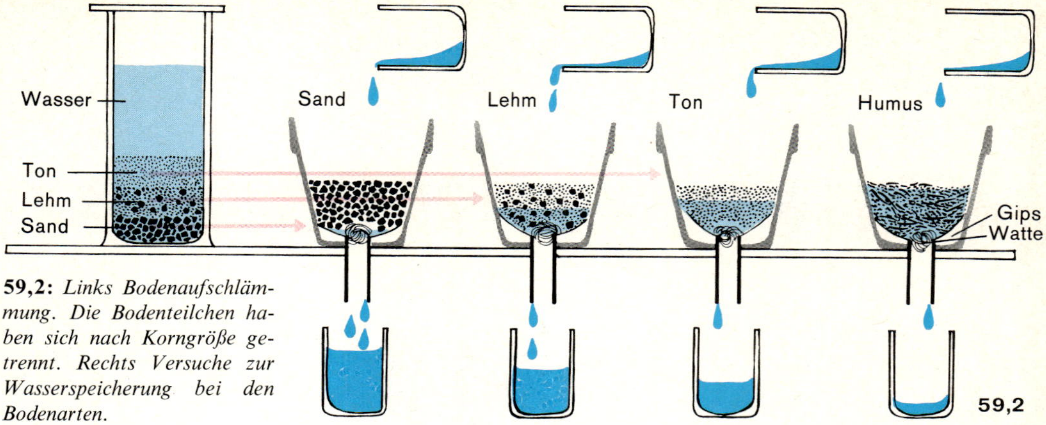


59,2

**59,2:** *Links Bodenaufschlämmung. Die Bodenteilchen haben sich nach Korngröße getrennt. Rechts Versuche zur Wasserspeicherung bei den Bodenarten.*

## Unterscheidung der Bodenarten

**Tonboden.** Beim Reiben von trockenem Ton zwischen den Fingern sind keine Sandkörner zu spüren. An feuchten Fingern haftet der Ton. Beim Anhauchen ist der bezeichnende Tongeruch wahrzunehmen. Feuchter Ton läßt sich kneten, zu dünnen Schlangen ausrollen und mit dem Fingernagel glätten.

**Lehmboden.** Bei trockenem Lehm ist der Sand zwischen den Fingerspitzen fühlbar. Er haftet an den Fingern nur wenig und riecht nicht nach Ton. Feuchter Lehm zerreißt beim Ausrollen und läßt sich nicht glätten.



**Sandboden.** Die Sandkörner sind bei der Fingerprobe zu spüren. Auf den Fingern entstehen keine Flecken. Feuchter Sandboden läßt sich nicht zu einer Wurst ausrollen.

**Humus.** Wir glühen dunkle Gartenerde in einem Tiegel. Sie wird dabei heller. Beim Glühen sind die Bodenbestandteile verbrannt, die den Boden dunkel färben. Es handelt sich dabei hauptsächlich um teilweise zersetzte Pflanzenteile, die man als Humus bezeichnet. Humus trägt zur Fruchtbarkeit des Bodens bei, falls er nicht sauer ist. Die dunkel gefärbten Moorböden enthalten viel Humus, es sind *Humusböden.*

**Eigenschaften der Bodenarten.** In besonders vorbereitete Töpfe **(59,2)** kommen trockene Proben verschiedener Bodenarten. Sie werden mit der gleichen Menge Wasser begossen. Das abfließende Wasser wird in Gläschen aufgefangen. Durch den Sandboden fließt fast alles Wasser rasch ab. Lehmboden hält einen Teil des Wassers zurück. Am wenigsten wasserdurchlässig ist der Ton. Humusboden nimmt das Wasser schnell auf und gibt es nur langsam wieder ab. Wir füllen Blumentöpfe je mit trockener und feuchter Erde verschiedener Bodenarten und stellen sie einige Zeit in die Sonne. Vor und nach dem Versuch messen wir die Bodentemperatur. Sand und Humus haben sich am stärksten erwärmt, dann folgen Lehm und Ton. Böden, die sich schnell erwärmen, geben die Wärme auch wieder rasch ab. Die nassen Bodenproben zeigen durchweg eine geringere Temperaturzunahme als die trockenen. Nasse Böden sind kalt.

Sandböden sind nährstoffarm und trocken. Sie erwärmen sich rasch. Tonböden sind nährstoffreich. Sie halten viel Wasser fest und sind daher kalt. Lehmböden vereinigen die günstigen Eigenschaften beider Bodenarten. Sie sind unsere besten Ackerböden. Humusböden, die geregelte Wasserverhältnisse aufweisen, sind für den Ackerbau geeignet.

## Die Arbeit des Bauern

**Die Schaffung der Bodengare.** Bodenbewohnende Lebewesen tragen ganz entscheidend zur Fruchtbarkeit des Bodens bei. Die Lebewelt des Bodens heißt das *Edaphon.* Zu ihm gehören viele kleine Pflanzen und Tiere, die man nur mit Hilfe des Mikroskops sehen kann. Daneben beherbergt der Boden aber auch eine Reihe größerer Tiere, wie Würmer, Insekten, Spinnen, Maulwürfe, Mäuse. Die Zahl der Lebewesen im Boden ist außerordentlich groß. Auf 1 ha Ackerboden kommen 10 dz Lebewesen, wovon 4 dz Regenwürmer sind. Das Gewicht allein der Regenwürmer auf einen Quadratkilometer bezogen ist größer als das Gewicht der Menschen, die diese Fläche selbst in den am dichtesten besiedelten Gebieten Europas bewohnen. Die meisten Bodenbewohner leben in den obersten Bodenschichten. Sie lockern den Boden und zersetzen Tier- und Pflanzenreste. Dadurch kommen die Bestandteile der Tier- und Pflanzenkörper als Nährstoffe wieder in den Boden und können von den Pflanzenwurzeln aufgenommen werden. Es ist also wichtig, daß die Lebewelt des Bodens erhalten und gefördert wird. Durch die *Bodenbearbeitung* werden Lebensbedingungen geschaffen, die den Bodenbewohnern zusagen. Der Mensch lockert den Boden indessen nur grob, während das Edaphon die Feinarbeit selbst besorgt. Beides



**60,2:** *Arbeiten des Bauern. Die Abbildung zeigt die im Laufe des Jahres zu leistenden Arbeiten bei Winterfrucht, Sommerfrucht und Hackfrucht. Stelle fest, wann die einzelnen Fruchtarten gesät oder gepflanzt und geerntet werden! Welche Monate sind von Feldarbeit frei?*

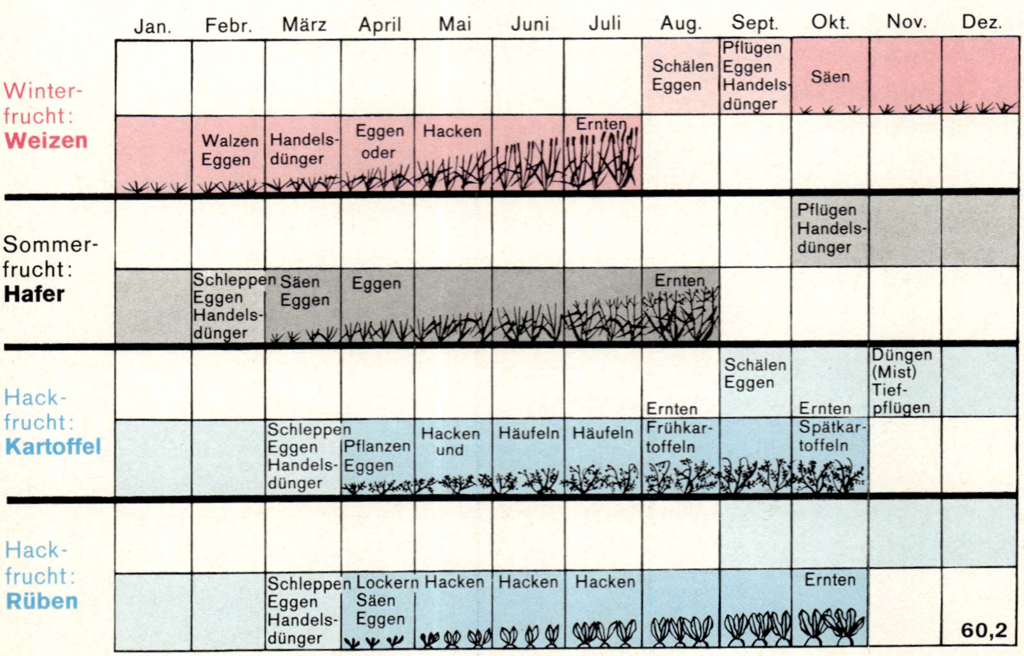

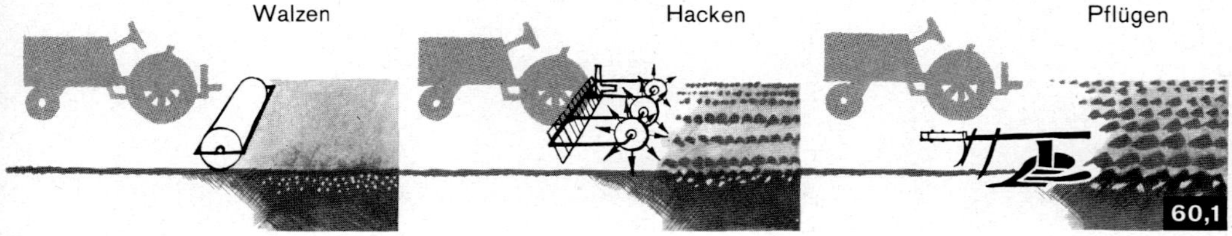


**60,1:** *Geräte zur Bodenbearbeitung. Zum Schleppen wird eine umgedrehte Egge verwendet. Der Grubber oder Kultivator besitzt kleine Scharen, die den Boden aufreißen. Bei der Egge besorgen diese Arbeit zahlreiche nach unten gerichtete Zinken. Weitere Geräte zur Bodenbearbeitung sind Walze und Hackmaschine. Die schneidenden Teile des Pflugs sind Pflugmesser (Sech) und Pflugschar. Das über der Schar angebrachte Streichbrett legt die Erde nach der Seite und wendet sie.*

zusammen bewirkt, daß der Boden eine erwünschte *Krümelstruktur* erhält. Die Bodenteilchen ballen sich zu Krümeln von durchschnittlich 3 mm Durchmesser zusammen. Die Hohlräume zwischen den Krümeln sind mit Luft gefüllt, die Poren der Krümel selbst mit Wasser. So finden die Pflanzenwurzeln, was sie brauchen, nämlich lockeren Boden, Luft und genügend Wasser. Der Landwirt nennt einen solchen Boden gar. Schaffung und Erhaltung der *Bodengare* sind das wichtigste Ziel der Bodenbearbeitung. Daneben dient die Bodenbearbeitung auch dem *Unterbringen von Stoppeln, Gründüngungspflanzen und Dünger*, sowie der *Bekämpfung der Unkräuter*.

60 **Bearbeitung des Bodens.** Welche Arbeiten auf dem Acker während des Jahres durchzuführen sind, zeigt die Abbildung **60,2.** Wir wollen uns die Bedeutung der einzelnen Maßnahmen klarmachen. Beim **Pflügen** wird der Boden gelockert und gewendet. Die *Schälfurche*, bei der Stoppeln und Unkraut untergepflügt werden, und die *Saatfurche*, die zur Vorbereitung für die Saat ausgeführt wird, sind nur flach (etwa 15 cm tief). Die *Winterfurche* soll jedoch einen tief gelockerten Boden hinterlassen, in den Wasser und Frost eindringen können, und ist daher tief (bis zu 30 cm). Tiefgepflügter Boden ist für alle Arten von Hackfrüchten günstig.

Durch das Pflügen wird das normale Bodenprofil verändert. Der dauernd bearbeitete Teil des Bodens hebt sich als *Ackerkrume* vom Untergrund ab, der nach unten in den Unterboden übergeht. Die Grenze zwischen Ackerkrume und Untergrund heißt *Pflugsohle*. Pflanzenwurzeln finden sich in der Ackerkrume, dringen aber auch in den Untergrund ein. Mit der **Schleppe** ebnet man den Ackerboden ein. **Eggen, Grubbern** und **Hacken** sind Maßnahmen zur Lockerung des Bodens und zur Unkrautbekämpfung. Der Grubber oder Kultivator greift tiefer als die Egge. Das Hacken wird von Hand mit der Hacke oder mit der Hackmaschine durchgeführt. Durch das **Walzen** wird der Ackerboden zusammengepreßt. Dabei verschwinden ungünstige größere Hohlräume im Boden, wie sie beim Wintergetreide entstehen. Dieses kann durch widrige Witterungsverhältnisse im Winter geschädigt werden. Wenn der Boden tagsüber auftaut und nachts gefriert, wird jede Nacht die obere Bodenschicht angehoben. Die Wurzeln reißen ab, die Pflänzchen werden bloßgelegt, fallen um und vertrocknen (die Saat „wintert aus"). Mit der Walze werden die losgerissenen Würzelchen wieder in den Boden gedrückt. Saat und Ernte sind die ehrwürdigsten Arbeiten des Bauern. Sie werden heute fast nur noch mit Maschinen ausgeführt. Zum **Säen** wird die Sämaschine verwendet, zum **Ernten** der Mähdrescher, der das Getreide mäht und sofort drischt. Maschinen erleichtern die Arbeit und sparen Zeit und Arbeitskräfte.

**Lein. 61,1:** *In den Achseln der kleinen, schmalen Blätter sitzen langgestielte, blaue Blüten. Die Blüten sind fünfzählig (5 Kelch-, 5 Blütenblätter, Fruchtknoten mit 5 Griffeln).* **61,2:** *Aus dem Fruchtknoten entsteht eine kugelige Kapsel, die sich beim Springlein während der Reife öffnet.* **61,3:** *In der Rinde des wenig verzweigten Stengels finden sich lange Bastfasern (Flachsfasern).*

## 61 Lein, Rüben und Tabak – Nutzpflanzen des Ackers

Neben Getreide, Kartoffeln und Raps werden auf dem Acker noch andere Nutzpflanzen angebaut. Wir wollen von diesen *Lein*, *Runkelrübe*, *Zuckerrübe* und *Tabak* kennenlernen.

**Lein oder Flachs** (Linum usitatissimum). Die alte Kulturpflanze stammt von einer Wild- **61**
pflanze aus dem Mittelmeergebiet ab. Der einjährige Lein wird im Frühjahr ausgesät und blüht im Juni und Juli. Er erreicht eine Höhe von über ½ m. Über den Bau der Pflanze unterrichten die Abbildungen **61,1–61,3.** Beim *Springlein* springen die Fruchtkapseln auf, beim *Schließlein* bleiben sie geschlossen. Der Schließlein wurde durch Auslese gewonnen, bei ihm gehen die Samen nicht verloren, müssen aber aus den Kapseln geschlagen werden (Dreschlein). Aus den Samen des Leins gewinnt man durch Auspressen das *Leinöl.* Leinöl wird zur Herstellung von Firnis, Ölfarbe, Seife, Druckerschwärze und Linoleum verwendet. Auch in der Heilkunde spielen Leinöl und Leinsamen eine Rolle. Der Lein ist aber auch als *Faserpflanze* von Bedeutung. Das Verfahren zur Gewinnung der Flachsfasern **(61,3)** ist schon alt. Die Stengel rauft man aus, sobald sie gelb werden, und stellt sie zum Trocknen auf. Dann zieht man sie durch eiserne Kämme (man riffelt sie), wodurch die Kapseln entfernt werden. Nun werden die Pflanzen zur Flachsröste in Wasser gelegt oder auf dem Feld ausgebreitet und so Tau und Regen ausgesetzt. Bei der Röste gehen die weichen Teile des Stengels zugrunde. Durch Brechen und anschließendes Schlagen mit einem Holzmesser werden die holzigen Teile des Stengels von den Fasern getrennt. Diese zieht man durch die Zähne einer Hechel. Dabei werden die langen Fasern von den kurzen, dem Werg, getrennt. Die Fasern können jetzt zu Garn versponnen werden, aus dem man Leinwand webt.

**Runkelrübe und Zuckerrübe** (Beta vulgaris). Die *Runkelrübe* wird bei uns seit dem Mittelalter angebaut. Die Wildpflanze, von der sie abstammt, wächst heute noch im Mittelmeergebiet und ist ein- oder zweijährig. Die angebaute Runkelrübe ist *zweijährig* und entwickelt im 1. Jahr eine dicke Rübe mit einer Rosette großer Blätter **(61,4).** Auf dem Acker findet man aber einzelne Pflanzen, die einjährig sind wie die Wildpflanze und

**61,4:** *Runkelrübe. Die zur Rübe verdickte Hauptwurzel ist mehr oder weniger walzenförmig und schaut ein Stück weit aus dem Boden heraus.* **61,5:** *Die Rübe der Zuckerrübe läuft spitz zu und steckt fast ganz im Boden.* **61,6:** *Virginischer Tabak (Nachtschattengewächs). Der Stengel trägt große, kurzgestielte, ganzrandige Blätter. Aus den Blüten entstehen vielsamige Kapselfrüchte.*

keine Rübe bilden. Der Sproß der Runkelrübe trägt unscheinbare Blüten mit fünfblättriger, grüner Hülle, 5 Staubblättern und einem Stempel. Blüten und Früchte (Nüßchen) sind zu Knäueln vereinigt. Die Runkelrübe gehört zu den *Hackfrüchten* (60,2). Sie wird im April ausgesät oder im Zuchtbeet gezogen und dann ausgepflanzt. Bei den gesäten Rüben läßt man nur die kräftigsten stehen, die übrigen reißt man aus (Verziehen der Rüben). Im Oktober werden die Rüben ausgegraben und in Kellern oder Mieten gelagert. Sie sind ein wichtiges Winterfutter für das Vieh. Im Jahre 1747 entdeckte der Berliner Apotheker Marggraf, daß Runkelrüben Zucker enthalten (auf 100 g Rüben 6 g). Aus der Runkelrübe wurde die *Zuckerrübe* gezüchtet, bei der auf je 100 g 15–20 g Zucker kommen **(61,5).** Die ausgegrabenen und von den Blättern befreiten Rüben kommen in die Zuckerfabrik. Dort werden sie zerschnitten und mit Wasser ausgelaugt. Die ausgelaugten Schnitzel dienen als Viehfutter. Der zuckerhaltige Saft (Sirup) ist dunkelbraun gefärbt. Er wird gereinigt und entfärbt. Dann dickt man ihn ein, wobei sich Zucker abscheidet. Der bräunliche Rohrzucker muß nochmals gereinigt werden. Spielarten der Runkelrübe sind die *Rote Rübe* und der *Mangold.* Der *Spinat* ist mit der Runkelrübe verwandt. Beide Pflanzen gehören zur *Familie der Gänsefußgewächse.*



**Tabak.** Schon vor der Entdeckung Amerikas wurde dort der Tabak von den Indianern angebaut und geraucht. 1518 kamen Tabaksamen erstmals nach Europa, wo der Tabak heute in verschiedenen Ländern gepflanzt wird. In Deutschland liegen Tabakanbaugebiete in Baden, in der Pfalz, in Mitteldeutschland und Norddeutschland. Feldmäßig wird hauptsächlich der rotblühende *Virginische Tabak* (Nicotiana tabacum – **61,6**) angepflanzt. Den *Bauerntabak* (Nicotiana rustica) mit grüngelben Blüten findet man mehr in Gärten. Die einjährige Pflanze wird im März ins Frühbeet gesät und im Mai ausgepflanzt. Ende August bis Mitte September erntet man die Blätter. An Schnüren aufgereiht werden sie in Schuppen zum Trocknen aufgehängt. In der Fabrik schichtet man die angefeuchteten Blätter zu Haufen auf, in denen Gärungsvorgänge stattfinden *(Fermentation).* Dabei bekommt der Tabak seine braune Farbe. Er kann nun zu Rauchwaren verarbeitet werden. Da Tabak das Gift *Nikotin* enthält, *schädigt Tabakgenuß die Gesundheit.*

62,1

**62,1:** *Wurzelsystem einer Keimpflanze der Zweikeimblättrigen Pflanzen (Ackerbohne). An der senkrecht nach unten wachsenden Hauptwurzel haben sich Seitenwurzeln gebildet, die schräg abwärts wachsen. Sie werden in der Reihenfolge von oben nach unten angelegt.*

**62,2:** *Maispflanze mit sproßbürtigen Wurzeln. Die Wurzeln entspringen an den unteren Stengelknoten. Da sie den Stengel stützen, heißen sie Stützwurzeln.* **62,3:** *Rübe des Rettichs. Die Rübe besteht aus der verdickten Hauptwurzel und dem verdickten unteren Sproßstück (seitenwurzelfreier oberster Abschnitt der Rübe).* **62,4:** *Wurzelknollen der Dahlie. Da die knollenbildenden Wurzeln ihr Längenwachstum einstellen und sich nicht verzweigen, sind Wurzelknollen rundlich oder keulenförmig.*

## 62 Die Wurzel

Bei der Betrachtung einer Pflanze richten wir unser Augenmerk hauptsächlich auf den Sproß, da sich dieser über den Erdboden erhebt und daher ohne weiteres sichtbar ist. Die im Erdboden verborgenen *Wurzeln* werden weniger beachtet. Diese erfüllen wichtige Aufgaben und fehlen nur wenigen Blütenpflanzen (z. B. manchen Wasserpflanzen). Die Wurzeln verankern die Pflanze im Boden und nehmen aus diesem Wasser und Nährsalze auf. Von unterirdischen Sprossen unterscheiden sie sich durch das Fehlen von Blättern.



**Wurzelhaare.** Bei der Keimung eines Samens (vgl. S. 14 und S. 55) entwickelt sich zunächst die *Keimwurzel*, die dann weiterwachsen und sich verzweigen kann. Diese Entwicklung ist am besten zu beobachten, wenn man Keimpflanzen auf feuchtem Filtrierpapier zieht (63,8). Dicht hinter der Spitze sind die Wurzeln von einem Filz feiner Haare bedeckt (55,3; 63,8). Diese Haare heißen *Wurzelhaare*. Sie leben nur kurze Zeit. Die älteren Wurzelhaare sterben ab, während spitzenwärts laufend neue gebildet werden. Daher finden sie sich nur an dem der Spitze folgenden Wurzelabschnitt. Die Wurzelhaare treten in eine besonders enge Berührung mit den Bodenteilchen. Sie nehmen das Wasser und die im Wasser gelösten Nährsalze auf. Erst hinter den Wurzelhaaren verzweigt sich die Wurzel. Durch die Bildung von Seitenwurzeln entsteht das *Wurzelwerk* oder das *Wurzelsystem* **(62,1)**.

**Wurzelsysteme.** Die *Wurzelsysteme* von Einkeimblättrigen und Zweikeimblättrigen Pflanzen sind ganz verschieden aufgebaut. Wir müssen sie daher gesondert betrachten. Bei den Einkeimblättrigen Pflanzen stirbt die aus der *Keimwurzel* entstandene *Hauptwurzel* bald ab. Neue Wurzeln entstehen an den unteren Stengelknoten. Da sie vom Sproß gebildet werden, heißen sie *sproßbürtig*. Die sproßbürtigen Wurzeln laufen in einem Bogen nach unten und verzweigen sich weiter **(62,5** links**)**. Solche Wurzelsysteme können erstaunliche Ausmaße aufweisen, besonders bei den Gräsern. So erreichen die Wurzeln einer freistehenden Roggenpflanze eine Tiefe von 1,6 m. Etwa gleichweit erstrecken sie sich nach den Seiten. Die Pflanze durchwurzelt also 4 m³ Erde. Diese ist dicht von Wurzelfasern durchzogen. Die Gesamtlänge aller Wurzeln einer solchen Pflanze beträgt beinahe 80 km. Auf dem Acker, wo die Pflanzen dicht beieinander stehen und sich gegenseitig beengen, sind die Wurzeln in ihrer Entwicklung behindert. Daher schrumpft dort ihre Gesamtlänge auf 1 km zusammen. Andere Familien der Einkeimblättrigen Pflanzen

62,2

62,3

62,4

haben kein so stark entwickeltes Wurzelwerk. Den Stengel vom Mais und anderen Pflanzen stützen sproßbürtige Wurzeln und halten ihn aufrecht (Stützwurzeln; **62,2**). Bei den Zweikeimblättrigen Pflanzen wächst die *Keimwurzel* senkrecht nach unten und wird zur *Hauptwurzel.* Die nötige Festigkeit erlangt sie durch Dickenwachstum. Von der Hauptwurzel gehen die *Seitenwurzeln* schräg ab **(62,1).** Diese können sich weiter verzweigen (**62,5** rechts). Bei den verschiedenen Pflanzenarten treten Abweichungen auf. Außerdem beeinflußt die Bodenbeschaffenheit die Ausbildung des Wurzelsystems. Trockenlandpflanzen haben oft lange Hauptwurzeln, sogenannte *Pfahlwurzeln*, die noch aus größeren Tiefen Wasser aufnehmen, wenn die oberen Bodenschichten trocken sind. Bei Wüstenpflanzen werden solche Wurzeln unter besonderen Umständen bis zu 10 m lang. Auch bei den Zweikeimblättrigen Pflanzen kommen sproßbürtige Wurzeln vor. So bewurzeln sich etwa ins Wasser gestellte Zweigstücke der Weide, sowie Ausläufer und Wurzelstöcke. Umgekehrt können sich an den Wurzeln Knospen bilden, aus denen oberirdische Triebe heranwachsen.



**Wurzelumbildungen.** Wurzeln dienen oft als Nährstoffspeicher und sind dann verdickt. Eine verdickte Hauptwurzel heißt *Rübe* **(62,3).** *Wurzelknollen* sind verdickte Seitenwurzeln oder verdickte sproßbürtige Wurzeln **(62,4).** *Zugwurzeln* können sich verkürzen. Dadurch werden unterirdische Pflanzenteile in einer bestimmten Tiefenlage gehalten.

**Merkstoff.** Wurzeln verankern die Pflanzen im Boden und nehmen Wasser und Nährsalze auf. Die Wasser- und Nährsalzaufnahme wird von Wurzelhaaren besorgt. Das Gesamtwurzelwerk einer Pflanze heißt Wurzelsystem. Dieses wird bei den Einkeimblättrigen Pflanzen von sproßbürtigen Wurzeln gebildet, bei den Zweikeimblättrigen entsteht es durch Verzweigung der Hauptwurzel. Als Vorratsspeicher dienen Rüben und Wurzelknollen.

**62,5:** *Links das Wurzelsystem einer Haferpflanze. Wie bei anderen Einkeimblättrigen Pflanzen entspringen die verzweigten Wurzeln am unteren Ende des Sprosses. Rechts das Wurzelsystem der Saubohne (Zweikeimblättrige Pflanze). Von der Hauptwurzel gehen Seitenwurzeln, die sich verzweigen, schräg ab.*

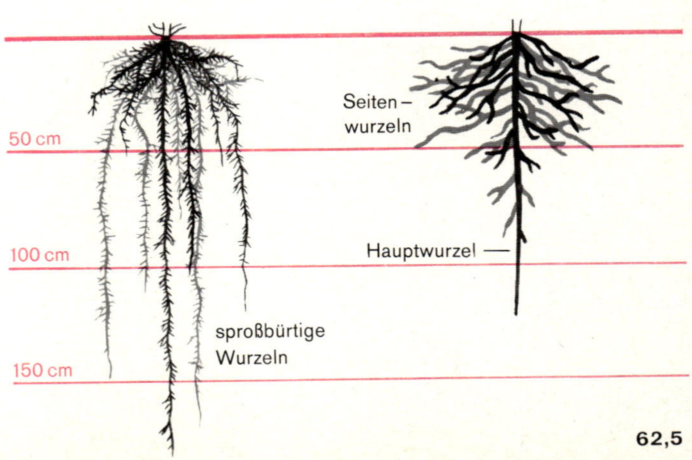


62,5

63,1

63,2

63,3

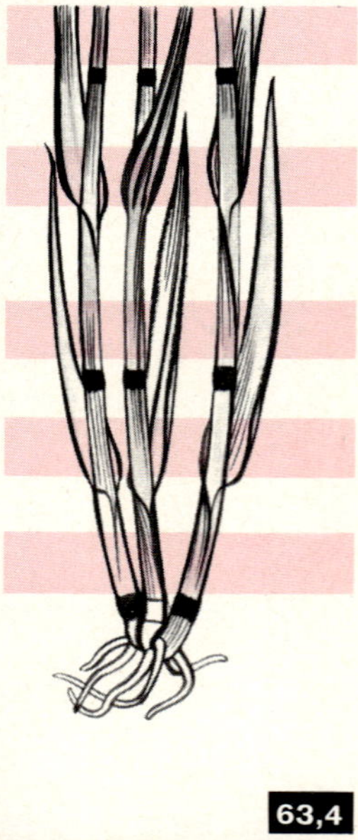
63,4

63,5

63,6

## 63 Beobachtungen zum Wachstum

Was eine Pflanze zum Wachsen braucht und welchen Einfluß das Licht auf das Wachstum ausübt, ist uns schon bekannt (vgl. S. 15). Wir wollen jetzt darauf achten, wie die Pflanzen wachsen.

**Orte des Wachstums.** Schon die Neuanlage von Stengeln und Blättern, die dem unbewaffneten Auge unsichtbar bleibt, ist Wachstum, das wir *Bildungswachstum* nennen wollen. Bildungswachstum findet z. B. an den Knospen der Stengelspitzen und in anderen Knospen statt **(63,3).** Die neu angelegten Sproßstücke sind aber noch klein, sie müssen noch in die Länge wachsen. Diesen Vorgang bezeichnet man als *Streckungswachstum.* Es unterbleibt bei Knospen, die nicht austreiben. Erstreckt sich nun das Längenwachstum über den ganzen Sproß, wie bei uns Menschen über den ganzen Körper, oder verläuft es anders? Ein Versuch soll unsere Frage beantworten **(63,1).** Junge Stengel der Feuerbohne werden in regelmäßigen Abständen mit Tuschmarken versehen. Weichen diese Marken bei weiterem Wachstum auseinander, so hat sich der betreffende Stengelabschnitt gestreckt. Nach einigen Stunden haben sich die Abstände zwischen den Marken aber nur im oberen Stengelabschnitt vergrößert, den man deshalb *Streckungszone* nennt, im unteren dagegen nicht **(63,2).** Somit werden in den Endknospen wachsender Stengel laufend neue Sproßteile gebildet, die sich später verlängern, dann aber nicht mehr weiterwachsen. Entsprechende Versuche mit Wurzeln haben das gleiche Ergebnis **(63,5; 63,6).** Das Bildungswachstum ist bei ihnen auf die Wurzelspitze beschränkt. Die Streckungszone ist noch viel kürzer als beim Stengel. Sie geht schon wenige Millimeter hinter der Wurzelspitze zu Ende. Deutlich durch Knoten gegliederte Stengel, z. B. Grashalme **(63,4),** weisen eine andere Art des Streckungswachstums auf. Bei Grashalmen werden jeweils über den Grasknoten neue Stengelabschnitte gebildet, die hernach in die Länge wachsen.



**63,1:** *Junger Stengel der Saubohne mit Tuschemarkierung.* **63,2:** *Der Stengel hat sich gestreckt. Wo die Marken auseinandergerückt sind, liegt die Streckungszone.* **63,3:** *Orte des Wachstums bei einer Zweikeimblättrigen Pflanze. Die dunkelrote Farbe zeigt Stätten des Bildungswachstums an. Pflanzenteile auf hellrotem Untergrund wachsen noch in die Länge, Pflanzenteile auf weißem Untergrund sind ausgewachsen.* **63,4:** *Lage der Wachstumszonen bei einem Grashalm.* **63,5:** *Mit Tusche markierte Hauptwurzel der Saubohne.* **63,6:** *Die Tuschestriche rücken bei weiterem Wachstum hinter der Spitze auseinander. Dort liegt die Streckungszone.*

**Wachstumsbewegungen.** Vielen Bewegungen der Pflanzen liegen Wachstumsvorgänge zugrunde. So wenden sich z. B. Pflanzensprosse vielfach *dem Licht zu.* Unser Versuch **(63,10)** zeigt dies deutlich. Wir sehen aber gleichzeitig, daß sich die Wurzeln *vom Licht abwenden.* Wie kommen diese Bewegungen zustande? Zuerst nimmt die Pflanze das Licht wahr. Dann wächst die dem Licht abgekehrte Stengelseite stärker in die Länge als die dem Licht zugekehrte. Dadurch krümmt sich der Sproß zum Licht hin. Die Wurzel verhält sich gerade umgekehrt.

Woher kommt es, daß die Hauptsprosse der meisten Pflanzen *nach oben*, die Wurzeln aber *nach unten* wachsen, obwohl die Samen in der Erde ganz verschiedene Lagen einnehmen? Dreht man normal gewachsene Keimpflanzen der Kresse **(63,8)** in die Waagrechte, dann krümmen sich die Stengel nach oben und die Wurzeln nach unten **(63,9).** Auch liegende Grashalme richten sich auf (S. 46). Dieses Einstellen des Sprosses nach oben und der Wurzel nach unten wird durch die *Schwerkraft* bewirkt. Ein auf die Handfläche gelegter Stein übt auf diese einen Druck aus und fällt senkrecht nach unten, wenn man die Hand wegnimmt. Der Stein wird von der Erde angezogen. Auch an ihm greift die Schwerkraft an, die eine senkrecht nach unten gerichtete Kraft ist. Pflanzen können Schwerkraft wahrnehmen. Viele Sprosse wachsen nun *in die der Schwerkraft entgegengesetzte Richtung*, viele Wurzeln *in Richtung der Schwerkraft.* Die Krümmung unseres waagrecht gelegten Kressestengels wird durch verstärktes Wachstum seiner Unterseite, die der Wurzel durch verstärktes Wachstum der Oberseite verursacht. Seitenzweige und Seitenwurzeln stellen sich *quer zur Schwerkraft* ein. Dies gilt auch für manche dem Boden aufliegende Hauptsprosse **(63,7)** und für Wurzelstöcke.

Das Öffnen und Schließen der Blüten beruht auf *verstärktem Wachstum* der Blütenblattoberseite bzw. -unterseite.

63,7

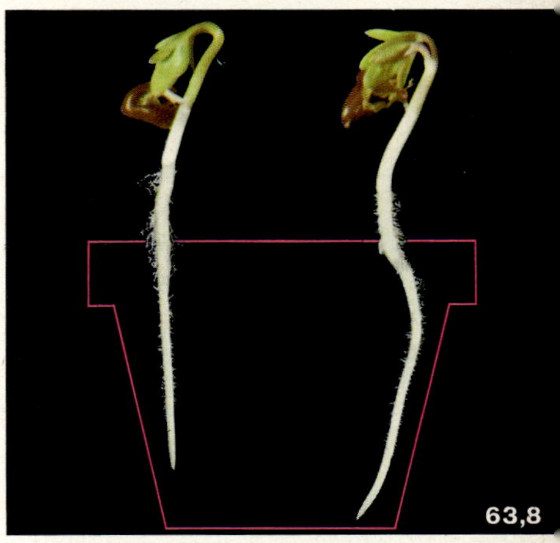

63,8

63,9

63,10

**63,7:** *Waagrechtes Wachstum des dem Boden anliegenden Hauptsprosses beim Pfennigkraut (Lysimachia nummularia).* **63,8:** *4 Tage alte Keimpflanzen der Kresse auf Fließpapier gezogen. Die Stengel wachsen senkrecht nach oben, die Wurzeln senkrecht nach unten.* **63,9:** *Die Kressepflanzen wurden in die Waagrechte gedreht. Nach 8 Stunden hat sich der Stengel durch verstärktes Wachstum der Unterseite aufgerichtet, die Wurzel durch verstärktes Wachstum der Oberseite nach unten gekrümmt.* **63,10:** *Einseitig belichtete, auf Wasser gezogene Pflanze der Saubohne. Der Sproß wendet sich dem Licht zu, während die Wurzel sich vom Licht abwendet.*

64,1

64,4

## 64 Die Weinrebe (Vitis vinifera)

*Wilde Weinreben* wachsen in den Auwäldern Westasiens, des Mittelmeergebietes, des Rheins und der Donau. Von dieser Wildrebe stammt unsere *Kulturrebe* ab, die in vielen Sorten angebaut wird. Den *Weinbau* brachten die Römer nach Deutschland. Da die Weinrebe eine wärmebedürftige Pflanze ist, wird sie nur in den wärmeren Gegenden Deutschlands angebaut **(64,3),** hauptsächlich an sonnigen Berghängen, den *Weinbergen.*

64

**Bau der Weinrebe.** Tiefreichende Wurzeln können die Weinrebe in den trockenen Weinbergen mit genügend Wasser versorgen. Stamm und Äste (Reben) sind verholzt und von einer graubraunen Borke bedeckt, die sich in Streifen ablöst **(64,1).** Aus den Knospen der vorjährigen Reben (Tragreben) entwickeln sich im Frühjahr lange Triebe, die *Lotten.* An diesen sitzen die fünflappigen, grobgezähnten Blätter in zweizeiliger Anordnung **(64,2).** Den Blättern gegenüber stehen gabelig verzweigte *Ranken* oder *Blütenstände.* Da die Ranken umgebildete Sproßteile sind, heißen sie *Sproßranken.* Mit diesen hält sich die Pflanze, deren Äste nur schwach sind, an geeigneten Stützen fest. Im Weinberg steckt man dazu Pfähle in die Erde. Aus den Blattachseln wachsen kurze Triebe, die *Geizen.* Diese schneidet man ab *(ausgeizen),* damit die für ihren Aufbau nötigen Nährstoffe den Trauben zugute kommen. Am Grund der Geizen sitzende Knospen überwintern und entwickeln sich im nächsten Frühjahr zu Lotten. Die Gestalt eines Weinstocks hängt sehr davon ab, wie ihn der Weingärtner durch Beschneiden „erzieht".

**Blüten.** Die Blütenstände sind aufrechte *Rispen* (die Weingärtner nennen sie Gescheine) mit nur etwa 1 mm großen Blüten. Der schüsselförmige Blütenkelch besteht aus 5 verwachsenen Kelchblättern. Die 5 grünen Blütenblätter blei-

64,2

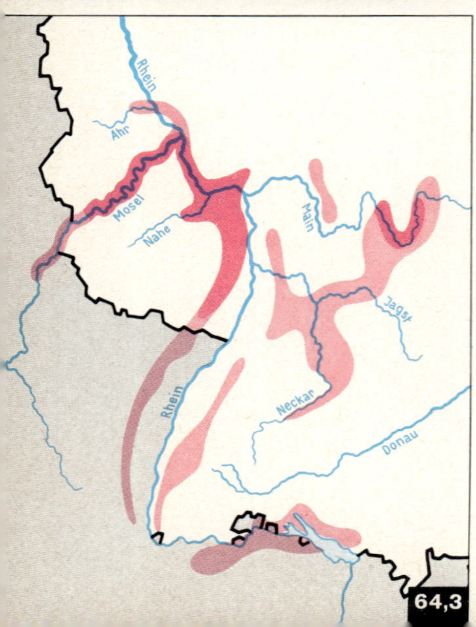


64,3

**64,1:** *Weinstock im Frühjahr vor dem Austreiben.* **64,2:** *Lotte mit Blättern und Ranken.* **64,3:** *Weinbaugebiete in Deutschland. Hauptweinbaugebiete liegen im Oberrheintal, am Mittelrhein, an der Mosel, am Main und am Neckar.* **64,4:** *Blüte des Weins beim Abheben der Blütenblätter.* **64,5:** *Fruchtstand der Weinrebe („Traube").* **64,6:** *Weinherstellung. Die Beeren werden in der Traubenmühle zerquetscht. In der Kelter wird der Saft von den Trebern abgepreßt. Dann läßt man den Wein in Fässern gären. Aus dem Traubenzucker entsteht Alkohol und ein Gas (Kohlendioxyd). Die Gärung wird von Hefepilzen (Weinhefe) hervorgerufen. Der Wein reift noch einige Zeit im Faß und wird später in Flaschen abgefüllt.*

ben an der Spitze miteinander verbunden. Beim Aufblühen lösen sie sich vom Blütenboden und werden von den wachsenden Staubblättern angehoben und schließlich abgeworfen **(64,4).** Nun kommen die 5 Staubblätter und der Stempel zum Vorschein. Vom Blütenduft angelockte Insekten holen sich Nektar, der von 5 Nektardrüsen am Grund des Fruchtknotens abgesondert wird. Die Insekten oder der Wind bestäuben die Blüten.



**Frucht.** Aus dem Fruchtknoten entstehen gelbliche, grüne, rote oder blaue *Beeren,* die von einer Wachsschicht überzogen sind. Der Fruchtstand, den man allgemein als „Traube" bezeichnet, obwohl er eine Rispe ist, hängt wegen seines Gewichts nach unten **(64,5).** Die Beeren enthalten die Samen der Wildrebe. Kulturreben vermehrt man nicht durch Samen, sondern durch Stecklinge. Die Beeren werden als *Obst* frisch gegessen oder kommen getrocknet als *Rosinen* und *Sultaninen* in den Handel. Aus den Beeren preßt man *Traubensaft* und *Wein* **(64,6).** Der Wein enthält den *giftigen Alkohol* und ist daher *kein Getränk für die Jugend.*

Der Anbau von Weinreben und die Gewinnung des Weins sind ein bedeutender Erwerbszweig in der Bundesrepublik. Etwa 1 Million Menschen sind mit Weinbau, Weinherstellung und Weinhandel beschäftigt. Den härtesten Teil dieser Arbeit übernimmt der *Weingärtner* oder *Winzer,* da die Weinreben meist an steilen und oft schwer zugänglichen Hängen gezogen werden. Bodenbearbeitung, Pflege der Pflanzen und Ernte sind deshalb mit ständigem Auf- und Absteigen und Lastentragen verbunden.

**Merkstoff.** Die Weinrebe ist ein Holzgewächs und eine Kletterpflanze. Blütenstände, Blätter und Ranken sitzen an Langtrieben, den Lotten. Der Blütenstand ist eine Rispe. Aus unscheinbaren Blüten gehen Beeren hervor, die frisch gegessen werden und zur Weinherstellung dienen.

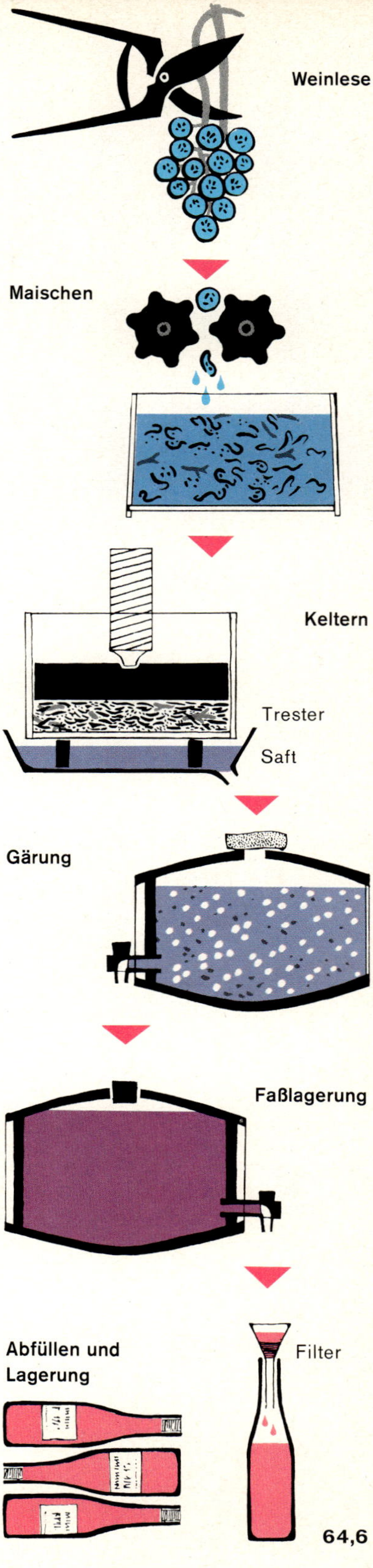


64,6

**Pflanzen der Wegränder. 65,1:** *Die Zypressenwolfsmilch (Euphorbia cyparissias) enthält einen weißen, klebrigen und giftigen Milchsaft.* **65,2:** *Die Wegerauke (Sisymbrium officinale) ist eine bezeichnende Trockenlandpflanze (Kreuzblütler).* **65,3:** *Eisenkraut (Verbena officinalis).*

## 65 Pflanzen der Wege und Wegränder

**65**

Wer bei seinen Spaziergängen und Wanderungen auf die Pflanzen achtet, wird bemerken, daß auf Wegen und an Wegrändern ganz bestimmte Pflanzenarten vorkommen. Sogar die Fugen zwischen den Pflastersteinen bieten manchen von ihnen noch Lebensraum, z. B. dem Einjährigen Rispengras. Die Wege selbst werden von anderen Pflanzen besiedelt als die Wegränder. Da an beiden Standorten verschiedene Lebensbedingungen herrschen, sind die entsprechenden Pflanzen auch in ihrer Tracht verschieden.

**Pflanzen der Wege.** Pflanzen der häufiger begangenen Wege sind dem Tritt ausgesetzt. Deshalb können sich dort nur *trittfeste Pflanzen* halten, während andere, deren Samen zufällig dort keimen, zugrunde gehen. Der Tritt bestimmt also die Zusammensetzung der auf Wegen wachsenden Pflanzengesellschaften, die man deshalb *Tretgesellschaften* nennt. Zu den Tretpflanzen gehören das Einjährige Rispengras **(65,7),** der Vogelknöterich **(65,8),** der Große Wegerich **(65,9),** das Englische Raygras (47,1), der Weißklee (50,5) und der Löwenzahn (34,8). Viele dieser Pflanzen zeichnen sich durch eine niedrige Wuchsform aus. So sind beim Vogelknöterich die Triebe dem Boden angepreßt. Bei Rosettenpflanzen (Großer Wegerich, Löwenzahn) liegen die Blätter dem Boden auf. Den großen Wegerich wollen wir etwas eingehender betrachten. Er hat breite, langgestielte, derbe Blätter. Seine unscheinbaren vierzähligen Blüten sind zu langen Ähren vereinigt. Sie werden vom Wind bestäubt. Da die Staubbeutel erst nach der Narbe reifen, ist nur Fremdbestäubung möglich *(nachstäubende Blüten)*. Die aus der Kapselfrucht fallenden Samen werden bei Befeuchtung klebrig, bleiben daher am Schuhwerk hängen und werden so auf Wegen verbreitet. Zwei Verwandte, der Mittlere Wegerich und der Spitzwegerich, wachsen in der Wiese. Der Mittlere Wegerich hat ebenfalls breite Blätter, die aber ungestielt oder kurzgestielt sind, während der Spitzwegerich schmale Blätter aufweist.

**Pflanzen steiniger Wegränder. 65,4:** *Der Natternkopf (Echium vulgare) besitzt einen derben Stengel und behaarte Blätter.* **65,5:** *Der Echte Steinklee (Melilotus officinalis) ist ein Schmetterlingsblütler.* **65,6:** *Die Nachtkerze (Oenothera biennis) blüht bei Nacht. Blütenbesucher sind Nachtschmetterlinge.*



**Pflanzen der Wegränder.** Die Pflanzen der Wegränder sind nicht dem Tritt ausgesetzt und zeigen daher eine andere Wuchsform als die Wegbewohner. Sie haben einen aufrechten Stengel, der oft sparrig verzweigt und verholzt ist. Die Blattflächen sind klein und die Wurzeln vielfach tiefgehend. Die Bewohner der sonnigen, trockenen Wegränder sind also *Trockenlandpflanzen.* Wir sehen uns daraufhin folgende Wegebegleiter an: Zypressenwolfsmilch **(65,1),** Besenrauke **(65,2),** Eisenkraut **(65,3),** Wegwarte (36,4), Odermennig (30,5) und Hirtentäschel (38,11). Manche Pflanzen der Wegränder besitzen Klettfrüchte, wie etwa die Kletten (36,3), der Odermennig (52,7) und die Wilde Möhre (41,9). So können sie von Tier und Mensch leicht entlang der Wege verbreitet werden. Natternkopf **(65,4),** Echter Steinklee **(65,5)** und Gewöhnliche Nachtkerze **(65,6)** sind ebenfalls wärmeliebende Pflanzen. Sie bevorzugen kiesigen oder steinigen Boden und finden sich daher auf entsprechenden Böschungen und Halden, sowie im Schotter der Bahnanlagen.

**Pflanzen der Wege. 65,7:** *Einjähriges Rispengras (Poa annua).* **65,8:** *Der Vogelknöterich (Polygonum aviculare) hat kleine, weißliche, blattachselständige Blüten und einen durch Knoten gegliederten Stengel.* **65,9:** *Großer Wegerich (Plantago maior) mit dem Boden anliegender Rosette.*

**66,1:** *Eine Pflanzengruppe der Großen Brennessel. Die ausdauernde Pflanze besitzt verzweigte unterirdische Wurzelstöcke, mit denen sie sich auch samenlos vermehrt. Sie tritt daher truppweise auf. Die einzelnen Trupps bestehen entweder aus männlichen oder aus weiblichen Pflanzen, da sie aus demselben Samen entstanden sind.* **66,2:** *Stempelblüten der Brennessel und heranreifende Frucht.* **66,3:** *Staubblüten der Brennessel. In der Blütenknospe sind 4 Staubblätter nach innen gebogen. Wenn sich die Blüte öffnet, richten sie sich ruckartig auf. Die Staubbeutel werden dabei geleert.* **66,4:** *Brennhaare der Brennessel. Brennhaare, deren Köpfchen abgebrochen ist, haben ihr Gift abgegeben.*

## 66 Pflanzen der Schutt- und Abfallplätze
(Ruderalpflanzen)

Auf Schuttplätzen, Auffüllplätzen und in der Nähe von Dungstätten finden wir gewöhnlich recht unscheinbare Pflanzen. Neben Acker- und Gartenunkräutern siedeln sich Pflanzen an, die für diese Standorte bezeichnend sind. Was bindet nun die eigentlichen *Schutt-* oder *Ruderalpflanzen* (rudera lat. = Trümmer) an solche Orte? Die Abfälle der menschlichen Wirtschaft, die sich dort ansammeln, *düngen* den Boden. Vor allem handelt es sich um *stickstoffhaltige Salze*. Infolgedessen finden sich Pflanzen ein, denen ein hoher Stickstoffgehalt des Bodens zusagt. Die Ruderalpflanzen sind *stickstoffliebend*. Neugeschaffene Schuttplätze werden von ihnen rasch besiedelt, da sie meist viele Samen erzeugen, die von Mensch, Tier und dem Wind verbreitet werden. Da die Standorte der Ruderalpflanzen ihre Entstehung dem Menschen verdanken, müssen wir nach ihren natürlichen Standorten suchen. Als solche kommen etwa Waldlichtungen, Auwälder und Flußufer in Betracht, deren Böden sämtlich stickstoffreich sind. Wir wollen uns einige Ruderalpflanzen etwas näher ansehen.

**Die Große Brennessel** (Urtica dioica – **66,1).** Die Pflanze gedeiht umso besser, je mehr Stickstoff der Boden enthält. So kann man aus ihrem Höhenwachstum unmittelbar Rückschlüsse auf den Stickstoffgehalt des Bodens ziehen.

**Brennhaare.** Wenn wir an einer Brennessel vorbeistreifen, spüren wir an der Berührungsstelle ein unangenehmes Brennen. Wie geht das zu? Schon mit bloßem Auge bemerken wir zahlreiche borstenartige Haare. Betrachten wir diese *Brennhaare* durch eine Lupe,

66,5

66,6

66,7

dann zeigt sich, daß die Haare oben ein schräg aufgesetztes Köpfchen tragen und mit ihrem angeschwollenen Fußteil in einer becherartigen Ausstülpung der Oberhaut sitzen **(66,4).** Die im oberen Teil glasharte Wand des Haares ist unter dem Köpfchen dünn. Dieses bricht daher bei Berührung leicht ab. Dabei entsteht eine schräge Spitze, die in die Haut eindringt. Der giftige Inhalt des Haares ergießt sich in die Wunde und erzeugt eine kleine, schmerzende Entzündung. Trotz dieser Einrichtung wird die Brennessel von vielen Tieren gefressen.

**Blüte.** Die unauffällig gefärbten Blüten sind zu hängenden *Rispen* vereinigt. Sie sind einfach gebaut und weisen außer einer vierblätterigen Blütenhülle entweder nur 1 Stempel mit pinselartiger Narbe *(Stempelblüten* oder *weibliche Blüten* – **66,2)** oder nur 4 Staubblätter *(Staubblüten* oder *männliche Blüten* – **66,3)** auf. Da die einzelnen Brennesselpflanzen nur einerlei Blüten tragen, kann man weibliche und männliche Pflanzen unterscheiden. Die Pflanze ist *zweihäusig* (männliche und weibliche Blüten „bewohnen 2 Häuser"). Die Bestäubung wird vom Wind besorgt. Bei den männlichen Blüten sind die Staubblätter in der Knospe nach innen gebogen und werden in dieser Lage von den Blütenblättern festgehalten. Wenn sich die Blüten öffnen, schnellen die Staubblätter ruckartig zurück, die Staubbeutel reißen auf und ihr Blütenstaub wird weggeschleudert. Bei schönem Wetter können wir diesen Vorgang beobachten. Wir bemerken dann Wölkchen von trockenem Blütenstaub, der vom Wind fortgetragen und von den Narben der weiblichen Blüten aufgefangen wird. Aus den Fruchtknoten entwickeln sich Nüßchen **(66,2).**



Weitere Ruderalpflanzen zeigen die Bilder **66,5–66,9.** Die gefährlichen Gifte aus Kraut und Samen von Bilsenkraut und Stechapfel dienen dem Arzt als Heilmittel. Der Gewöhnliche Beifuß wird ebenfalls als Heilmittel und gelegentlich als Küchengewürz angewandt.

**66,5:** *Der Gute Heinrich (Chenopodium bonus-henricus) wächst an Dunghaufen und an Mauern.* **66,6:** *Weißer Gänsefuß (Chenopodium album) und* **66,7:** *Gewöhnlicher Beifuß (Artemisia vulgaris) kommen auf Schutt vor.* **66,8:** *Bilsenkraut (Hyoscyamus niger) und* **66,9:** *Stechapfel (Datura stramonium) sind Nachtschattengewächse. Der Stechapfel besitzt weiße, langröhrige Blüten.*

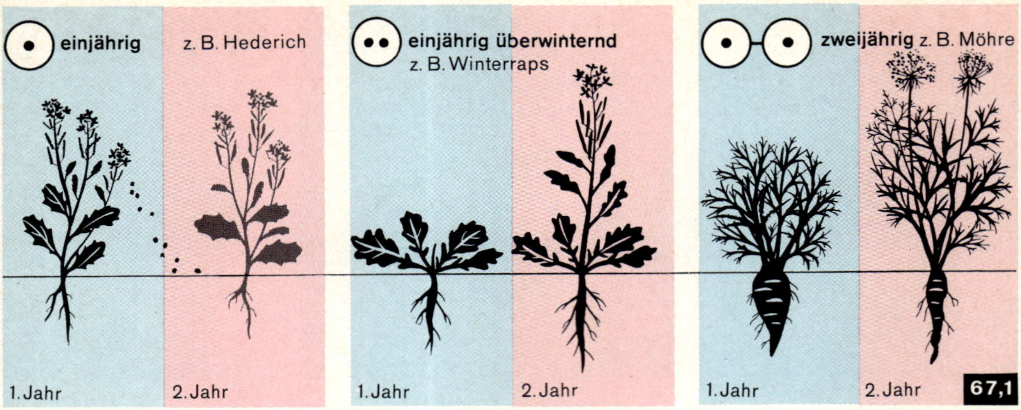


## 67 Die Lebensdauer der Pflanzen

Über die *Lebensdauer der Blütenpflanzen* haben wir schon mehrfach etwas erfahren. Wir wollen unsere Kenntnisse ordnen und erweitern. Zuerst teilen wir die Blütenpflanzen in 2 große Gruppen ein. Die eine Gruppe umfaßt Pflanzen, die nur *einmal blühen* und dann absterben, die andere solche, die *mehrmals in ihrem Leben Blüten hervorbringen.*

**Einmal blühende Pflanzen.** Zu dieser Gruppe gehören die *einjährigen Pflanzen*, die ihre Entwicklung im Frühjahr beginnen und vor dem Winter abschließen, wie wir das beim Sommergetreide gesehen haben. Bei einigen Unkräutern, z. B. bei der Vogelmiere, können in dieser Zeitspanne mehrere Generationen aufeinander folgen. Den Winter überdauern diese Pflanzen im Samenzustand. In den wasserarmen Samen sind die Lebensvorgänge nahezu zum Stillstand gekommen. Sie befinden sich in einem Ruhezustand, der erst bei der Keimung aufgehoben wird. Aus diesem Grund sind Samen gegen Witterungsunbilden unempfindlich. Samen können im allgemeinen 5–10 Jahre am Leben bleiben. Kleesamen und Samen anderer Schmetterlingsblütler keimen aber noch nach 80 bis 160 Jahren. 250 Jahre alte Samen der Lotosblume waren noch voll keimfähig. Doch das sind Ausnahmen! Manche einjährigen Pflanzen keimen schon im Herbst, überwintern und bilden dann Blüten (Wintergetreide). Es sind dies *einjährig überwinternde Pflanzen* **(67,1).** 67

*Zweijährige Pflanzen* beginnen ihre Entwicklung im Frühjahr des 1. Jahres. Blüten und Früchte werden erst nach Überwinterung im 2. Jahr gebildet. Danach sterben diese Pflanzen ab. Zweijährig sind etwa die Wilde Möhre **(67,1)** und die Runkelrübe. Manche Pflanzen leben mehrere Jahre, um dann ihr Leben mit der Blütenbildung abzuschließen *(mehrjährige Pflanzen)*. Bei den Agaven dauert es z. B. je nach Art 10 bis 100 Jahre, bis sie Blüten hervorbringen.

**Mehrmals blühende oder ausdauernde Pflanzen.** Das *Ausdauern* ist bei diesen Gewächsen möglich, weil sie Knospen besitzen, die alljährlich neue Sprosse bilden. Man nennt sie daher *Erneuerungsknospen.* Zudem haben ausdauernde Pflanzen die Fähigkeit, Nahrungsstoffe zu speichern, die im Frühjahr zum Aufbau der Erneuerungstriebe gebraucht werden. Je nach Lage der Erneuerungsknospen wird diese Gruppe weiter unterteilt **(67,2).** Bei den *Luftpflanzen* sitzen die Erneuerungsknospen an oberirdischen Sprossen. Zu den Luftpflanzen gehören die Bäume und Sträucher. Nahrungsstoffe werden bei den Holzgewächsen in der ganzen Pflanze gespeichert. Besondere Speicherorgane fehlen daher.

*67,1:* *Lebensdauer von einjährigen, einjährig überwinternden und zweijährigen Pflanzen. Als Beispiele wurden Hederich, Winterraps und Wilde Möhre gewählt.*
**67,2:** *Lage der Erneuerungsknospen bei Luftpflanzen und Erdpflanzen (Knospen bei der Anemone am Wurzelstock, beim Schneeglöckchen in der Zwiebel und bei der Herbstzeitlose an der Knolle). Erneuerungsknospe rot, ausdauernde Teile schwarz.*

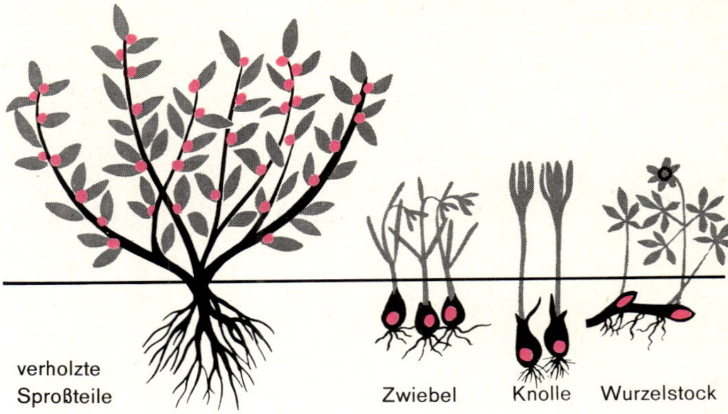

67,2

Bäume können sehr alt werden. Ihr Alter wird durch Abzählen der Jahresringe festgestellt **(67,3).** Birken erreichen ein Alter von rund 120 Jahren, Hainbuchen von 150, Buchen von 250, Nadelhölzer von 500 und Eichen und Linden von 1000 Jahren. In Kalifornien gibt es Mammutbäume, die mit Sicherheit 4000 Jahre alt sind. Wir können eine Vorstellung dieser langen Zeitspanne gewinnen, wenn wir bedenken, daß diese Bäume zur Zeit Christi schon etwa 2000 Jahre alt waren.

67 Die oberirdischen Sprosse vieler ausdauernder Kräuter (Stauden) sterben ganz ab. Diese Kräuter überdauern den Winter mit unterirdischen Sprossen, an denen die Erneuerungsknospen sitzen. Solche Stauden heißen *Erdpflanzen.* In besonderen Speicherorganen werden Nahrungsstoffe über den Winter aufbewahrt. Es handelt sich dabei, wie wir schon wissen, um Wurzelstöcke, Zwiebeln, Sproßknollen, Wurzelknollen und Rüben.

Zwischen den Luftpflanzen und den Erdpflanzen vermitteln Stauden, deren Erneuerungsknospen *dicht über der Erdoberfläche* liegen, wo sie vom Schnee oder von abgefallenem Laub vor dem Vertrocknen geschützt werden. Diese Knospen befinden sich entweder an oberirdischen, niederliegenden Stengeln, wie beim Thymian, oder an Erdsprossen, wie bei ausdauernden, ständig beblätterten Rosettenpflanzen (Löwenzahn, Gänseblümchen).

**Merkstoff.** Die Blütenpflanzen kann man in einmal und mehrmals blühende Pflanzen einteilen. Zu den einmal blühenden Pflanzen gehören die ein-, zwei- und mehrjährigen Gewächse. Holzgewächse und Stauden sind mehrmals blühende Pflanzen. Sie besitzen Erneuerungsknospen, aus denen Erneuerungssprosse hervorgehen, und speichern Nährstoffe. Nach der Lage der Erneuerungsknospen werden Erd- und Luftpflanzen unterschieden.

**67,3:** *Jahresringe. Wenn wir den Stammquerschnitt eines Baumes oder die Schnittfläche eines abgeschnittenen Zweiges betrachten, bemerken wir viele Ringe. Bäume wachsen nicht nur jedes Jahr in die Höhe, sondern Stamm und Zweige werden auch dicker. Jeder Ring entspricht dem Dickenzuwachs eines Jahres. Deshalb heißt er Jahresring. Der äußerste Jahresring ist der jüngste, der innerste der älteste. Die Zahl der Jahresringe gibt bei jedem Stück des Stamms oder eines Astes an, wie alt es ist.*

67,3

## 68–69 Geschützte Pflanzen

Unser Land ist dicht bevölkert, und die Bevölkerung nimmt weiter rasch zu. Alte Siedlungen dehnen sich aus, neue kommen dazu. Straßen, Brücken, elektrische Leitungen, Arbeitsstätten und andere Bauwerke entstehen neu. Infolge dieser Entwicklung, die nicht aufzuhalten ist, schrumpft die freie Landschaft immer mehr zusammen. Der Mensch braucht aber die Natur auch, um sich von der Hetze des Alltags und der Arbeit zu erholen. Dort kann er sich an Tier und Pflanze erfreuen. Deshalb suchen viele Menschen übers Wochende und im Urlaub die Natur auf. Wir reisen in den Ferien ans Meer, ins Mittelgebirge, ins Hochgebirge oder an einen See. Es muß also dafür gesorgt werden, daß dem Menschen diese Erholungsstätten mit all ihren Naturschönheiten erhalten bleiben. Dazu wurde im Jahre 1935 das *Reichsnaturschutzgesetz* und 1936 die *Naturschutzverordnung* erlassen. Ihnen folgten inzwischen weitere Gesetze und Verordnungen der Bundesländer. *Naturschutzbehörden* sorgen für deren Ausführung. Diese Behörden können abgegrenzte Gebiete, die wegen ihrer Schönheit oder wegen ihrer Pflanzen- und Tierwelt erhaltungswürdig sind, unter Schutz stellen. In solchen *Naturschutzgebieten* sind Eingriffe, die zu Veränderungen führen, verboten. Auch einzelne Bäume, Quellen, Wasserläufe und dergleichen können geschützt werden (Naturdenkmale).

Der Naturschutz ist jedoch nicht allein eine Angelegenheit der Behörden. Jeder von uns muß mithelfen, unsere Heimatnatur zu erhalten, sonst bleiben die besten Gesetze wir-

**68,1–68,3:** *Geschützte Waldpflanzen;* **68,1:** *Seidelbast (Daphne mezereum);* **68,2:** *Türkenbund (Lilium martagon);* **68,3:** *Gelber Fingerhut (Digitalis grandiflora).* **68,4:** *Bergwohlverleih, Arnika (Arnica montana) und* **68,5:** *Silberdistel (Carlina acaulis) wachsen im Magerrasen. Für beide Pflanzen besteht Sammelverbot.* **68,6:** *Auf sandigem Meeresstrand kommt die Stranddistel (Eryngium maritimum) vor.* **68,7–68,10:** *Geschützte Hochgebirgspflanzen;* **68,7:** *Stengelloser Enzian (Gentiana kochiana);* **68,8:** *Aurikel (Primula auricula);* **68,9:** *Edelweiß (Leontopodium alpinum);* **68,10:** *Alpenrose (Rhododendron ferrugineum). Für diese Pflanze besteht Sammelverbot.*

68,4

68,5

68,6



kungslos. Wir wollen die uns anvertraute Natur unseren Nachkommen so hinterlassen, daß sich auch noch die kommenden Geschlechter an ihren Schönheiten erfreuen können. Jeder ist dafür verantwortlich. Die Tiere und Pflanzen sind unsere Mitgeschöpfe und nicht unser Spielzeug. Niemand hat das Recht, sie mutwillig zu töten oder gar auszurotten. So verbietet die Naturschutzverordnung, *Bestände wildwachsender Pflanzen zu verwüsten.* Dazu gehören: Die übermäßige Entnahme von Blumen und Farnkräutern, das böswillige Niederschlagen von Stauden, das unbefugte Abbrennen der Pflanzendecke und dergleichen mehr. Wie oft wird gegen diese Bestimmung verstoßen! Wir wollen uns mit einem kleinen Strauß begnügen und Blumen nur dann pflücken, wenn wir sie mit nach Hause nehmen können. Zum Wegwerfen sind sie nicht gewachsen! Auch das gedankenlose Abreißen von Zweigen, das Ausreißen von Pflanzen oder das Umtreten von Pilzen wollen wir unterlassen. Teile von Bäumen oder Sträuchern abzuschneiden, ist verboten. Oft werden diese Gewächse dadurch so geschädigt, daß die mühevolle Arbeit des Försters umsonst gewesen ist. Wer verbotenerweise im Wald raucht oder Feuer anmacht, kann einen Waldbrand verursachen, der oft große Waldflächen zerstört. Unermeßliche Werte gehen dabei verloren. Es dauert Jahrzehnte, bis der Wald wieder nachgewachsen ist. Das in manchen Gegenden übliche Abbrennen von Hecken ist ein Unfug, der mit Recht verboten ist. Vielen Vögeln wird dadurch ihre Nistgelegenheit genommen, und die Zusammensetzung der Pflanzendecke wird durch das Abbrennen in ungünstiger Weise beeinflußt. Pflanzen kommen auch zu Schaden, wenn wir Wildgatter offenstehen lassen. Diese schützen näm-

68,8

68,9

68,10

**Die einheimischen Orchideen sind vollkommen geschützt. 69,1:** *Das Rote Waldvögelein (Cephalanthera rubra) ist eine Waldpflanze.* **69,2:** *Die Weiße Waldhyazinthe (Platanthera bifolia) wächst in Wäldern und auf Heiden.* **69,3:** *Die Blüte der Hummelragwurz (Ophrys fuciflora) erinnert an eine Hummel.* **69,4** *und* **69,5:** *Eine sehr seltene Waldpflanze ist der Frauenschuh (Cypripedium calceolus).* **69,6:** *Weißes Waldvögelein (Cephalanthera damasonium).* **69,7:** *Das Breitblättrige Knabenkraut (Orchis latifolia) trifft man auf nassen Grasländern an.* **69,8:** *In lichten Trockenwäldern finden wir das Purpurkraut (Orchis purpurea). Die Orchideen bilden die Familie der Knabenkrautgewächse (Orchidaceae). Die meist in Trauben stehenden Blüten sind zweiseitig symmetrisch. Auf dem unterständigen Fruchtknoten sitzen 6 Blütenblätter in 2 Kreisen. Das ursprünglich obere Blütenblatt des inneren Kreises kommt durch Drehung des Fruchtknotens nach unten zu stehen. Es ist zu einer Lippe umgestaltet und oft nach hinten in einen Sporn verlängert. Das einzige ausgebildete Staubblatt (manchmal sind es auch zwei) ist mit Griffel und Narbe verwachsen.*

69,4

lich Jungpflanzen vor dem Wildverbiß. Auch Weidezäune nützen nur, wenn sie geschlossen sind. In der Feldflur wollen wir alles unterlassen, was Flurschaden anrichtet. Das sind wir dem hart arbeitenden Bauern schuldig. Manche Menschen verlassen ihren Rastplatz so, daß der Naturgenuß beträchtlich gestört ist. Papier, Schachteln, Büchsen und Flaschen verschandeln die Natur. Am besten nimmt man solche Dinge wieder mit oder vergräbt sie wenigstens. Reklame-Tafeln in der freien Natur stören und dürfen daher dort nicht angebracht werden. Das Aussäen oder Anpflanzen von standortfremden oder ausländischen Gewächsen verfälscht die Heimatnatur, so gut es manchmal gemeint ist. Man braucht dazu die Genehmigung der zuständigen Naturschutzbehörde.

Für manche Pflanzen, die wegen ihrer Schönheit und Seltenheit besonders gefährdet sind, genügt der allgemeine Schutz nicht. So sind eine Reihe von Pflanzen *ganz oder teilweise geschützt*. Wir wollen alles unterlassen, was sie schädigen könnte, und uns streng an die Bestimmungen halten. Eine Auswahl dieser schönen Pflanzen zeigen die Bilder **68,1–68,10** und **69,1–69,8** auf S. 68–69.

69,1

69,2

69,3

**Vollkommen geschützte Pflanzenarten.** *Es ist verboten, wildwachsende Pflanzen der folgenden Arten zu beschädigen oder von ihrem Standort zu entfernen: Straußfarn (Matteuccia struthiopteris); Königsfarn (Osmunda regalis); Federgras (Stipa joannis); Hirschzunge (Phyllitis scolopendrium); Lilien (Lilium) alle einheimischen Arten; Schachblume (Fritillaria meleagris); Schwertel, Siegwurz (Gladiolus) alle einheimischen Arten; Orchideen, Knabenkräuter (Orchidaceae); Pfingstnelke (Dianthus gratianopolitanus); Berghähnlein (Anemone narcissiflora); Alpenanemone (A. alpina); Großes Windröschen (A. silvestris); Akelei (Aquilegia); Küchenschelle (Pulsatilla); Frühlingsadonisröschen (Adonis vernalis); Weiße und Gelbe Seerosen (Nymphaea und Nuphar); Diptam (Dictamnus albus); Seidelbast (Daphne); Stranddistel (Eryngium maritimum); Alpenmannstreu (Cyclamen purpurascens); Aurikel (Primula auricula); alle rotblühenden Arten der Gattung Schlüsselblume (Primula); Gelber Fingerhut (Digitalis grandiflora und lutea); die Enzianarten (Gentiana); Edelweiß (Leontopodium alpinum); Edelraute (Artemisia), alle Hochgebirgsarten.*

**Teilweise geschützte Pflanzenarten.** *Es ist verboten, die unterirdischen Teile (Wurzelstöcke, Zwiebeln) oder die Rosetten wildwachsender Pflanzen der folgenden Arten zu beschädigen oder von ihrem Standort zu entfernen: Maiglöckchen (Convallaria majalis); Meerzwiebel (Scilla), alle einheimischen Arten; Wilde Hyazinthe (Muscari); alle einheimischen Arten; Gemeines Schneeglöckchen (Galanthus nivalis); Großes Schneeglöckchen (Leucojum vernum); Christrose (Helleborus niger); Grüne Nieswurz (Helleborus viridis); alle rosetten- und polsterbildenden Arten der Gattungen Leimkraut (Silene), Hauswurz (Sempervivum), Steinbrech (Saxifraga), Mannsschild (Androsace); alle Arten der Schlüsselblumen, soweit sie nicht vollkommen geschützt sind.*

**69**

69,6

69,7

69,8

Groß Habich kraut.

Klein Habich kraut.

auß/ vermehret den natürlichen Samen. Deßselbigen aber viel gessen / beschädiget die Vernunfft / derhalben sol man sein nit viel noch stäts gebrauchen. Deß Corianders frischer Safft mit Cerusa oder Bleyweiß/ Silberglet/ Essig vnnd Rosen öl wol vermischt / heylet die brennende hitzige geschwulst der eusserste haut/ dieselbige damit bestrichen.

## Groß Habich kraut / Hieratium maius, Lactuca erratica maior. Cap. lxix.

Beschreibung.

GRoß Habich kraut/ Griechisch Hieraticon maius, zu Latein/ Lactuca erratica maius, hat einen dornechten / rauhen / rohtlechten / holen Stengel / seine Blätter sind nach etlicher weite / rings vmb ein wenig zerkerbt/ wie der Hasen Köl/ vnd hat geele Blumen auß langechtem köpfflin wachsend.

Krafft vnnd Vermögen.

Das Habich kraut hat ein Krafft damit es kület vnd sänfftiglich zusammen zeucht / wirdt derohalben wider die hitze deß Magens / vnnd andere hitzige Geschwulst vbergelegt. Sein Safft getruncken / sänfftiget das beissen vnnd nagen deß Magens. Das kraut sampt seinen Wurtzeln vbergelegt / heylet der Scorpionen Stich.

## Klein Habich kraut/ Hieratium minus, Lactuca erratica minor. Cap. lxx.

Beschreibung.

DAs kleine Habich kraut / Griechisch Hieratium minus, zu Latein Lactuca erratica minor / hat blätter nach etlicher weite / rings vmb zerkerbt/ grüne/ zarte Stengel/ vnd auff denselbigen Circkel ronde/ dotter geele Blumen. Das kleine Habich kraut hat dieselbige Tugent vnnd Krafft wie bey den grossen ist vermeldt.

Zamer

## 70–72 Das System der Pflanzen

Unsere Kenntnisse über die Pflanzen beruhen auf der Arbeit vieler Forscher vergangener Jahrhunderte. Auch in Zukunft wird die Forschung laufend neue Tatsachen auffinden und neue Erkenntnisse gewinnen. Wir wollen hier die geschichtliche Entwicklung verfolgen, die zum heutigen Pflanzensystem führte.

**Aus der Geschichte der Botanik.** Eine wissenschaftliche Bearbeitung der Pflanzen wurde erstmals von dem griechischen Philosophen *Aristoteles* (gest. 322 v. Chr.) und vor allem von seinem Schüler *Theophrastos* („Vater der Botanik“) durchgeführt. Die Bezeichnung Botanik für die Wissenschaft von den Pflanzen ist griechischen Ursprungs (botane = Pflanze). Zahlreiche Wissenschaftler befaßten sich im Altertum mit der Natur. So konnte der römische Admiral *Plinius* (gest. 79 n. Chr. beim Vesuvausbruch), gestützt auf über 2000 Arbeiten von rund 100 Verfassern, eine Naturgeschichte schreiben, die 37 Bücher umfaßte. Darin war auch die Botanik berücksichtigt. Sein Zeitgenosse, der griechische Arzt *Dioskorides*, beschrieb in seinem medizinischen Werk immerhin etwa 800 Heilpflanzen (vgl. Legende zu nebenstehendem Bild). In den Klöstern des Mittelalters schrieben die Mönche die Werke der Alten fleißig ab und erhielten sie dadurch der Nachwelt. Nach der Erfindung des Buchdrucks erschienen zu Beginn der Neuzeit eine Anzahl Kräuterbücher, so die von *Brunfels*, *Fuchs*, *Bock* u. a. In diesen Büchern wurden hauptsächlich Heilpflanzen beschrieben und mit Holzschnitten abgebildet (S. 70). Ein Fort-
**70** schritt war, daß die Verfasser der Kräuterbücher ihre Kenntnisse durch Betrachten der Pflanzen selbst gewannen, was früher nicht üblich war. Allmählich wurden immer mehr Pflanzen bekannt und auch beschrieben. Während das Buch von *Fuchs* (1542) 500 Pflanzen enthielt, waren es bei *Caspar Bauhin* (1623) bereits 6000. Wenn man bei der wachsenden Zahl der bekannten Pflanzen die Übersicht nicht verlieren wollte, mußte man sie in einem **System** anordnen. Dies versuchte schon der Italiener *Caesalpino* (1519–1603). Weitere Forscher folgten. Aber erst dem großen schwedischen Botaniker *Carl v. Linné* gelang es unter Benützung der Arbeiten seiner Vorgänger, ein brauchbares System der Pflanzen zustande zu bringen (1735). Er trennte die blütenlosen Pflanzen von den Blütenpflanzen ab und teilte diese nach der Zahl der Staubblätter und anderer Blütenteile weiter unter. So faßte er etwa alle Pflanzen mit 3 Staubblättern zu einer Klasse zusammen. In dieser Klasse sind nun Pflanzen vereinigt, die nicht näher miteinander verwandt sind, wie z. B. der Baldrian, die Spurre (Nelkengewächs) und die Gräser. Dies gilt auch für seine anderen Klassen. Da dem Linnéschen System nicht die Verwandtschaft der Pflanzen zugrunde liegt, ist es ein *künstliches System.* Wegen seiner Übersichtlichkeit wurde es bis zum Beginn unseres Jahrhunderts benützt, namentlich in Pflanzenbestimmungsbüchern. Die Benennung der Pflanzen mit 2 lateinischen Namen, dem Gattungs- und dem Artnamen, geht auf *Linné* zurück. Schon *Linné* bemühte sich um ein System, in dem die Pflanzen nach ihrer *natürlichen Verwandtschaft* geordnet sind. Jedoch erst späteren Forschern gelang es in mühevoller Arbeit, das *natürliche System* zu errichten. Das System in seiner heutigen Form geht auf *Alexander Braun* zurück (1864). Die Botaniker *Eichler*, *Engler* und *v. Wettstein* haben es weiter ausgebaut.

◀ *Seite aus einem Kräuterbuch des Pedanios Dioskorides (1. Jahrh. n. Chr., vgl. Text), übersetzt von dem Frankfurter Arzt Johann Dantz (gest. 1547) und gedruckt 1610 in Frankfurt.*

**Blütenpflanzen** oder **Samenpflanzen**

Die **Blüten- oder Samenpflanzen** bilden *Blüten* und *Samen* aus. Die *Blüten* sind Abschnitte des Sprosses mit umgebildeten Blättern. Staubblätter und Fruchtblätter sind für die Fortpflanzung unentbehrlich, während die Blütenhülle fehlen kann. In den Staubbeuteln der Staubblätter wird der Blütenstaub erzeugt. Die Fruchtblätter tragen die *Samenanlagen*, aus denen sich nach der Bestäubung die *Samen* entwickeln. Samen sind von der Samenschale umschlossen. Sie enthalten eine noch unentwickelte, kleine Pflanze, den Keimling, und meist auch Nährstoffe.

**Bedecktsamer**

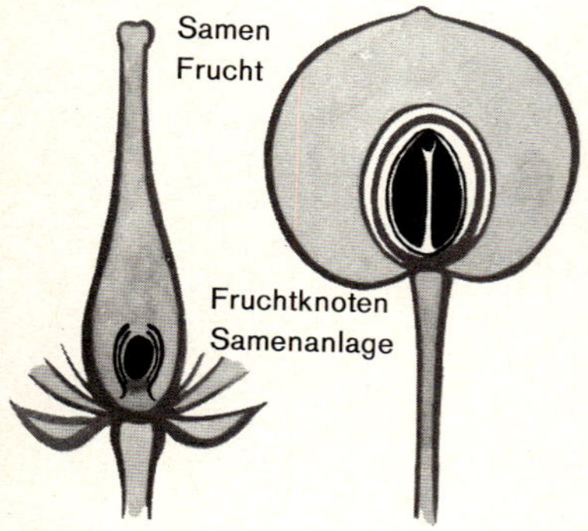


Bei den **Bedecktsamigen Pflanzen** sind die *Samenanlagen in ein Gehäuse eingeschlossen*, welches von den Fruchtblättern gebildet wird. Dieses Gehäuse heißt *Fruchtknoten.* Zur Aufnahme des Blütenstaubs besitzt dieser eine Narbe. Der Fruchtknoten entwickelt sich zur *Frucht.* Diese umschließt die aus den Samenanlagen entstandenen Samen. Die Samen werden entweder aus der Frucht entlassen oder mit ihr zusammen verbreitet. Zu den *Bedecktsamern* gehören Holzgewächse und Kräuter. Es gibt auch Blütenpflanzen, bei denen die *Samenanlagen und Samen offen auf den Fruchtblättern* sitzen. Man nennt sie deshalb **Nacktsamer.** Nacktsamer sind immer Holzgewächse, wie z. B. unsere Nadelhölzer.

**Einkeimblättler**

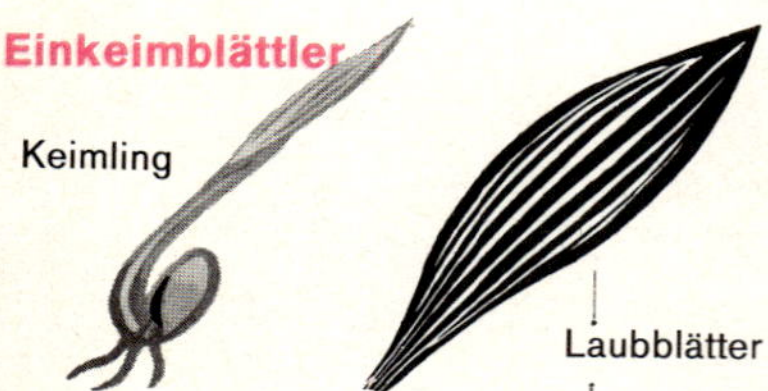


**Zweikeimblättler**

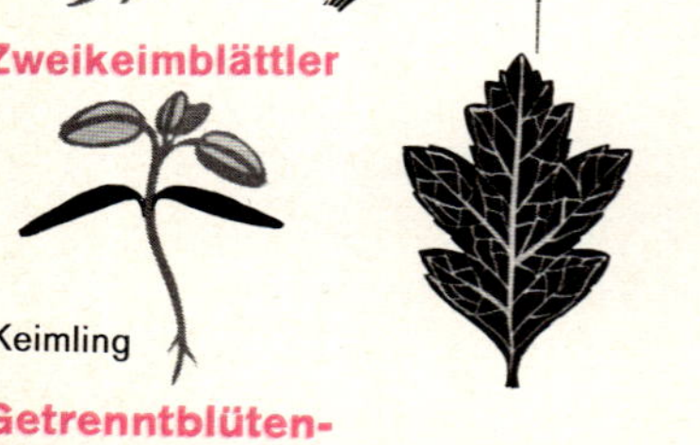


Bei den **Zweikeimblättrigen Pflanzen** weist der Keimling *2 Keimblätter* auf (s. Keimpflanze der Bohne, S. 14). Die Blätter der *Zweikeimblättrigen Pflanzen* sind einfach oder zusammengesetzt. Außerdem sind sie meist gestielt und netznervig. Die Keimwurzel entwickelt sich zur Hauptwurzel. Die Keimlinge der **Einkeimblättrigen Pflanzen** besitzen nur *1 Keimblatt.* Dieses ist vielfach zu einem Saugorgan umgewandelt (s. Getreidekorn, S. 55). Die Blätter der *Einkeimblättrigen Pflanzen* sind oft sitzend. Manche haben eine Blattscheide. Sie sind meist schmal oder eiförmig, ganzrandig und parallelnervig. An die Stelle der kurzlebigen Hauptwurzel treten sproßbürtige Wurzeln.

**Getrenntblütenblättrige** **Verwachsenblütenblättrige**

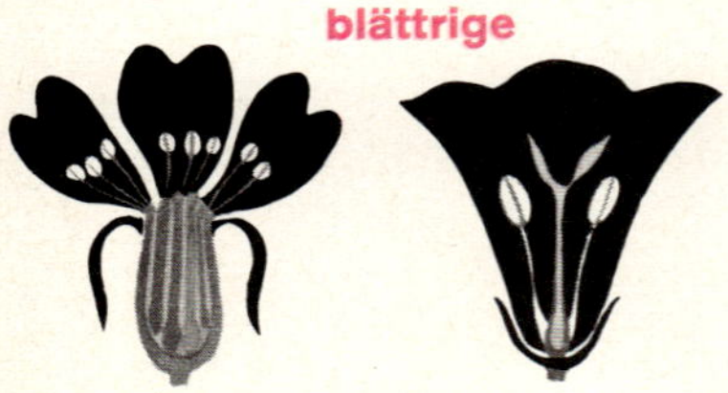

Die **Getrenntblütenblättrigen Pflanzen** haben eine in Kelch und Blumenkrone gegliederte doppelte Blütenhülle. Kelch- bzw. Blütenblätter sind nicht miteinander verwachsen. Bei den **Pflanzen mit einfacher Blütenhülle** besteht diese aus unscheinbaren Blütenblättern oder fehlt auch ganz. Die **Verwachsenblütenblättrigen Pflanzen** weisen eine doppelte Blütenhülle auf. Die Kelch- bzw. Blütenblätter sind miteinander verwachsen.

**Mit einfacher Blütenhülle**

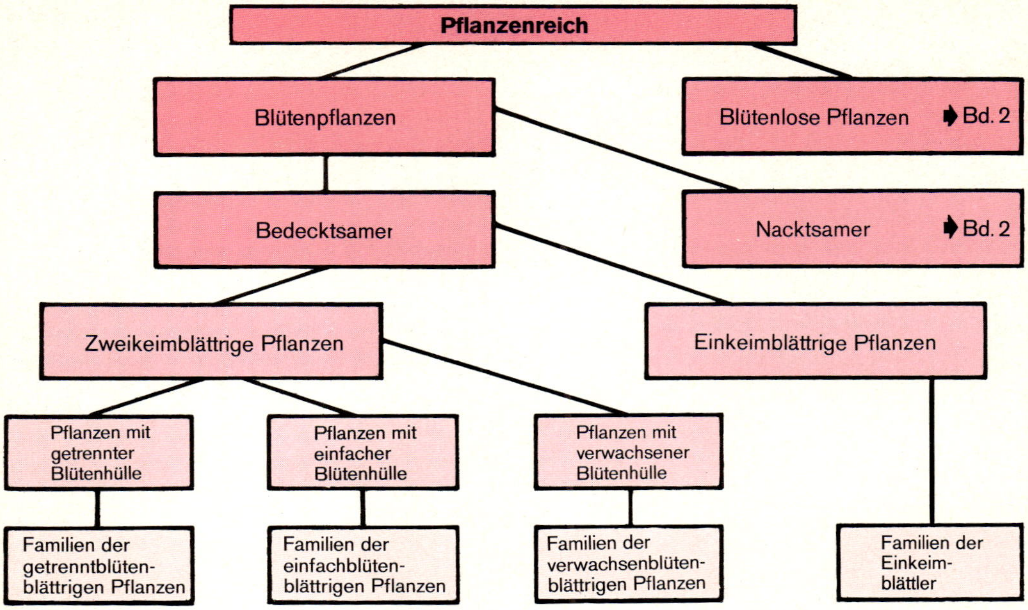


*Übersicht über das System der Blütenpflanzen. Einheiten gleichen Ranges sind durch gleichen Farbton gekennzeichnet. Je höher die Begriffe in der Tabelle stehen, desto mehr Pflanzen schließen sie ein. Unter den Begriff Pflanzenreich an der Spitze fallen alle Pflanzen.*



**Übersicht über die Einteilung des Pflanzenreiches**

Wir kennen schon die Verwandtschaftsverhältnisse der Pflanzen innerhalb der Pflanzenfamilie (S. 24). Verwandte **Pflanzenarten** werden zu **Gattungen** und diese zu **Familien** zusammengefaßt. Nun gibt es aber auch Familien, die gemeinsame Merkmale aufweisen. Diese Familien sind miteinander verwandt. Verwandte Familien bilden **Ordnungen,** die wir hier nicht weiter berücksichtigen wollen. Alle Familien, deren Angehörige 2 Keimblätter aufweisen, gehören zur **Klasse** der *Zweikeimblättrigen Pflanzen.* Dagegen werden in die *Klasse der Einkeimblättrigen Pflanzen* solche Familien eingereiht, deren Pflanzen nur 1 Keimblatt besitzen. Die Klasse der Zweikeimblättrigen Pflanzen unterteilt man in *3 Unterklassen.* Diese umfassen die *Getrenntblütenblättrigen Pflanzen*, die Pflanzen *mit einfacher Blütenhülle* und die *Verwachsenblütenblättrigen Pflanzen.* Beispiele dafür sind auf S. 72 zu finden. Einkeimblättrige und Zweikeimblättrige Pflanzen besitzen Samenanlagen, die in einen Fruchtknoten eingeschlossen sind. Sie bilden zusammen die **Unterabteilung** der *Bedecktsamigen Pflanzen.* Die *Nacktsamigen Pflanzen* weisen zwar keinen Fruchtknoten, aber ebenfalls Blüten auf. Nacktsamer und Bedecktsamer sind *Blütenpflanzen.* Durch den Besitz von Blüten ist die **Abteilung** *der Blütenpflanzen* vor den *Blütenlosen Pflanzen* ausgezeichnet. Blütenpflanzen und Blütenlose Pflanzen bilden zusammen das **Pflanzenreich.** Wir wollen das oben abgebildete vereinfachte Schema in Gedanken erweitern, indem wir die einzelnen Ordnungen mit ihren Familien, Gattungen und Arten eintragen. Nacktsamer und Blütenlose Pflanzen unterteilen wir in gleicher Weise. Wir bekommen so eine vollständige Gliederung des gesamten Pflanzenreichs, die man das **System der Pflanzen** nennt.

## Systematische Einordnung der in diesem Band erwähnten und behandelten Pflanzen

### I. Klasse: Zweikeimblättrige Pflanzen
(Dicotyledoneae)

#### Unterklasse Getrenntblütenblättrige Pflanzen (Dialypetalae)

| Familie der Hahnenfußgewächse (Ranunculaceae) | Doppel-Seite |
|---|---|
| Scharfer Hahnenfuß | 3 |
| Scharbockskraut, Sumpfdotterblume | 21 |
| Trollblume | 25 |
| Stinkende Nieswurz, Akelei | 25 |
| Ackerrittersporn, Blauer Eisenhut | 25 |
| Buschwindröschen | 21 |
| Leberblümchen | 23 |
| Küchenschelle, Waldrebe | 25 |
| Pfingstrose | 25 |
| **Familie der Osterluzeigewächse** (Aristolochiaceae) | |
| Haselwurz | 33 |
| **Familie der Steinbrechgewächse** (Saxifragaceae) | |
| Rote Johannisbeere | 29 |
| Schwarze Johannisbeere | 29 |
| Stachelbeere | 29 |
| **Familie der Rosengewächse** (Rosaceae) | |
| Heckenrose | 5 |
| Kulturrosen | 6 |
| Erdbeere | 6 |
| Birnbaum, Apfelbaum | 28 |
| Kirschbaum, Pflaume | 28 |
| Aprikose, Pfirsich | 28 |
| Mirabelle, Reineclaude | 28 |
| Himbeere, Brombeere | 29 |
| Bachnelkenwurz, Odermennig | 30 |
| Großer Wiesenknopf | 30 |
| **Familie der Schmetterlingsblütler** (Papilionaceae) | |
| Feuerbohne, Gartenbohne | 13 |
| Saaterbse | 12 |

#### Unterklasse Pflanzen mit einfacher Blütenhülle (Monochlamydeae)

| Familie der Walnußbäume (Juglandaceae) | Doppel-Seite |
|---|---|
| Walnußbaum | 29 |
| **Familie der Brennesselgewächse** (Urticaceae) | |
| Große Brennessel | 66 |
| **Familie der Wolfsmilchgewächse** (Euphorbiaceae) | |
| Zypressenwolfsmilch | 65 |
| **Familie der Knöterichgewächse** (Polygonaceae) | |
| Vogelknöterich | 65 |
| **Familie der Nelkengewächse** (Caryophyllaceae) | |
| Karthäusernelke | 33 |
| Rote Lichtnelke | 33 |
| Kuckucksnelke | 48 |
| Kornrade | 58 |
| Vogelmiere | 58 |
| **Familie der Meldengewächse** (Chenopodiaceae) | |
| Weißer Gänsefuß | 66 |
| Guter Heinrich | 66 |
| Runkelrübe | 61 |
| Zuckerrübe | 61 |

#### Unterklasse Verwachsenblütenblättrige Pflanzen (Sympetalae)

| Familie der Heidekrautgewächse (Ericaceae) | Doppel-Seite |
|---|---|
| Alpenrose | 68 |
| **Familie der Primelgewächse** (Primulaceae) | |
| Hohe Schlüsselblume | 22 |
| Echte Schlüsselblume | 22 |
| Aurikel | 68 |
| Ackergauchheil | 58 |
| **Familie der Enziangewächse** (Gentianaceae) | |
| Frühlingsenzian | 33 |
| Stengelloser Enzian | 68 |
| **Familie der Windengewächse** (Convolvulaceae) | |
| Ackerwinde, Zaunwinde | 16 |
| Kleeseide | 51 |
| **Familie der Rauhblattgewächse** (Boraginaceae) | |
| Lungenkraut | 23 |
| Natternkopf | 65 |
| **Familie der Lippenblütler** (Labiatae) | |
| Kriechender Günsel | 44 |
| Gundermann, Kleine Brunelle | 44 |
| Ackerhohlzahn | 58 |
| Weiße Taubnessel, Gefleckte Taubnessel | 9 |
| Wiesensalbei | 31 |
| Thymian, Echte Pfefferminze | 44 |
| **Familie der Eisenkrautgewächse** (Verbenaceae) | |
| Eisenkraut | 65 |
| **Familie der Nachtschattengewächse** (Solanaceae) | |
| Kartoffel | 17 |
| Tomate, Bittersüßer Nachtschatten | 18 |

### II. Klasse: Einkeimblättrige Pflanzen
(Monocotyledoneae)

| Familie der Liliengewächse (Liliaceae) | Doppel-Seite |
|---|---|
| Herbstzeitlose | 50 |
| Schnittlauch | 26 |
| Lauch | 26 |
| Sommerzwiebel | 26 |
| Weiße Lilie | 26 |
| Türkenbund | 68 |
| Gartentulpe | 1 |
| Wildtulpe | 1 |
| Sternhyazinthe | 26 |
| Traubenhyazinthe | 26 |
| Hyazinthe | 26 |
| Spargel | 26 |
| **Familie der Narzissengewächse** (Amaryllidaceae) | |
| Schneeglöckchen | 27 |
| Frühlingsknotenblume | 27 |
| Weiße Narzisse | 27 |
| Gelbe Narzisse | 27 |
| **Familie der Schwertliliengewächse** (Iridaceae) | |
| Schwertlilie | 27 |
| Gladiole | 27 |
| Krokus | 27 |
| **Familie der Riedgräser** (Sauergräser – Cyperaceae) | |
| Segge | 48 |
| **Familie der Gräser** (Süßgräser – Gramineae) | |
| Englisches Raygras | 47 |
| Quecke | 47 |
| Weizen | 53 |
| Roggen | 53 |

Im Buch eingehender besprochene Familien sind durch kräftigen Farbton gekennzeichnet.

## Register zusammenfassender Begriffe

(Halbfette Seitenangaben weisen auf eine ausführliche Behandlung des Begriffs hin).

### Bau des Pflanzenkörpers





### Systematik



### Das Leben der Pflanzen

## Fortpflanzung



## Pflanze und Umwelt







## Mensch und Pflanze



**G** Dieses Zeichen in der linken oberen Ecke eines Bildes bedeutet, daß die abgebildete Pflanze in der freien Natur vollkommen oder teilweise geschützt ist.

## Sachwortregister

Bei mehreren Seitenangaben für Textstellen weisen **halbfette** Zahlen auf die ausführliche Behandlung des Stichwortes hin; blaue Seitenangaben verweisen auf eine Abbildung.

## Fortpflanzung



## Pflanze und Umwelt



## Mensch und Pflanze



**G** Dieses Zeichen in der linken oberen Ecke eines Bildes bedeutet, daß die abgebildete Pflanze in der freien Natur vollkommen oder teilweise geschützt ist.

## Sachwortregister

Bei mehreren Seitenangaben für Textstellen weisen **halbfette** Zahlen auf die ausführliche Behandlung des Stichwortes hin; blaue Seitenangaben verweisen auf eine Abbildung.

**Welche Pflanzenfamilie ist das?**
Klasse der Einkeimblättler

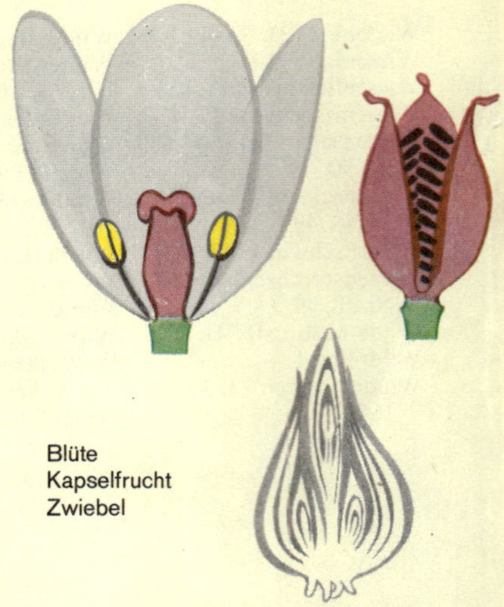


**Liliengewächse** S. 26
(Gartentulpe)

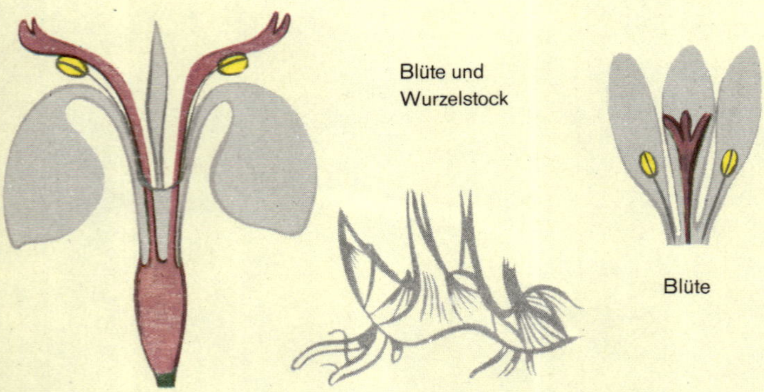


**Schwertliliengewächse** S. 27
(Schwertlilie und Krokus)

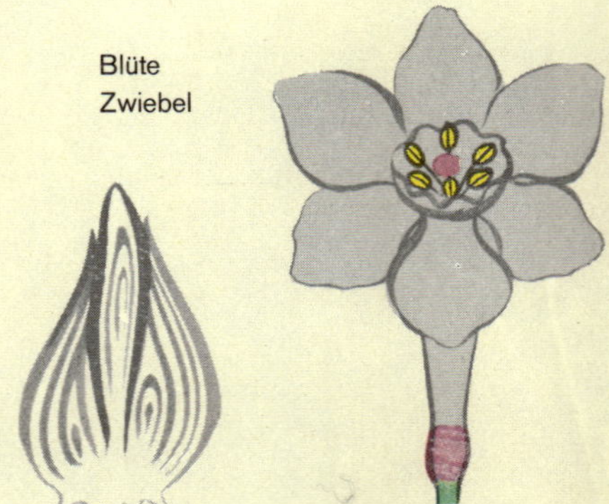


**Narzissengewächse** S. 27
(Weiße Narzisse)